U1013542

苏霍姆林斯基教育经典丛书

我把心给了孩子们

[苏] B. A. 苏霍姆林斯基　著

唐其慈　毕淑芝　赵　玮　译

教育科学出版社

·北　京·

出 版 人　郑豪杰
策　　划　祖　晶
责任编辑　孔明丽
版式设计　郝晓红
责任校对　贾静芳
责任印制　叶小峰

图书在版编目（CIP）数据

我把心给了孩子们 /（苏）B.A. 苏霍姆林斯基著；唐其慈，毕淑芝，赵玮译. — 北京：教育科学出版社，2022.7（2024.11 重印）
（苏霍姆林斯基教育经典丛书）
ISBN 978-7-5191-3132-6

Ⅰ. ①我… Ⅱ. ① B… ②唐… ③毕… ④赵… Ⅲ. ①苏霍姆林斯基（Suhomlinskii, Vasilii Aleksanlrovich 1918-1970）—教育思想 Ⅳ. ① G40-095.12

中国版本图书馆 CIP 数据核字（2022）第 088988 号

苏霍姆林斯基教育经典丛书
我把心给了孩子们
WO BA XIN GEILE HAIZIMEN

出版发行	教育科学出版社		
社　　址	北京·朝阳区安慧北里安园甲 9 号	邮　　编	100101
总编室电话	010-64981290	编辑部电话	010-64981321
出版部电话	010-64989487	市场部电话	010-64989009
传　　真	010-64891796	网　　址	http：//www.esph.com.cn

经　　销	各地新华书店		
印　　刷	保定市中画美凯印刷有限公司		
制　　作	北京浪波湾图文工作室		
开　　本	720 毫米 ×1020 毫米　1/16	版　　次	2022 年 7 月第 1 版
印　　张	16.75	印　　次	2024 年 11 月第 2 次印刷
字　　数	238 千	定　　价	45.00 元

图书出现印装质量问题，本社负责调换。

总序 I

瓦·亚·苏霍姆林斯基（1918—1970）是世界著名的教育家。20世纪80年代，他的著作被引进我国，一时风靡全国，教育研究者，中小学校长、教师对其表现出了极大热情，简直可以说是爱不释手。教育科学出版社就是最早引进苏霍姆林斯基著作的出版社之一。

20世纪末，教育科学出版社策划出版了“20世纪苏联教育经典译丛”，其中就收录了苏霍姆林斯基的教育经典著作，我曾经为这套丛书作序。在苏霍姆林斯基的教育经典著作中，《给教师的建议》发行了200多万册，创下了我国引进版教育理论图书出版的奇迹；《帕夫雷什中学》《怎样培养真正的人》《公民的诞生》《和青年校长的谈话》《要相信孩子》等也都成为常销书、畅销书。这一系列教育经典著作的出版，催生了人们对苏霍姆林斯基教育思想学习和研究的热潮。21世纪初，教育科学出版社又策划出版了《苏霍姆林斯基选集（五卷本）》，更为系统地介绍了苏霍姆林斯基的教育思想，将我国对苏霍姆林斯基教育思想的学习和研究活动推向了新的高度。该套书先后荣获了“第六届国家图书奖”提名奖和“第三届全国教育图书奖”一等奖。

20世纪80年代，在引进和介绍苏霍姆林斯基教育思想方面，国内多所大学以及教育研究所做出了自己独特的贡献，如北京师范大学外国教育研究所（现北京师范大学国际与比较教育研究院）、中央教育科学研究所（现中国教育科学研究院）比较教育研究室、华东师范大学比较教育研究所等，都曾组织研究人员翻译、介绍苏霍姆林斯基的著作，这为苏霍姆林斯基教育思想在我国的普及推广奠定了重要基础。

现如今，苏霍姆林斯基的育人成就和教育思想在我国教育界可以说是无人不知、无人不晓。几十年来，我国教育界对他的研究和借鉴可谓经久不衰。他对儿童的热爱、对教育事业的忠诚以及睿智的教育思想，一直鼓舞、激励着我国千百万教师不断改进教育教学工作，为培养一代代合格的社会主义人才而奉献自己的力量。我国的许多中小学开展了苏霍姆林斯基教育思想实验研究，取得了卓越成效。一大批苏霍姆林斯基式的优秀中小学教师也不断成长起来。

从 1948 年到 1970 年离世，苏霍姆林斯基一直执教于乌克兰帕夫雷什中学。在这里，他不仅实现了自己的教育理想，而且著书立说，详尽地论述了他的教育思想和实践经验。我最初读到《我把心给了孩子们》这本书时，心灵就受到了震撼。作为一名教师，最宝贵的品质莫过于热爱孩子、相信孩子、尊重孩子，把整个心灵献给孩子。苏霍姆林斯基对孩子火一般的热情，值得每一位教师敬佩！

改革开放四十多年来，各种外国教育思想如潮水般地涌入中国，但是我国中小学教师仍然念念不忘苏霍姆林斯基。他的事迹和思想，只要是教师，看了无不为之感动。这是因为苏霍姆林斯基的教育思想具有科学性、人文性、先进性、深刻性、丰富性。他懂得儿童的心，并用自己的满腔热忱浇灌儿童的心灵。

苏霍姆林斯基教育思想的核心是人道主义。“相信人，相信每一个孩子”是他的教育信条。他说：“我认为，对人漠不关心是最不能容忍、最危险的一种缺点。”他又说：“每一个儿童身上都蕴藏着某些尚未萌芽的素质。这些素质就像火花，要点燃它，就需要火星，……教育最最重要的任务之一，就是不要让任何一颗心灵里的火药未被点燃，而要使一切天赋和才能都最充分地发挥出来。”

苏霍姆林斯基毕生为之奋斗的教育目标是要培养真正的大写的人，使其得到和谐全面的发展。他认为，我们要培养的，不只是有知识、有职业、会工作的普通人，更是要培养真正的大写的人，就是有神圣的信仰、有高尚的精神生活、有理想、关心别人、关心集体、智力丰富、体魄健壮、懂得奉献、心地善良、有教养的人。在他看来，时刻不能忘记：“有一样东西是任何教学大纲和教科书，任何教学方法和教学方式都没有做出规定的，那就是儿童的幸福和精神生活。”他说：“我认为教育的理想就在于使所有的儿童都成为幸福的人，使他们的心灵由于劳动的幸福而充满快乐。”

苏霍姆林斯基非常重视学生的个性发展。他认为，学生不是抽象的而是具体的。学生的禀赋、才能、爱好和特长是各不相同的，要使它们充分发展，就要提供良好的条件。他说：“教学和教育的艺术和技艺就在于揭开每个儿童的力量和可能性。”他在帕夫雷什中学不仅当校长，更主要是当教师。他从一年级教到十年级，在整个基础教育阶段始终陪伴在孩子们左右。他研究每一个孩子，根据每一个孩子的特点引领他们成为和谐全面发展的人。

苏霍姆林斯基的一生虽然短暂，但他充满智慧的教育理念和对教育事业的满腔热忱已然书写在人类的教育史上，永放光辉。

今天，在风云变幻的世界中、在多元文化的交汇中，更需要发扬苏霍姆林斯基的人道主义精神和爱的教育。正如联合国教科文组织 2015 年的报告《反思教育》中所说的：教育要尊重生命、尊重人类、尊重和平，为人类的可持续发展承担责任。

在我国教育迈入新时代的关键时期，教育科学出版社站在新的时代高度，以以往出版过的具有良好口碑的多部苏霍姆林斯基教育经典著作为基础，高标准重新策划编纂了这套“苏霍姆林斯基教育经典丛书”，我对此深表赞同。这套书不仅可以帮助广大教师全面系统地了解苏霍姆林斯基的教育思想，更有助于教育研究者们结合我国的国情和教育发展的实际，去推进教育改革，为培养新时代的和谐全面的创新人才提供有力的支撑。

教育科学出版社是一家专业集中度很高的教育出版社，在出版教育经典图书方面有坚实的基础和雄厚的积淀。我相信他们一定能够进一步整合优质资源，在内容的专业性、词语的精准性、语句的凝练性与生动性以及版式的精美化等诸多方面做进一步完善，为我国广大教师奉献一套了解、学习、践行苏霍姆林斯基教育思想的高品质图书。

2022 年 3 月 4 日

顾明远：我国当代著名教育学家，新中国比较教育学科奠基人，中国教育学会名誉会长，北京师范大学资深教授、博士生导师。

总序Ⅱ

20世纪80年代，随着改革开放帷幕的拉开，一批优秀的国外经典教育名著的陆续引进，极大拓展了我国教育理论工作者的视野。一方面，先前人们知之甚少的欧美国家的教育理论著作接连问世；另一方面，带着新鲜血液的苏联教育理论著作也重新出现在人们面前。彼时，刚刚成立不久的教育科学出版社，基于对苏联教育曾经且仍将对新中国教育产生深刻影响的敏锐判断，遴选苏联教育理论著作中的瑰宝，及时出版了一些苏联教育经典著作，引领了我国教育界学习苏联教育理论的热潮。20世纪末，教育科学出版社精益求精，将更多的苏联教育经典著作整合在一起，成功推出了“20世纪苏联教育经典译丛”，更是将学习、研究和践行苏联教育理论的活动推向了高潮。“20世纪苏联教育经典译丛”包括赞科夫的《和教师的谈话》、巴班斯基的《教学教育过程最优化》、苏霍姆林斯基的《给教师的建议》《帕夫雷什中学》《要相信孩子》等数十部经典著作。二十多年来，这些经典的教育理论图书对我国的教育理论研究及学校的教育教学实践产生了极大的影响。其中，发行量最大、影响力最为深远的，则非苏霍姆林斯基的教育著作莫属。

苏霍姆林斯基的教育理论与实践体系是一个具有无穷价值的教育思想宝库。这一体系虽根植于苏联，其影响却几乎遍及世界。苏霍姆林斯基全面和谐发展的教育理论与实践对我国基础教育界的影响尤为突出。他毕生强调的“以人为本”的和谐发展观、“育人以德为先”的人学教育思想与实践对当今我国落实立德树人的教育根本任务极具借鉴价值。无论是诠释立德树人教育的实质含义，还是分析以人为本、德育为先、全面发展的教育目标，抑或是落实五育并举、五育融合，落实“双减”政策，我们都可以从这位教育大师的“活的教育学”中获得启迪。他坚持丰富人的精神世界，将道德高尚置于人的品质的首要地位；他主张德智体美劳五育必须相互渗透，告诫教师不仅要讲授知识，还要培养学生树立对知识的正确态度，强调学校里的学习不是毫无热情地把知识从一个头脑里装进另一个头脑里，而是师生间每时每刻都在进行的心灵的接触；他提出人格必须用人格来影响，教师的人格是进行教育的基石，学生是教师教育教学工作的一面镜子；他坚信自我教育是人全面和谐发展的重要动力，必须唤醒学生内在的学习愿望和憧憬幸福人生、争做好人的愿望；他思考家庭教育的意义与潜能，探究学校、家庭、社会的教育合力……。总之，在培养德行为先、全面和谐发展的人方面，苏霍姆林斯基的教育遗产是当之无愧的教育百科全书。

苏霍姆林斯基善于以通俗、精准、趣味、平实、触动人心的语言将自己的教育理念、教育主张和教育实践鲜活地呈现于著作中。研读他的著作，总有一种置身于教育现场，随时与其对话、产生共鸣的亲切感，我们用“常读常新”“常读常悟”来概括读后的感受一点也不为过。翻开这些著作，就仿佛走进了大师的教育现场，按下了聆听手把手般的师徒辅导、教育解惑、教学答疑的“直播按键”。大量生动形象的案例及分析使人身临其境，仿佛在与大师共同思考、共同感受对教育的追求，对学生的热爱，对教师的认同，对人性的尊重。我们总能从中获得一些表达感悟的关键词：喜欢——其娓娓道来的生动描述令人喜欢上教育；思考——其议叙结合的丰富内容能促使人不由自主地思考教育问题；发现——其关于教育现象与本质的深入思考能让人发现教育中的问题和美；创造——其用经验与智慧建构的教育现场能引起人强烈的参与、对比、探究和创新的欲望……

苏霍姆林斯基的名字在20世纪50年代就已经走出苏联，走向了世界。半个多世纪以来，他的著作已经被翻译成59种文字，总发行量早已超过500万册。但就国际知名度而言，苏霍姆林斯基的名字在中国无疑是最响亮的，即使是在他逝世五十多年后的今天，他的名字在我国教育界依旧光鲜响亮，苏霍姆林斯基依然被推崇、被爱戴着。

2020年是苏霍姆林斯基逝世50周年，按照国际版权公约，他的所有著作此后均进入公版。国内掀起了新一轮苏霍姆林斯基著作的出版热潮，其中夹杂着一些蹭热度、以追求高商业效益为目的、品质不高的图书，客观上给广大中小学教师选择高品质的苏霍姆林斯基教育著作造成了不少困惑。

基于新时代广大教育工作者研学苏霍姆林斯基教育思想热情持续升温的新形势，教育科学出版社及时做出研判，决定对原有的苏霍姆林斯基教育经典著作进行全方位升级。一方面，依托长期以来在苏霍姆林斯基教育著作出版方面的雄厚积累，进一步整合优质资源；另一方面，推出几部苏霍姆林斯基原著的最新译本，展示苏霍姆林斯基教育思想的更多侧面。所有这些工作将促成“苏霍姆林斯基教育经典丛书”的全新面世。感谢教育科学出版社为广大教育者奉献出一套符合我国教育发展时代节奏的、内容全面系统的，有助于广大教师学习、领悟、践行的苏霍姆林斯基教育思想的高品质的图书。

教育科学出版社不仅是国内最早出版苏霍姆林斯基译著的出版

社之一，而且也是创造苏霍姆林斯基教育著作中文版发行量之最的出版社。四十余年间，仅《给教师的建议》单行本就数次再版，发行总量已超200万册。这个数字本身不仅显示了苏霍姆林斯基教育著作对中国教育的影响力，同时也是对出版社高标准的图书编辑质量和高品质的图书出版水平的最好证明。

我认为，教育科学出版社出版的这套丛书不仅高度契合“弘扬教育学术，繁荣教育研究，传播国内外先进教育理念，促进中国教育改革与发展”的出版理念，而且充分体现出了教育科学出版社的责任担当与使命担当，为新时代中国教育改革的深入推进提供了聚焦现实、定位精准的教育服务和高品质的精神食粮，必须为这种“对使命负责、对学术负责、对专业负责、对读者负责”的举措点赞。我也和广大读者一样，热切期待全新的“苏霍姆林斯基教育经典丛书”早日出版。

毋需多言，苏霍姆林斯基的教育思想这份“活的教育学”具有强大的生命力，它可以留给历史、影响现在、启迪未来，它可以跨越时空、穿透教育、浸润心灵。

2022年3月8日

肖甦：北京师范大学教授、博士生导师，中国教育学会比较教育学分会苏霍姆林斯基研究会会长，乌克兰“瓦西里·苏霍姆林斯基奖章”获得者。

目　录

前　言……………………………………………………1

1　“快乐学校”………………………………………………3

校　长……………………………………………………3

第一年——考察孩子……………………………………12

我这些学生的家长………………………………………13

蓝天下的学校……………………………………………22

我们的“幻想之角”……………………………………36

大自然——健康的源泉…………………………………41

每个孩子都是画家………………………………………45

爱护生物和美……………………………………………47

我们到劳动世界的“旅行”……………………………53

我们欣赏大自然的音乐…………………………………54

冬季的活动和欢乐………………………………………64

第一个云雀节……………………………………………66

我们怎样学习读和写……………………………………67

我的孩子，你生活在人们中间…………………………75

我们的集体——和睦的家庭……………………………81

我们生活在“健康乐园”里……………………………83

第一学年前夕的一些想法………………………………84

2 儿童时代……88
什么是小学……88
健康、健康，还是健康……91
学习——精神生活的一部分……99
300页《大自然的书》……113
从物的世界到社会——东西从哪里来……127
活的习题集中的1000道题……129
我们的环球“旅行”……137
什么是帝国主义……142
让孩子体验脑力劳动的快乐和取得学习成绩的快乐……145
“童话室”……158
我们的“奇异海岛”——童话续编……166
歌曲为孩子们展现了美的世界……169
书和儿童的精神生活……174
祖国语言……181
我们的“美角”……200
在生活理想的源头……201
心里要有共产党……208
活着就要天天关心人……209
充满崇高情感的劳动……218
少年列宁主义者，你们是祖国未来的主人……235
孩子们加入少年列宁主义者的组织……246
要像列宁那样斗争和胜利……247
“勇敢无畏者”小队……251
我们和夏天告别……257

前　言

敬爱的读者、同行们——教师、教育者、校长们：

这部著作是我多年学校工作的总结，是沉思、关心、担忧和不安心情的总结！

在一所农村学校身不离校地工作32年，对我来说是无与伦比的幸福。我把自己的一生都献给了孩子们，所以考虑很久之后给这本书命名为《我把心给了孩子们》。我认为，我是有这个权利的。我很想给教师们——不论是现在在校任教的，还是继我们之后将要来校工作的——讲讲我一生中很重要的一段经历。这个阶段整整有十年，这十年也是从一个个我们教师们通常称为一无所知的“小懵懂”进校起，到他们成为青年从校长手中接过中学毕业证书，即将走上独立的劳动生活道路的庄严时刻止的十年。这个时期是一个树人的时期，而对教师来讲，则是人生一个重要的组成部分。什么是我生活中最重要的呢？我可以不假思索地回答：爱孩子。

敬爱的读者，或许您对书中的某些东西不会同意，有些东西可能会使您感到奇怪、诧异。我要预先请求您：切不可把这本书看作教育儿童、少年和青年男女的万能参考书。用教育学用语来讲，书中论述的是课外教育工作（或者说是狭义的教育工作）。我并没有把讲课以及学习科学基础知识过程中的全部教学细节列入本书。如果用表达人们细微关系的语言来讲，这本书论述的是教师的心。我力图要说明的是：如何带领幼小的人认识周围现实的世界，如何帮助他学习、减轻他的脑力劳动，如何在他心灵中激发并确立高尚的情操，如何培育人的尊严感、对人们善良本质的信念、对苏维埃祖国的无限热爱，如何在幼童聪慧的头脑和敏感的心灵中播下忠于共产主义崇高理想的第一批种子。

您现在拿到的这本书阐述的是低年级的教育工作，换句话说，是阐述儿童世界的。而儿童世界是一个特殊的世界。儿童有他们自己的善恶和荣辱观念及人的尊严观念；他们有自己的美的标准，甚至有自己的时间尺度：童年时期，一天犹如一年，而一年则是无限长的。我一向认为，要进入童年这个神秘宫殿的大门，就必须在某种程度上变成一个孩子。只有在这种情况下，孩子们才不会把您当成一个偶然闯入他们那个童话世界大门的人，当成一个守卫这个世界的看守人——一个对这个世界发生的一切都无所谓的看守人。

我还要对书的内容和书中所谈经验的性质做一点说明。小学教育是教师的创造性劳动，因此我有意识地不去写教师集体和家长们的劳动。如果把这一切都写进书里，篇幅就会大大增加。

在谈童年的书中，不可能不谈及孩子生活在其中的家庭和他们的父母。个别家庭的环境很沉闷，有时令人感到压抑，卫国战争之后尤其如此。某些家长无论怎样讲也不能做子女的表率。关于这些我不能避而不谈。如果对家庭环境不做出全面、真实的介绍，那么整个教育工作的方针就不好理解了。我坚信教育的巨大力量，这也正是克鲁普斯卡娅、马卡连柯及其他杰出教育家们所坚信的一点。

1

“快乐学校”

校　长

我任教十年之后被任命为帕夫雷什中学的校长。我那些在头十年的教育工作中逐渐积累起来的信念就是在这里形成的。我希望在这里能亲眼看见自己的信念化为生机勃勃的创造性事业。

我越努力把自己的信念体现在实践之中，就越清楚地感到，对教学教育工作的领导就是把全校范围的思想和组织问题同个人在工作中的身体力行恰当地加以结合。如若教师们从校长的工作中能看到一个具有高度教育学素养的、孩子们的直接教育者的榜样，那校长作为教学集体的组织者的强大作用将是无法估量的。

教育，首先是教师跟孩子在精神上的经常接触。伟大的俄罗斯教育家К.Д.乌申斯基把校长称为学校的主要教育者。[①] 然而，在什么情况下才能发挥主要教育者的作用呢？

通过教师去教育孩子，充当教师的教师，教授教育工作的科学和艺术——这是非常重要的，但这只是学校多方面领导工作中的一个方面。如果主要教育者只是教别人怎样教育而并不直接接触孩子，他就不再是一个教育者了。

头几周校长工作的事实就已证实，如果我跟孩子们没有共同兴趣、爱好和意愿，那么我那通向孩子心灵的道路将永远被堵死。我作为校长若不对孩

① К.Д.乌申斯基在《学校三要素》一文中谈到这一点（详见《乌申斯基选集》第2卷，俄罗斯联邦教育科学院出版社1978年版）。

子直接施加教育影响，就会失去教育者最重要的品质——感受孩子们精神世界的能力。当时我非常羡慕那些班主任：他们总是和孩子们在一起。班主任时而与孩子们进行推心置腹的谈话，时而准备带学生到森林里或河边去，带他们到田间去劳动。孩子们迫不及待，盼望着去远足旅行的日子，到时候他们将架锅做饭、下河摸鱼，将在野外露天夜宿，将凝视繁星闪烁。校长则犹如一个局外人。他不得不只是做做组织工作，提提建议，只是说说缺点并加以纠正，鼓励好事和制止坏事。当然，这些也都是不可或缺的，但是我对自己的工作总感到不满足。

我认识许多积极参加教育工作的好校长，其中有切尔卡瑟州斯米良斯克中学校长 Г. П. 米哈伊连科、基洛夫格勒州鲍格丹诺夫中学校长 И. Г. 特卡琴科、亚历山大第十三中学校长 И. А. 谢甫琴科、戈梅利州克尔缅斯克寄宿学校校长 М. А. 德米特里耶夫、克拉斯诺亚尔斯克第八八年制学校校长 Л. Н. 希里亚耶娃、基辅第十四寄宿学校校长 А. Г. 卡利尼切夫等。他们称得上是办教育的能手，他们的讲课堪称教师学习的典范，他们积极参加少先队和共青团组织的活动。不论教师还是班主任或者少先队辅导员，都可以从他们那里学到东西。不过我觉得，教育技艺的最高阶段就是学校校长直接而且长时间地参与学生的一个基层集体的生活，这个信念现在变得越发坚定。我总是想和孩子们待在一起，跟他们同欢乐共忧愁，亲密无间，这种亲昵感对教育者而言是创造性劳动中的一种享受。我曾试图时时参与孩子们某个集体的生活：同孩子们一起去劳动或到故乡各地去远足，去参观、旅行，帮助他们获得一些不可多得的欢乐，缺少了这种欢乐就难以想象能有完满的教育。

不过，不论是我还是孩子们都感到这种关系中有某种不自然的东西。使我感到不安的是教育方面那种人为的局面：孩子们始终忘不了，我只是一时同他们在一起。教师只有在共同的活动中长时间做孩子们的朋友，做具有共同思想的志同道合的同志，才会与孩子们产生真正的精神上的共性。我感到，我需要这种共性并非仅仅为了得到创造性劳动的欣慰，也为了让我的同事们懂得教育的科学和艺术。跟孩子们进行活跃的、自然的、不间断的交往，是思想、教育上的欢乐、忧虑和失望的来源，我们的劳动中缺少了这些，就不能想象有什么创造。我的结论是：主要教育者应当是一个不大的儿童集体的教育者，是孩子们的朋友和同志。我的这一信念是以在帕夫雷什中学工作之前就形成的那些教育观念为基础的。

在任教最初的几年我就已经明确，真正的学校并不仅仅是儿童获取知识和技能的场所。学习是儿童精神生活中非常重要但不唯一的领域。我对我们惯常所说的教学过程观察越精细，就越确信，真正的学校，就是儿童集体丰富多彩的精神生活，而教育者和被教育者都在其中因许许多多志趣和爱好而结合在一起。一个只在上课时隔着讲桌跟学生会面的人是不会了解儿童心灵的；而不了解儿童，就不可能成为教育者。孩子们的思想、情感和意愿对这样的人就会秘而不宣。教师的一张讲桌有时会变成一堵高大的石墙，教师在墙后向他的“敌人”——学生发动“进攻”；但更多的情况则是讲桌变成被包围的堡垒，“敌人”围攻它，而躲藏在里面的“指挥官”感到手足无措。

令人痛心地看到，只因师生之间没有任何精神纽带的维系，而孩子们则丝毫不向教师披露自己的心灵，即使是精通自己科目的教师进行的教育有时也会变为一场残酷的斗争。个别学校里师生之间存在着令人不能容忍的不正常关系，其主要原因就在于他们互不信任和存有疑心。教师有时感受不到儿童隐秘的内心活动，不能同孩子们休戚与共，不能在思想上设身处地地为学生着想。

波兰杰出的教育家亚努什·科尔恰克[①]在一封信里写道，（教师）必须把自己提高到孩子的精神境界上来，而不是去俯就它[②]。这是一种很微妙的想法，我们当教师的应当深入它的实质。一个真正的教师不能把孩子理想化，不能

① 亚努什·科尔恰克（1878—1942），波兰作家、教育家，作品有中篇小说《街上的孩子们》《怎样爱孩子》等。德国法西斯占领波兰期间，科尔恰克为挽救犹太孩子的生命进行了英勇的斗争，最后在集中营与200名学生一起牺牲。——译者

② 这一思想贯穿于亚努什·科尔恰克的许多著作，特别是在《怎样爱孩子》一书中表达得更加充分。科尔恰克在肯定孩子有权发表自己的想法和积极参与我们有关他的谈论时写道：“当我们能取得他的尊敬和信任的时候，当他信任了我们并能自己说出他的权利何在的时候，疑惑和错误就会少些。”后面又写道：“能让这一切放任自流吗？切记不可，我们会把郁闷的奴仆造就成郁闷的暴君。”

妄加一些美妙特性于他，但不能不考虑孩子对世界的感知、对周围现实的情绪反应和精神反应有其独特的鲜明性、细微性和天真性。亚努什·科尔恰克发出的要把自己提高到孩子的精神境界上来的号召，应当理解为对儿童的认识世界——思想上和心灵上的认识——做最细致的理解和体验。

我十分坚信，确实有那么一些精神品质，缺少了它们就不可能成为真正的教育者，其中首要的便是深入儿童精神世界的本领。只有那些始终不忘记自己也曾是一个孩子的人，才能成为真正的教师。许多教师（孩子们把他们称为“面包干”）的不幸就在于他们忘记了：学生，首先是正在进入进行认识、进行创造和处理人与人之间相互关系的世界的一个朝气蓬勃的人。

教育中没有孤立地对人起作用的零散的东西。上课是学生认识世界过程中的最主要的组织形式。孩子们怎样认识世界，形成什么样的信念，决定着他们的整个精神生活体系。但是认识世界并非只是掌握知识。许多教师的问题就在于他们只是凭成绩和分数来衡量和评价孩子的精神世界，根据孩子学不学功课把他们分为两类。

然而如若一个片面理解多方面精神生活的教师的处境是如此不美妙的话，那么一个把自己的使命仅仅归结为监督教员们的工作、及时下达“一般指示”和做些批准与否的决定的校长又该如何呢？他的处境更加不妙。扮演这样的角色曾使我感到苦闷。使我苦闷的是，往往当你来到学生这里时，他们正与自己的老师一起被某种事物所吸引，当你跟他们打招呼时，他们并没有察觉到你：孩子们同他们的老师过着很丰富的精神生活，他们有自己的秘密。需要这样的校长吗？不，不需要。革命前学校里形成的那套领导方式方法——当时的校长实质上是凌驾于教员之上的督学，是一个行政官吏，职责就是监督教师，看教师是否按大纲正确讲课，是否讲了什么题外的或不对头的东西——而今已成为旧时代的残余。

现代学校领导的实质在于，要在教育这项最困难的工作中使那种体现先进教育思想的好经验得以在教师心中发芽、扎根和成熟。而这种经验的创造者，可作为其他教师的榜样的人，就应当是学校校长。今天的学校如果没有这样一位作为最优秀教育者的校长，那是不可想象的。教育首先就是人学。

不了解孩子，不了解他的智力发展，他的思维、兴趣、爱好、才能、禀赋、倾向，就谈不上教育。如同一个主治医师没有自己的患者就不可能是一个真正的医生一样，一个校长如果没有自己的学生也就不可能领导教师。所谓自己的是指：他要从孩子进校之初起到其取得中学毕业证书止，一直跟他一起随级而上，直接关注学生的智力、道德、审美能力、情感和身体的发展，同他有着共同的精神情趣，并向他传授自己的精神财富。

学校的中心人物是谁？校长应当在教育的哪个领域里做其他教师的榜样？学校的主要人物是儿童基层集体即班集体的老师。他既是给学生传授知识的教师，又是孩子的朋友，还是他们多方面的精神生活的指导者。教学，只不过是广义的教育这朵花上的一片花瓣而已。教育中没有主要次要之分，犹如在构成美丽花朵的许多花瓣中没有主要花瓣一样。教育中的一切都是主要的——不论是课堂上的课，还是课外对儿童多方面兴趣的发展，以及集体中学生之间的相互关系，都是主要的。

我当了 6 年校长之后成为班集体的老师。我要解释一下，这并不是校长和学生直接进行精神接触的唯一途径。但是在当时的具体条件下，这是一条对我而言最适宜的途径。我把直接担任儿童集体的教育者的工作看成是在自然条件下进行的长期实验。

在转而讲述若干年来做了些什么和如何做的之前，我还要讲讲在相当程度上决定实际工作内容和方针的另一条重要原则。童年岁月——学龄前和学龄初期，在人的个性形成中起着极其重要的作用。伟大的作家和教育家列夫·托尔斯泰十分正确地断定，从出生到五岁，孩子的理智、情感、意志和性格从周围世界中摄取的，要比他五岁到一生终了这段时期摄取的多许多倍。苏维埃教育家马卡连柯也阐述过同样的意思，他说，人在五岁之前是个什么样的人，将来也就是那样一个人[①]。

具有非凡美德的亚努什·科尔恰克在《当我返老还童之时》一书中写道，

① 马卡连柯在《给家长的书》的读者讨论会上讲：“人将会成为什么样子，主要取决于您在他满 5 岁时把他造就成什么样子。如果在 5 岁以前您不按应该的那样加以教育，以后就不得不重新教育了。”（马卡连柯 . 马卡连柯全集：第 4 卷 [M]. 莫斯科：俄罗斯联邦教育科学院出版社，1951：444.）

谁也不知道，当学生看着黑板时获得的信息是不是比那不可抗拒的力量（即太阳使向日葵随着它转的那股力量）促使他窥视窗外时获得的多。在那个时刻，什么对他更有益、更重要，是压缩在教室黑板上的逻辑世界，还是游动在玻璃窗外的那个世界？不要去强迫人的心灵，要细心观察每个孩子自然的发展规律，体察他的特点、志向和需要[①]。

那本波兰文的灰皮书里的这些话使我终生难忘。当我在战后不久得知科尔恰克的英雄事迹之后，他的话对于我就成了指导终生的遗训。亚努什·科尔恰克曾任犹太人聚集区孤儿院的院长。纳粹分子要烧死这些不幸的孩子们，他们让亚努什·科尔恰克选择：或者离开孩子们保全自己的性命，或者和孩子们一道去死。他毫不犹豫地选择了死。盖世太保对他讲："戈尔德施米特[②]先生，我们知道你是一位好医生，你不一定必须去特雷布林卡集中营[③]。"亚努什·科尔恰克回答说："我决不拿良心做交易。"英雄决定同孩子们一起就义，并安慰他们，竭力设法不使幼小的心灵被即将降临的死亡所折磨。亚努什·科尔恰克的生平，他那高洁完美的品德的力量，给我以极大的鼓舞。我懂得了：要成为孩子的真正教育者，就要把自己的心奉献给他们。

乌申斯基写道："我们可能深深地爱一个和自己经常生活在一起的人，却直至某种不幸把我们对他的深切爱恋和盘托出之前都觉察不出这个感情。如果不是某一机遇，例如长时期的远离，把一个人对祖国的热恋予以显露的话，他可能一生都不会知道他这种情感有多么强烈。"每当我长时间见不到孩子们，感受不到他们的欢乐与苦恼时，就记起这些话来。年复一年，我越发坚定了这样一个信念：对孩子的依恋之感，是教育素养中起决定性作用的一种品质。但是对感情，如果按斯坦尼斯拉夫斯基说的"不能下命令"的话，那么培育教师、教育者的情感便是高度教育素养的实质所在了。

教师跟孩子没有精神上的经常沟通，彼此在思想、情感和感受上不相互

---

① 亚努什·科尔恰克的《当我返老还童之时》一书出版于1925年。

② 戈尔德施米特：亚努什·科尔恰克的原名。——译者

③ 特雷布林卡集中营，德国法西斯设在波兰华沙特雷布林卡车站附近的"死亡营"。——译者

渗透，就不能想象会有情感素养这个教育素养的血肉了。培养教师情感的最主要的源泉是，教师不仅作为一个老师，而且也作为一个朋友和同志，在一个团结友爱的集体里同孩子们结下多方面的情感联系。如果教师只是在课堂上跟学生见面，学生也只是在班里才感受到老师的影响的话，就不可能有情感联系。

当然，不能把“压缩在教室黑板上的世界”同“游动在玻璃窗外的世界”对立起来。甚至不能在思想上认为，义务教育是对人的心灵的强制，教室里的黑板是对儿童自由的压制，而窗外世界则是真正的自由。

在我到帕夫雷什中学任职前的岁月中，我多次深切地认识到低年级教师在孩子生活中所起的巨大作用。他对孩子来说应当是一个与生母一般亲昵可爱的人。学生对老师的信赖，师生之间的相互信任，孩子在老师身上所看到的人道的典范，这些都是基本的，同时也是最复杂、最明智的教育规则，教师掌握了它们就能成为真正的精神导师。教育者最可贵的品质之一就是人性、对孩子们深沉的爱，父母的亲昵温存和睿智的严厉与严格要求相结合的那种爱。

童年是人生最重要的时期，这不是对未来生活的准备时期，而是一段真正的、灿烂的、独特的、不可重现的生活的时期。所以，今天的幼儿将成为什么样的人，起决定性作用的是如何度过童年，童年时代由谁领路、与谁携手，周围世界中哪些东西进入他的头脑和心灵。人的性格、思维、语言是在学龄前和学龄初期形成的。很可能，孩子从书本、从教科书、从课堂上所吸收的一切之所以被吸收，恰恰是由于书本之外周围还存在着一个世界。孩子从出生直到他能自己打开书本阅读为止，就是在这个世界里相当艰难地向前迈步的。

童年时代就开始了对那些成为共产主义道德基础的可贵品德——对祖国的无限热爱，为祖国的幸福、伟大、强盛而献身的精神，对祖国的敌人不共戴天的仇恨——的漫长认识过程，这种认识既是思想上的，也是心灵上的。

我在33年的工作中研究了早、中、晚各年龄期的儿童以及成人的词汇，它们在我面前展现出一幅令人惊讶的图景。一个出身于集体农庄普通庄员家庭的 7 岁孩子（父母受过中等教育，家里有 300—400 本藏书）到入学的时候已能理解和感受本民族语言的 3000—3500 个词的感情色彩，其中 1500 多个词已成为他的积极词汇。而一个具有中等教育程度的 45—50 岁的工人、庄员则可理解和感受本民族语言的 5000—5500 个词的感情色彩，其中成为他的积极词汇的不超过 2000—2500 个。这个事实十分清楚地说明，童年岁月在人的一生中具有重大的意义。

我们确信学龄前期和学龄初期阶段的教育在很大程度上决定着一个人的未来，但丝毫也不否定在较大的年岁中进行再教育的可能性。苏维埃教育家马卡连柯以他的实践出色地证明了再教育的威力，但他认为极其重要的阶段恰恰就是幼年时期。正确的教育道路并不在于去纠正童年早期阶段造成的错误，而在于不犯这些错误，预先防止进行再教育的必要性。①

在我任校长期间，我痛心地看到，有时由于教师把教育看成是尽量多地往孩子头脑里灌输知识，孩子正常的生活就被打乱了。

看到孩子的正常生活不仅在上课时而且也在长日班里遭到破坏，不能不令人感到极大的痛苦。遗憾的是，有这样的学校，孩子们上过五六节课之后还要留在学校四五个小时，留校不是让他们做游戏、休息和在大自然中活动，而是又坐下来念书。孩子在校的时间变为漫无止境的、令人生厌的上课时间。决不能再这样下去了！全日班和全日制学校就其用意而言，是很有价值的一种教育形式。只有在这里才能为教师同孩子进行精神上的经常接触创造有利条件，没有这种接触就无法培养高尚情操。问题在于美好的想法往往被曲解：教师在全日班里逗留的时间常常仍然用于上课，仍然让孩子在课桌旁从上课铃响坐到下课铃响，搞得孩子们精疲力竭。

为什么会这样呢？

因为，带领孩子们去草地，同他们一起在森林、在公园里逛逛比上课要麻烦。

① 马卡连柯．马卡连柯全集：第 4 卷 [M]．莫斯科：俄罗斯联邦教育科学院出版社，1951：341.

很可惜，一些优秀全日制学校的好经验被出色地做了总结并发表在教育书刊上，可是许多学校很少去运用。其主要原因在于（狭义的）教育工作总的状况不佳。

在我们生活的这个时代，不掌握科学知识，就不可能劳动，就无法具备与人相处的基本修养，就履行不了公民义务。学习不可能只是给人以享乐的轻松愉快的游戏。正在成长的公民的生活也不会是在平坦小径上的轻松散步。我们应当培养具有高深知识的、热爱劳动的、坚毅顽强的人，他们应有决心克服不亚于他们的父辈、祖辈和曾祖辈曾克服过的困难。20 世纪 70—90 年代年轻人的知识水平将比之前青年的知识水平高得多。需要掌握的知识范围越大，就越要照顾到人的快速成长、发育和形成时期，照顾到童年时代人体的本性。人曾是而且永远是大自然之子，因此应当利用他同大自然的血肉联系来向他介绍精神文化财富。儿童周围的世界，首先就是那包含无穷现象和无限美的大自然的世界。这个大自然是儿童理性的永恒源泉。与此同时，同人们的社会关系、同劳动相关联的那些环境因素的作用也在逐年增强。

对周围现实的认识过程对于思想是无可取代的情绪刺激。这种刺激对学龄前和学龄初期儿童起着非常重要的作用。概括周围世界里的事物和现象的真理，只有在它体现为作用于感觉的鲜明形象时，才能变为儿童的信念。让儿童能通过周围世界去认识最初的科学真理，让自然现象的美和无限的复杂性成为思想的源泉，将孩子逐渐引入社会关系和劳动世界中去，……都是非常重要的。

我在帕夫雷什中学任职之初就对学龄初期儿童，特别是一年级学生产生了兴趣。孩子们在学习的最初日子里怀着多么激动的心情跨进学校门槛，怀着多么深切的信任注视着教师的眼睛！为什么往往在几个月之后，甚至在几周之后，他们眼中的光彩便会消失，为什么学习对某些孩子来说会变成令人苦恼的事情？要知道，所有的教师都真诚地希望保持住孩子的天真，保持住他们对世界的欢快感受和好奇之心，希望学习能成为对孩子有鼓舞作用的、饶有兴味的劳动。

如做不到这一点，这首先是因为孩子入学之前教师对他们每个人的精神世界很少了解，而被学习所限制、被铃声所规定的学校生活又似乎在磨灭孩子们的差异，迫使他们向同一个标准看齐，不让那丰富多彩的个人世界展现出来。那种必须在师生相互关系中显示其实质的重要教育思想，只有当它像建造在校内的、结构匀称的大楼一样矗立在全体教师面前时，才能变得显而易见。正因为如此，我才打算要做十年的一个班集体的教育工作。

下面将要谈的班集体的生活并没有脱离学校集体的生活。在许多地方，我将就全校范围谈教育工作的方式和方法。不过我这样做，只是为了更鲜明地展示一个班集体，因为班级教育工作的内容才是整个学校教育成功的最重要的条件。

第一年——考察孩子

1951 年秋，开学之前三周，在招收一年级学生的同时学校还登记了一批六岁的孩子，也就是说，一批将在一年之后开始上学的孩子。我将对这些孩子做十年工作。

当我把家长和他们的孩子都召集在一起并提出把孩子比正式学龄提前一年送进学校来的建议时，就产生了分歧：一些家长支持我的想法，认为在没有全年收托的幼儿园（当时村里只有一所只在夏忙季节收托的幼儿园）的情况下，孩子能上学对家庭将是个很好的帮助；另一些家长则怕过早念书对孩子的健康不利。柳芭的母亲说："在未进教室之前，让孩子过一过学前的童年生活吧。"这些话使我再一次考虑到，在学校里骤然打乱孩子的生活方式是多么有害，给孩子们提供发展自然能力的天地又是多么重要。我告诉他们，学功课之前的这一年不会老在教室里坐着。

我之所以需要这一年时间，是为了好好了解每个孩子，深入考察每个人的知觉、思维和智力劳动的个人特点。在传授知识之前，先要教会孩子们思考、感知和观察，还应当清楚地了解每个孩子健康方面的个人特点，否则就无法正常进行教学。

智力教育与获取知识远不是一回事。尽管不进行教学就不可能有智力教育，如同没有阳光就没有绿叶一样，但同样也不能把教育同教学混为一谈，如同不能把绿叶等同于太阳一样。教师是跟思维物质打交道的，而这种物质在童年时期感知和认识周围世界的性能则在很大程度上依赖儿童的健康状况。这种依赖关系非常细微，难以捉摸。考察孩子的内在精神世界，特别是他的思维，是教师最重要的任务之一。

我这些学生的家长

要想很好地了解孩子，就应当很好地了解家庭，了解他的父母、兄弟、姐妹及祖父母等。我们学校这个小区域当时共有 31 名六岁的孩子，其中，16 名男孩，15 名女孩。所有的家长都同意了送儿女进“快乐学校”——一段时间后，父母们这样称呼我们这个学龄前班。31 人中有 11 人没有父亲，2 人父母双亡。这两个孩子——维佳和萨沙的命运十分悲惨。维佳的父亲、伟大卫国战争时期的游击队员，在妻子面前惨遭酷刑折磨后，被法西斯分子杀害。维佳的母亲因无法忍受悲痛而发疯了。这个孩子就是在这桩惨事发生六个月后出生的。母亲在分娩后死去，婴儿被十分艰难地养育下来。萨沙的父亲牺牲在战场上，母亲在从法西斯铁蹄下解放我们村子的战斗中身亡。

我在“快乐学校”开学前几周就已了解了每个家庭。个别家庭中父母与子女之间、父亲与母亲之间缺乏友爱气氛，缺乏相互间的尊重，而少了这些，孩子就不可能生活得幸福。这使我甚感不安。

眼前站着的眼睛乌亮、皮肤黝黑、鼻子上翘的男孩，叫柯利亚。他眼神中充满了戒备。我对他微笑，他却更加皱紧双眉。在这种时刻，我就想到这个家庭中那种不正常的环境。柯利亚的父亲战前曾被监禁在狱中，当时他家住在顿巴斯。法西斯占领时期他被释放，于是全家迁到我们村。他的父母乘人之危发家致富，干了一些不正当的事：投机倒把，窝藏法西斯走狗——伪警察抢劫的赃物；在困难年月，他母亲从集体农庄家禽饲养场偷鸡，教柯利亚和他的哥哥捕捉乌鸦，母亲把孩子们猎获的乌鸦煎熟拿到集市上冒充烧鸡售卖……。我注视着柯利亚，希望他微笑一下，然而从他眼神里看到的却是孤僻和疑惧。柯利亚，怎样才能唤醒你心中善良的、人的情感，应当拿什么来对抗你所处的憎恶和鄙视人的畸形环境？我看着他母亲那种麻木不仁、熟视无睹的眼神，并因这种麻木不仁感到十分不舒服。

我曾反复考虑，要不要把这些细节写进书里，曾几十次删去而又重新写上。当然，也可以做一番笼统的介绍，说父母未能给孩子树立纯洁品德的表率……，但这样磨平棱角是有害的。不，不能回避仍然存在于我们周围的罪恶和丑行。任何高墙也无法把学校同这些东西隔离开来。要同这些邪恶进行斗争，并战胜它们，要清洗幼小心灵从旧世界继承下来的污秽，就要大胆正视现实。

瘦弱的托利亚，满头浅色金发，蓝色的眼睛犹如春日晴空一般清澈。他站在母亲身旁拉着她的手，不知为什么眼睛总是看着地，只是偶尔才抬一下头。孩子的父亲英勇牺牲在喀尔巴阡山，母亲收到了父亲的好几枚勋章。托利亚为爸爸而自豪，可是妈妈在村里的名声却不好：她生活上不检点，丝毫不关心孩子……。怎么办？怎样才能使这年仅六岁的幼儿的心灵不致被这严重的不幸所损害？用什么办法才能使母亲清醒过来，才能在她心里唤起对儿子的关怀之情？

战争留下了很深的创伤，至今还未痊愈的创伤。我面前的孩子大都出生在 1945 年（有几个是 1944 年），不止一个孩子未出生时就已经失去父亲。这是尤拉，他父亲在战争结束前一天阵亡在捷克的土地上，妈妈不顾一切地溺爱儿子，即使是最微不足道的孩子气的任性要求，她也要竭力去满足。家里还有外公，他也宁愿事事效劳，只要外孙能无忧无虑地生活就行。从我对这个家庭所了解到的情况来看，问题很清楚：六岁的孩子很可能变成一个小霸王。盲目的母爱与麻木不仁同样危险。

佩特里克是由母亲和外公陪着来的。关于这个男孩的母亲坎坷的一生我已有所耳闻。她头一个丈夫在战前就抛弃了家庭。她第二次嫁人，但这次婚姻也不美满：原来佩特里克的父亲在西伯利亚某地已有家庭，战后他便弃家而去。这位自尊心很强的妇女想了个主意，让儿子相信，他父亲是在战场上牺牲的。孩子常常给小朋友转述有关他父亲的种种臆造的功勋。小朋友不相信，说他父亲是个骗子。佩特里克常常哭泣，流着泪去找妈妈。从各方面都可以看出，不怀好意的人在孩子心灵里播下了不信任人的种子，并施以冷酷无情。要让孩子相信善良，该怎么办？

柯斯佳已经七岁了，但还没有上一年级。他是由父亲、继母和爷爷陪着来的。残酷无情的战争风暴使这个孩子也受到了伤害。在从法西斯强盗手中解放村子几个星期之后，身怀柯斯佳的母亲（当时已近临盆）不知从哪里找到了一些金属玩意儿给七岁的大儿子玩。不料这里面掺杂有雷管。雷管发生了爆炸，孩子被炸死。母亲上了吊，人们赶来救下她了。这个妇女就在临终前的昏迷中生下了柯斯佳。

这孩子传奇般地活了下来，他的得救是因为当时有位邻居正在给自己的孩子哺乳。父亲从前线复员后，一心扑在儿子身上，十分珍惜、百般宠爱。不论继母（这是一位出色的妇女）还是爷爷都疼爱这孩子。但是柯斯佳不满五岁的时候又发生了另一件不幸的事：孩子在菜地里捡到一件亮闪闪的金属东西，便用一块铁器敲打起来，突然发生爆炸，满身鲜血的柯斯佳被送进了医院。男孩子落得个终身残废：失去了左臂和左眼，面部永远留下了火药致伤的青色斑痕……

柯斯佳，要赋予你多少由衷的善意和爱抚，才能使你成为一个幸福的人啊？怎样跟你父亲、善良的继母和爷爷讲，才能使他们的疼爱成为既明智而又有严格要求的？你将怎样进行学习？亲人说，你常常头痛。怎样来减轻你的学习负担，增强你的体质和消除你那压抑的心情？你父亲讲，你有时独自流泪，小朋友们的游戏都吸引不了你……

站在母亲身旁、长着一对若有所思的灰色眼睛的男孩子是斯拉瓦。他母亲也是一位命途多舛的单身妇女。她已年近半百。年轻时她并不好看。姑娘曾企望得到幸福，然而无人愿和她结为情侣。青春渐逝，但个人幸福仍未求得。一位和她一样的独身人从前线复员，他遍体伤痕。他爱上了这位姑娘，并和她结了婚。然而幸福未能长久，丈夫不久故去。她便把对丈夫的全部爱都倾注在儿子身上，但对儿子的教育却很不得法。据说，斯拉瓦不喜欢见人，整天待在家里，只要问他一点什么，他的眼睛就会射出不友好的目光。当我注视男孩的眼睛时，他那眼神便立即锋芒毕露，充满戒备。

我对自己未来的学生了解得越深入，就越认识到我所面临的重要任务之一，就是要为那些在家庭中未曾享受过天伦之乐的孩子恢复童年。

我在学校工作了三年，便认识了几十名这样的孩子。生活使我肯定了一个信念，这就是：如果未能使小孩子恢复对善意和公正的信任，那就任何时候都不可能使他产生自己作为一个人的感觉并体验个人尊严。这样的学生到少年时期就会变得易怒易恨，对他来说，生活中就不会有什么神圣和高尚的东西，教师的话语也深入不了他的心灵。

矫正这种人的心灵是教育者面临的最困难的课题之一，这种最细致微妙的劳动实际上是在进行人学方面的检验。做一个人学家，意味着不仅要能看到、感受到孩子是怎样认识善与恶的，而且还要能保护那娇嫩的童心免遭邪恶的伤害。

我一面注视孩子们那一双双黑色、灰色、天蓝色的眼睛，一面在思考：我是否有足够的仁慈和热情来温暖他们的心？我记起了克鲁普斯卡娅这样一段话："对于孩子，思想和人是不能分离的。他们对爱戴的老师的话和对他们蔑视的一个无关的人的话，完全是按不同方式来感受的。"我将以自己的言行去教育孩子。他们应当从我的言行中感受到真、善、美来。我的每一句话都应当饱含温情、诚意和热忱。

加利娅在父亲的带领下来到学校。她和妹妹经历了很大的不幸：妈妈去世了。母亲去世一年之后，一位陌生的妇女来到这个家庭。她善良、诚恳、富有同情心。她很理解孩子们的心情，在表露情感上很谨慎，希望博得两个女孩的欢喜。然而，时光一周周、一月月地过去，加利娅和妹妹瓦利娅甚至连话都不愿意跟继母说。她们总像是没看见她似的。这个妇女常常因苦恼而流泪，求丈夫和亲戚们出点主意，告诉她该怎么办。她甚至想离开这个家，但不久生了一个男孩。本指望孩子的出生会使两个姐姐的心感到温暖，但是希望落空了。姐妹俩（尤其是加利娅）都不愿理睬小弟弟。我该怎样去接触这颗高傲的心呢？该跟父母讲些什么，出些什么主意呢？父亲已经来过学校，倾诉过他的苦衷。我的答复是，只有等我很好地了解了加利娅之后才能有所建议。

坐在母亲身旁拿着一朵菊花在微笑的那个灰眼睛的胖胖的女孩叫拉丽萨。我知道，母亲有一件痛苦的事沉重地压在心头。丈夫遗弃了她。女儿不记得她父亲。可是妈妈告诉女儿说：“爸爸会回来的。”过后这个妇女嫁了一个很好的人，是个拖拉机站的工人。她使得女孩子确实相信了这个人就是她父亲。拉丽萨喜欢父亲，可是母亲内心总是有些隐痛：一旦某个人一时不慎说出一句话，就可能揭穿她的欺瞒。女孩子是幸福的，但是需要十分审慎地提防那些恶意的言辞来粗暴地伤害她的心灵。我们能不能和这对好家长一起做到这一点呢？一个继父……，但愿每个孩子都能有一个像拉丽萨的继父一样的生父。我越了解这个人，就越发坚定地认为，谁教育了孩子，谁才是真正的父亲。我常访问这个家庭，并为一种有趣的情况而感到喜悦：女孩子的眼睛同她那非亲生父亲一样闪烁着亲切、抚爱、关切之情。在美的事物面前，孩子和继父的眼睛都会闪射出同样的欢喜和惊讶；甚至动作、面部表情以及惊奇、警觉、严厉等情感的表现方式，拉丽萨也都在效法继父。

费佳……他也没有父亲，而且这个男孩子已经有几次听到刺耳的、侮辱性的话，暗示他妈妈的行为绝不是无懈可击的。孩子内心经历了一场混乱：这是怎么回事？妈妈不是说，他的爸爸是在战场上牺牲的吗？我从战前就认识费佳的妈妈。她在战争时期的遭遇是不幸的。怎样把孩子引进人与人相互关系的纷繁世界，使他不再经受那些苦恼的、疑问的烦扰？

我们一些教育者常常忘记：对小孩子来讲，认识世界是从认识人开始的。父亲用什么口吻和母亲说话，他的目光和举止表达什么感情，已经在孩子面前揭示了善与恶。我知道一个小女孩，每逢父亲心情郁闷、沉默寡言地下班回来而母亲说的每一句话都在迎合迁就他的时候，孩子便躲进园子里的僻静角落默默哭泣。孩子的心由于对父亲的抱怨和对母亲的同情要碎了……

然而这只是孩子正在认识的人与人之间关系的一些最初的表象。而当小孩子从父母争吵时偶然的一句话中了解到父母彼此并不相爱，而且若不是由于孩子维系，他们甚至会离婚的时候，孩子内心会做何感想？

孪生姐妹尼娜和萨莎是由父亲带到学校里来的。这个多子女的家庭（除尼娜和萨莎外还有四个孩子）有它自己的苦恼：母亲因重病已经好几年卧床不起了。年长的姐姐在料理家务，父亲很艰难。尼娜和萨莎也饱尝了劳累之苦。家里很少有欢乐。当女孩子们看到一个男孩拿着一个绿色皮球时，她们眼里闪出欢喜的神采，但立刻又消失了。当察觉到这种苦恼时，我喉头哽塞了。怎样才能使她们也享受到快乐的、无忧无虑的童年？我能做到这一点吗？父亲刚刚已经向我声明：两个女孩将来在学校里的时间不会超过一小时，她们要在家里帮他的忙。

我们坐在一棵枝叶繁茂的高大梨树下的草地上。我跟家长们谈到我打算怎样教孩子们，只谈了孩子在场的情况下可以谈的内容，而各个家庭的不幸和烦恼却总在脑海中萦绕。各有各的忧伤，而把它公之于世，当着别人去劝解和提建议，这意味着对人家的心灵不分表里，把最隐蔽的东西置于光天化日之下。不能，我只能了解这一切，而不能当着全体家长去讲这些。即使不得不触及家长心底最隐秘之处时，也只能在周密考虑、字斟句酌的情况下通过个别交谈来进行。我所提到的这些家长（我的学生家长绝大多数都是极好的人）的内心创伤、人生苦难、遗憾、忧虑、痛苦是那样不同，以致不可能一起进行谈话。当这些并肩而坐的人们的优缺点错综复杂地展现在我面前时，我认识到，有意给自己的子女做坏榜样的家长是不存在的。

读者或许会觉得不幸和苦难太多了，但要知道，这里说的只是一个儿童集体。不能忘记，这都是战争的创伤。战后的最初年代已成遥远的过去，那些岁月留给人们的沉痛精神创伤已日渐愈合。那些在 1944—1945 年的胜利曙光照耀下上第一堂课的人已长成大人，做了父母，我们战后头几年的学生的儿女早已在学校上学，有些已近青年。或许人们会觉得，如今年轻的家庭里一切都该闪耀着幸福的光辉了吧，但事实却远非如此。而今仍然有苦恼、不幸、悲剧……，至于那些岁月则无须去说了。使我欣慰的是，家长中多数都过着很美满的家庭生活，都能和睦相处，很好地教育子女。

这位是那个身体结实的七岁小男孩万尼亚的父亲。他是个很能干的劳动者、农艺师，他热爱土地，热爱为人们的幸福而劳动。他年年都在宅旁园地里培育果树和葡萄幼苗，并把它们分送给别人。妻子是养蚕班长、劳动能手，是一个心地善良、真挚诚恳的人，是一位细心照料孩子的母亲。在 1933—

1934年的艰难日子里，她收养了四个孤儿，从饥馑和死亡中拯救了他们，如培育亲生儿女一般培育了他们，孩子们都叫她妈妈。

梳着两条黑色蓬松小辫的是柳霞。她父亲是一个很诚实正直的人。有一种人，人们说他们具有心灵美。这种人绝大多数并没有建立什么功勋，他们的精神美蕴含在同人们的相互关系中。这位父亲未必给柳霞讲过要关心人、同情人这类话，他是以自己的行动、以对待妻子的态度教育子女的。柳霞的母亲患有心脏病，她在集体农庄的甜菜种植场做工。父亲把全部家务都承担了下来。

卡佳的父母把自己的果园变成了一个供小孩子们活动的俱乐部：从早春直到晚秋，总有左邻右舍的孩子们同他们自己的四个孩子一起在这里休息、玩耍、淋浴。卡佳的父亲在院里为孩子们装备了一个小型运动场。果园里所收的全部果品孩子们都可以自由享用。

萨尼娅长着一双蓝眼珠，常常带着沉思的神情。她的父母都是热情的、好心肠的人。每年都有三个女孩子——父亲的侄女——从城里来他们这里过暑期。萨尼娅总是迫不及待地期待着小姐妹们的到来。萨尼娅的父亲在水塘里给他们建造了一个游泳场，现在又在制作小摩托艇，想给孩子们再添一分乐趣。

莉达来自一个很好的家庭。她父亲是铁路车辆厂的工人，懂音乐，会唱歌。他教孩子们唱歌和拉提琴，常常即兴组织音乐会：园子里会集起二十来个孩子；孩子们欣赏音乐，学习演唱民歌。

帕维尔生在一个和睦的家庭里。他母亲已因病卧床四年，父亲替代了母亲，他不仅在厂里劳动，而且担负着全部家务工作。

谢廖沙是个黑皮肤、黑眼睛的男孩子。家里有爸爸、妈妈和两个孩子，全家过得友爱和谐。每逢假日，全家就到森林里去玩。他们在林间空地上栽了四棵菩提树。在家里，孩子们给妈妈、爸爸、爷爷和奶奶各栽了一棵苹果树。我常常思考：这个家庭的孩子为什么如此爱父母和祖父祖母？大概是孩子们正以百倍纯洁和强烈的爱在回报心地善良的母亲和父亲。

陪伴柳芭来校的是母亲、父亲、奶奶、姐姐和弟弟。柳芭兄弟姐妹五人，还有爷爷、奶奶和姥姥。这个家庭里对长者的绝对服从精神是建立在相互信任和尊重的基础上的。我早已多次听说，这个家庭里的长者如何善于尊重孩子，珍惜他们的感情。

最小的男孩丹卡的家里保留着一些优良的传统。当父母去上工时，三个孩子——年龄分别是六岁、八岁和九岁——都在家里干家务。孩子们做中饭和晚饭、挤奶、看管菜地。夏季傍晚，当妈妈和爸爸下工回到家里时，孩子们已经为他们准备好了冲澡的水、更换的干净衣服、热气腾腾的晚餐，还有桌上的一束野花。

家里高于一切的，是尊重劳动，也可以说是崇拜劳动，而且从无任何焦急忙乱现象。

瓦利娅的父亲在克列缅丘格一家机械制造厂工作，母亲在集体农庄劳动。在这个友爱家庭里，不论父母还是三个孩子，人人都爱学习。这个家庭里的那种重视知识、看重学校和尊敬老师的气氛，使我们做教师的感到高兴，并引起我们很大的兴趣。瓦利娅进了“快乐学校”之后，这一家做的一桩大好事才真相大白：原来大家一直认为是瓦利娅奶奶的那位老人却是一个“外人”，她没有任何亲人，两个儿子都在战场上牺牲了，瓦利娅一家收留了老人，于是老太太就变成孩子们的亲奶奶了。瓦利娅甚至一点都不知道奶奶是一个“外人”。

灰眼珠的小柳达的父母都在农庄劳动。父母教育儿女们要非常尊重农田里的平凡劳动。“我们为人们做的一切，都应当是出色的。”父亲这样教育子女。夏季，大孩子们跟随父亲一起外出，去草场干活。柳达和妈妈每月去那里几次，这种外出对柳达来说简直如同过节一样。

塔尼娅的父母在农庄家畜饲养场工作。周末两个女儿常到父母劳动的地方去。家长善于培养孩子们热爱劳动。老师不止一次地欣赏过这样的情景：父亲在饲养场的一个角落隔出一块地方，里面放进一只小羊羔或一头小牛犊。塔尼娅和姐姐精心照料这些幼畜。这是她们很喜爱的游戏，这种游戏由于有妈妈爸爸的参与更加有趣。

舒拉长着一双乌黑的眼睛，眼神敏锐而又可亲，父亲在铁路上工作，每周只回家一次。父亲的回家，对舒拉、哥哥和姐姐是一件大事，在孩子们心里留下了深刻的印象。孩子们总是急切地等待父亲：父亲常给他们带一点礼物回来。他的礼物很别致：父亲擅长用木头雕刻动物、人物和一些幻想形象。他常常给每个孩子都带一件木雕玩具。父亲讲的一些事情也给孩子们带来很多欢乐。他具有发现好人的罕见才能。他所讲的有关好人好事的故事给孩子们打开了眺望世界的窗口。

沃洛佳的父亲是建造桥梁的，母亲在农庄做工。年轻夫妇十分疼爱他们这个长子，但是这种爱不明智。他们为了尽快满足儿子的无理要求，往往给他大量形形色色的无聊玩意儿。即使现在，坐在妈妈身边的沃洛佳手里还拿着两个气球。他想给妈妈说点什么，可是妈妈没有察觉，于是儿子便噘起了嘴，两眼泪汪汪了。

瓦里娅是个肤色黝黑、眼睛乌亮，长着一头卷发的女孩子，她纤弱的身躯宛如一株嫩枝。妈妈在榨油厂当清洁工，爸爸从前线归来之后一直重病缠身，所有的亲人都照顾他，但是健康状况不见好转。三个孩子感受到，命运压在妈妈肩上的担子太重了，因此想让她过得轻松一些。母亲的工资有限，还要靠晚上绣衬衣、餐巾的收入补贴丈夫的医疗费用。瓦里娅的姐姐已学会绣花并帮助妈妈做活，瓦里娅也在学习民间刺绣。

子女是家长精神生活的一面镜子。我对每个家庭的长处和短处都进行过思考。能对子女起潜移默化作用的好家长的最可贵的精神品质就是父母的善良心肠，就是善于为他人做好事的品德。凡在父母能把自己的一分热忱奉献给他人、能与他人同甘苦共欢乐的家庭里成长的孩子，总是善良热情和富有同情心的。最大的不幸，就是个别家长的利己主义和个人主义。这种恶习有时表现为对自己孩子的盲目溺爱，如同沃洛佳的家长那样。如果父母只顾关注自己的儿女，除此之外心目中别无他人，这种过分的溺爱最终总会变为不幸。

当我向家长们讲我所设想的“快乐学校”时，考虑的就是这些。这是一次很困难的讲话。对家长讲的每句话都要全面考虑家庭中的优点和缺点。当谈到真诚、正直和相互信任的气氛时，联想到柯利亚家里的境况，我始终无法平静。可是渗透在他家生活中的那些恶行和欺骗又不能对全体家长讲，这样会使母亲疏远学校，乃至再也不愿到学校来。这里需要的是某种别的东西，但究竟是什么？我对这个难题思考再三，始终未能找到正确答案。

我给家长们描绘了教育孩子的前景。今天来到学校的是六岁幼儿，十二年之后，他们将长大成人，成为未来的父亲和母亲。学校全体人员将尽一切力量，使他们成为热爱祖国、热爱乡土和劳动人民的爱国主义者，成为诚实、正直、勤劳、善良和热情的人，使他们既富于同情心又对邪恶和虚伪毫不妥协，使他们面临困难时勇敢顽强，使他们谦虚朴实、品德高尚、身体健康强壮。孩子们应当成为头脑清醒、心地善良、双手灵巧、情操高尚的人。孩子是家庭的镜子，如同一滴水能映出太阳一样，从孩子身上可以看出父母的品德是否纯正。学校和家长的任务是让每个孩子都幸福。幸福是多方面的：它既在于人的才能得到发挥，能热衷于劳动并在其中成为创造者；也在于能欣赏周围世界的美，并为他人创造美；又在于爱别人并被别人敬爱，并且把儿女培育成真正的人。教师只有和家长共同努力，才能给予孩子巨大的人的幸福。

家长和孩子们该回家了，我提醒他们说：“明天，8 月 31 日，我们的‘快乐学校’就开始活动了。”

这个日子将带给我什么？今天孩子们还都牵着母亲的手，明天就要独自来了。每个孩子都有自己的欢乐。每个孩子都有一个阳光灿烂的早晨，每个人都有无尽的生活前程。在这个日子的前夕，最使我感到忐忑不安的是，怎样使孩子们在学校里不失掉幼儿之乐。相反，要让他们在进入学校这个世界之后不断享受到新的欢乐，使认识活动不至于变为枯燥的教学。但是，也不能把上学变成没完没了的、表面热闹而实际空虚的玩乐。每一天都应当充实孩子们的智慧、情感和意志。

蓝天下的学校

我怀着激动的心情等待小家伙们的到来。到早晨八点，来了二十九人。

萨莎没来（大概妈妈的情况不妙）。沃洛佳也没到，想必是没睡够，妈妈又不愿叫醒儿子。

几乎所有的孩子都身穿节日盛装，脚蹬崭新的皮靴。这倒使我有些不安了：农村孩子一向习惯热天光着脚，这对身体是一种极好的锻炼，是防止伤风感冒的最好办法。家长们为什么怕孩子们的小脚沾地，怕踏上清晨的露水和晒得灼热的土地呢？他们这样做，都是出于好心，但结果适得其反：农村孩子冬季患流行性感冒、咽喉炎和百日咳的，在逐年增多。然而，应当锻炼孩子既不怕冷也不怕热。

“孩子们，我们上学校去。”我对小家伙们说着就向果园走去。孩子们疑惑不解地望着我。

“是的，我们上学校去。我们的学校将来就在蓝天底下，在绿草地上，在大梨树下，在葡萄园里，在牧草场上。咱们把皮靴子脱在这儿，还是像你们平常那样光着脚走。”孩子们高兴得叽叽喳喳起来，他们原来就不习惯热天穿靴子，甚至感到不方便。“明天你们就光着脚来吧，在咱们这个学校这样比什么都强。”

▲ 童话般的学校

我们向葡萄园走去。在一个隐蔽在树后的僻静角落里葡萄蔓在交错伸展，这些枝蔓攀在铁架上形成绿色帐篷。帐篷里面长着娇嫩的小草。这里一片寂静，从这里，透过朦胧的绿荫朝外看，整个世界都是绿色的。我们在草地上坐了下来。

“咱们上学就从这儿开始。我们要从这儿看蓝天、果园、村子和太阳。”

孩子们被自然景色吸引住了，都安静了下来。一串串成熟了的琥珀色葡萄垂在绿叶之间。孩子们很想尝尝香甜的果实。当然要尝尝的，但是先要欣赏欣赏美景。孩子们环视四周，觉得果园被绿色薄雾笼罩着，犹如海底的童话世界一般。大地表面——田野、草地、大路——似乎在透明的热气中颤动，阳光照射在树木上好像满树都有火花在闪烁。

“太阳在撒火花哩。”卡佳低声说。

孩子们全神贯注地观赏奇妙的景色，我便给他们讲起太阳的故事来。

“是的，孩子们，卡佳说得好，太阳在撒火花。太阳住在高高的天上。它有两个巨人铁匠和一个金砧。黎明之前，这两个留着火红胡须的铁匠去见太阳，太阳交给他们两捆银线。铁匠们抡起大铁锤，把银线放在金砧上捶呀、捶呀、捶。他们给太阳捶锻银花冠，铁锤下迸出的银火星到处飞溅。火星子掉到地上来，你就看见了。到了晚上，铁匠也干累了，拿着银冠去见太阳；太阳把银冠往金发上一戴就到它那神奇的花园里去休息了。”

我一边讲故事，一边把它画出来，画册的白纸上出现了那些幻想形象：两个巨人铁匠站在金砧两旁，铁锤下银火星四处飞溅。

孩子们被这奇幻的世界所吸引，他们听着故事，好像生怕打破这一片寂静，驱散这迷人的幻景。听完之后他们纷纷提出问题：那么巨人铁匠夜里在干什么？太阳干吗每天都要一个新的银冠？银火星都上哪儿去了，它们是不是天天都往地上掉呀？

好孩子们，这些事我都会给你们讲的，以后咱们还有很多时间，今天我先请你们吃葡萄。孩子们焦急地等待着果筐装满葡萄。我给每个人分了两串：

自己吃一串，另一串带回去给妈妈，好让她也尝尝。孩子们表现出极大的耐心：把葡萄包在纸里。我却担心这耐心能否在从学校到家的全部路程中保持下来？托利亚和柯利亚能不能把葡萄带给妈妈？我给尼娜多分了几串：为的是带给生病的妈妈，还给妹妹和外婆。瓦里娅拿到了三串，准备带给爸爸。我产生了一个念头：只要小朋友有了足够的力量，每个人都可以自己培植葡萄树……。瓦里娅家今年秋季就可以栽十来株，过年就有能结果的枝条，这对她父亲来说将成为药剂……

我们从那童话般的绿色朦胧世界里走出来。我告诉孩子们：“你们明天傍晚六点钟来，别忘记。”

我看得出，孩子们并不想离去，但仍然走开了，把白纸包紧紧捂在胸前。我多么想知道他们当中谁的葡萄可能带不到家，但不能问他们；假如有人能自己讲出来，那就好了。

晴空下的第一天就这样结束了，那天夜里我做梦梦见的都是银色的火星。清早醒后，我考虑了好久，下一步该做什么。我没有拟订详细计划，先订好哪一天给孩子们讲什么，带他们上哪里去。我们这个学校的活动是因激励我的这样一种思想而开展的：儿童就其天性来讲，是富有探求精神的探索者，是世界的发现者。那么就让那个绝妙的世界在鲜明的色彩中、在嘹亮颤动的音响中、在童话和游戏中、在孩子的创作中、在激动孩子的美景中、在为人们做好事的意愿中展现吧。通过童话、幻想和游戏，通过儿童独特的创作……，我们才能正确地通向孩子的心灵。我要那样去引导孩子们进入周围世界：使他们每天都能从中发现一点新东西，使我们所走的每一步都成为走向思维和语言的源泉，即走向大自然绝妙美景的旅程。我要关注的是，让我所培育的每一个孩子都成长为会思考、会探索的有智慧的人，让认识过程的每一步都使心灵变得更高尚，使意志锻炼得更坚强。

第二天，孩子们在傍晚之前就来到学校。宁静的九月天正临近黄昏。我们走出了村子，在一座高岗上停了下来，眼前展现出一派美景：辽阔草地像是在阳光下浮动，排排杨树整齐地挺立着，远处的山峦在地平线上起伏。我们来到了思维和言语的源头。童话、幻想是一把钥匙，用它可以打开这些源头，使泉水生机勃勃地涌流。它不禁使我想起卡佳昨天说的“太阳在撒火花哩”这句话来。这里我要提前讲一件后来发生的事：十二年后，在卡佳即将毕业的时候，他在一篇描写故乡的作文里抒发热爱大自然的情感时再一次使用了这个比喻。童话形象在孩子思维中的影响就是这样强大。我千百次地证实，儿童在给周围世界增添各种幻想形象、虚构这些形象的时候不仅能发现美，而且还能发现真理。没有童话、没有活跃的想象，孩子就无法生活；没有童话，周围世界对于他就会变成虽说是美的但却是画在画布上的画，童话能赋予这幅画以生命。

童话，形象地讲，是能够吹燃孩子思想和言语火花的清爽微风。孩子们不仅喜欢听故事，也喜欢创作故事。当我让他们透过葡萄枝叶的绿色围墙欣赏景色时，想要给他们讲个故事，但并未预定究竟讲哪个。推动我施展幻想的是卡佳的话：“太阳在撒火花哩……”孩子们在创造着多么真实、贴切而又具有艺术表现力的形象，他们的语言又是多么鲜明而又丰富多彩！

我竭力要做的是，让孩子们在没打开书本按音节读第一个词之前，先读几页世界上最美妙的书——大自然这本书。

在这里，在大自然当中，有一个想法是特别明确和清楚的：教师们是在和自然界中最娇嫩、最精细和最敏感的东西——小孩子的大脑打交道。当你想到大脑时，就要想象这是一朵挂着露珠的娇嫩的玫瑰。要做到摘下花朵而又不使露珠跌落，需要多么小心谨慎。我们时时刻刻需要的正是这种审慎态度：因为我们接触的是自然界最精细、最娇嫩的东西——正在成长的有机体身上会思维的物质。

孩子用形象进行思维。例如，当他听老师讲一滴水旅行的故事时，便在自己的想象中描绘白色的滚滚晨雾、乌黑的雨云、隆隆的雷声和淅淅沥沥的春雨。想象中的这些景象越鲜明，他对自然规律的理解就越深刻。他脑子中娇嫩敏感的神经元还不够强壮，要去发展和加强它们。

儿童在思维，这就是说，他大脑半球皮层的某一部分神经元在感知周围世界的形象（画片、实物、现象、词语），并通过极精细的神经细胞——犹如通过交通渠道发出信息。神经元对这些信息进行“加工”，系统化、分类、对比、比较，而这时新的信息又不断输送进来，又要感知、“加工”。为了既能接受接踵而来的新形象，又能“加工”信息，神经元的神经要能在极短的时间内从感知形象瞬间转而去“加工”它们。

我们把神经元神经能的这种快得出奇的转换叫作思想——孩子在思考……。儿童的脑细胞如此娇嫩，对感知对象的反应如此敏锐，以致只有当感知和思考对象是可以看见、听见和可以触摸到的形象时，它们才能正常工作。只有当摆在儿童面前的是直观的现实形象，或者是描述得非常鲜明的语言形象，使儿童好像看得见、听得着、触得到所讲的东西时，作为思维实质的思考转换才有可能进行（正因为如此，孩子们才那样喜欢童话）。

儿童大脑的自然特性要求必须在思考源泉处，即在直观形象中，首先是在大自然中培养他的智力，让思考能从直观形象转为对有关这个形象的信息的加工。如果孩子离开大自然，如果孩子从学习的最初日子起就只感知词语，则脑细胞就会迅速疲劳，因而胜任不了教师布置给他的工作。然而这些细胞却是需要发展、增强和积蓄力量的。正是由于这个缘故，许多教师在低年级往往会遇到这样的情境：孩子老老实实地坐在那里两眼瞪着你，好像在注意听讲，然而一句话都听不懂。这是因为教师只管滔滔不绝地讲，而孩子要思考规则、要解答算题、要解释例子……这些全是对事物的抽象和概括，没有生动的形象，脑子很疲劳，跟不上的现象就由此产生。这就是为什么要在大自然中发展儿童的思维和提高孩子的思考能力，这都是儿童机体自然发展规律的要求。所以说，到大自然去的每次旅行就是一堂思维课，一堂发展智力的课。

我们坐在高岗上，周围是螽斯[①]发出的一片和谐的合唱，空气中散发着沁人心脾的草香。大家都没有出声。无须向孩子们多说话，不要强行对他们讲述，话语并非娱乐，对话语的厌腻则是最有害的一种感受。孩子不仅需要听教师讲话，也需要沉默；此刻他要思索，要对所见所闻进行思考。对于教师来讲，在讲述时掌握分寸是很重要的，不能把孩子变成感知词语的被动物。

① 螽斯，昆虫纲动物，属直翅目，发声器官位于前翅。——译者

要理解每个鲜明的形象，不论是实物的还是词语的，都要花费许多时间和精力。善于给孩子思考的机会，这是教师工作细心的一种素养。置身于大自然时，要让孩子有机会听一听、看一看、感受感受……

我们聆听着螽斯的合唱。我很高兴，孩子们能为这奇妙的音乐所吸引。但愿这个散发草原清香、回荡着美妙音乐的寂静黄昏能永远保留在他们记忆中。说不定什么时候他们就会编出螽斯的故事来。

此刻，孩子们沉思的目光又集中在落日上了。太阳已躲入地平线，天际染遍晚霞的柔美光辉。

“太阳回去休息了。”拉丽萨说，面部略带忧伤之情。

“两个铁匠给太阳送来了银花冠，那昨天的花冠太阳弄到哪儿去了呢？”莉达问道。

孩子们望着我，等待故事的下文，可是我还没有决定选择什么形象，费佳帮了我的忙。

“花冠在天空散开了。”他轻轻地说。

一阵急切期待的沉默，我们都等着听费佳要讲什么。因为这是故事的续编，看来他已经编好，但之所以缄口不语，可能是幼儿的羞怯所致。于是我来帮费佳了。

“是的，花冠在天空散开了。白天一天，花冠都被戴在太阳那火热的发辫上，都烧热了，变得跟蜡一样软。太阳的烫手一摸，它就像金色的溪水在傍晚的天空四处流淌。就要去休息的太阳发出最后的余晖，照着这溪流，溪水泛出了粉红色，又不断变幻，渐渐暗淡下来。这时太阳越走越远了，眼看就要走进它那神秘的花园里去了，于是天上的星星马上就要亮了……”

“星星又是什么呀？它们为什么会亮起来？它们是从哪儿来的？白天为什么看不见星星？”孩子们连连提出问题。但是不能给他们的意识充塞过量的形象。今天已经足够了，因此我把孩子们的注意力引向了别的东西。

“你们往草原那边看。看出来了没有，原野、草场和洼地上怎么越来越暗了？看那些山丘，好像变软了似的，像是在暮色中飘动。山丘都变成灰色的了，好好看看山丘表面，能看到些什么？”

“森林……小树丛……牛群……羊群……，还有放牧员。有人停下来要在野地里过夜，他们点起了篝火，可是篝火看不见，只见空中冒着一缕青烟……”孩子们在凝视那些很快变暗了的山丘时，产生了这么多冥想。我向孩子们提出该回家了，他们却不愿走，要求再坐一会儿。在这黄昏时刻，当世界如同蒙上一层神秘的幕布时，孩子们的幻想活动十分活跃。我仅仅提到傍晚的薄暮和夜晚的昏暗如同河流从遥远的原野和森林流淌过来，孩子们的想象中就已经产生了童话人物的形象——“薄暮”和“黄昏”。萨尼娅讲了一个关于这两个人物的童话故事：它们俩住在森林那边很远的一个山洞里，白天它们下到很深很深的漆黑山谷里睡觉，还在睡梦中叹气（为什么叹气，只有编故事的人自己晓得）。只要太阳一回到它那神秘的花园里，它们就从洞里出来。它们的大爪子上长着软软的毛，因此走起路来谁也听不见。“薄暮”和“黄昏”是善良的、和气和温顺的，不欺负任何人。

孩子们还想编“薄暮”和“黄昏”怎样哄小孩子睡觉的故事，但是今天已经够了。我们该回去了。小朋友们明天晚上还想来，用瓦里娅的话说，“这种时候好编故事”。

为什么孩子们乐意听童话故事，他们为什么那样喜欢傍晚的黄昏？环境本身在怎样的情况下才容易引起孩子们积极的想象？为什么童话比任何别的手段都更能发展言语和思维？这是因为童话人物具有强烈的情感色彩。童话语言在儿童的意识中是活生生的。当他倾听或是述说描绘奇妙幻景的话语时，他的心都会倾注在里面。我认为学校教学不仅不能没有听故事，而且也不能没有编故事。我面前摆着“快乐学校”开学头两个月内小孩子们编的一些童话和小故事，里面饱含着孩子们的思想、情感、企望和看法。

小　兔

（舒拉）

妈妈送给我一只绒布小兔。这正好是在过新年之前。我把小兔放在了新年枞树的枝杈之间。晚上，大家都睡觉了。枞树上亮着一个小小的灯泡。

我看着、看着，小兔从树上跳了下来，围着枞树又跑又跳，跳了一会儿，又回到枞树上去了。

向日葵

（卡佳）

太阳出来了。小鸟都醒来了，云雀飞上了天空。向日葵也醒来了，抖了抖身子，把露水从花瓣上全抖掉了。它对着太阳说：“太阳，你好！我等你很长时间了。你看，你不给我点温暖，我的黄花瓣都蔫了。现在它们又都挺起来了，高兴了。太阳，我也是圆的，金黄色的，跟你一样。”

地是怎样翻的

（尤拉）

联合收割机收割完了小麦。小刺猬从洞里爬出来一看：麦子没了，听不见麦穗飒飒响了。刺猬团成一团在麦茬上滚起来。迎面爬来一个特别大的东西——一只铁甲虫，轰隆轰隆地爬着，后面挂着犁，它爬过的地方就是一片黑色的松土。小刺猬躲在洞里往外看，感到奇怪。它想：“哪儿来的这么大的甲虫？”这是一台拖拉机。

两幅列宁肖像

（万尼亚）

我姐姐奥利娅加入十月儿童团。她戴着一颗红星，红星上有一幅小小的列宁肖像。现在我们家有两幅弗拉基米尔·伊里奇·列宁的肖像：墙上一幅，奥利娅的红星上一幅。列宁是为劳动人民的幸福而斗争的。爸爸说过：列宁上学的时候成绩特别好。我也要好好学习。我要做一个列宁式的少年。

橡　子

（季娜）

刮过一阵风，橡树上掉下一颗橡子。黄黄的，闪闪发亮，像是用铜炼出来的一样。它掉下来就想：“在树上多好，可我现在掉在地上了。从这儿既看不见大河，也看不见森林。”橡子发愁了。它央告说：“橡树，你把我带到树上去吧！”可是橡树回答说：“你真傻，你看我，我也是地上长起来的。你快快扎根，长个儿吧。将来你就变成高高的橡树了。”

孩子们关心的不光是大自然中发生的事。他们希望大地上有和平。他们知道，存在着一种企图发动战争的势力。下面这篇童话中就是用“蛇”这个幻想形象表现这种黑暗势力的。

我们是怎样打败铁蛇的

（谢廖沙）

它生活在大洋那边很远很远的沼泽地里。它憎恨我们的人民，于是制造了原子弹，造了很多很多，带在翅膀上就飞了。它要把炸弹扔在太阳上，想熄灭太阳，让我们死在黑暗里。我派小燕子们去迎战大铁蛇。每只小燕子都从太阳的火里衔了一颗火星子去追赶大蛇。他们把火扔在它的翅膀上。大铁蛇跌落下来，掉在了沼泽地里，跟炸弹一块都烧毁了。太阳在嬉戏，小燕子们在欢快地歌唱。

这篇童话反映了儿童世界观的独特性。孩子不能想象善良战胜邪恶而无鸟兽参与。A. 盖达尔曾经说过，童话的结尾应该是：红军打败白军，小兔子坐在那里高兴①。孩子们心爱的小兔、小燕子并不只是童话人物，它们是善良

① 1941 年 1 月，A. 盖达尔在共青团中央的会议上演讲，谈儿童教育。从速记中我们可以读到：“而对那些我不曾有幸打交道的那种年龄的读者，也就是三四岁的读者，我对此这样解释，‘这是红军痛打了白军，而这只小兔跑出来看，他为这事特别高兴’。”（Б. 耶米利扬诺夫. 盖达尔的故事 [M]. 莫斯科：儿童读物出版社，1972：15—17.）

的化身。

孩子们每一天都会在周围世界中有所发现，每一个新发现都会变成故事，而故事的作者就是孩子。童话人物有助于孩子们领略家乡美。借助童话，想象、创作揭示家乡的美，就是爱国之情的渊源。人对祖国伟大和强盛的理解和感受是以美为其源泉的。很想给培养幼儿的青年教师进一言：一定要深思熟虑、慎重地安排孩子们来聆听你第一次讲述祖国——苏维埃社会主义共和国联盟的伟大和强盛。你的话应当是激励人心的，充满豪情壮志的（即使听来辞藻有些过分华丽也无妨，只要你内心的感情是纯洁高尚的）。不过，要想使孩子的心因这些话语而跳动得更加激烈，形象地说，那就必须精心耕耘孩子们意识的田地，并播下美的种子。

但愿孩子能感受美，并为之而激动，但愿能在他内心和记忆中永远保留体现祖国的那些形象。美是人性、善良情感、诚恳关系的血和肉。当我察觉托里亚、斯拉瓦、柯利亚、维佳、萨沙那冰冷的心逐渐在解冻时，我由衷地感到高兴。微笑、赞美和对于美的赞叹，都好像是引导我接近孩子心灵的途径。

“快乐学校”的生活没有被严格的规章所束缚。没有规定孩子们在蓝天下该待多长时间。最主要的是，不让孩子们感到厌烦，不让孩子们厌倦得心里暗自期待老师说“该回家了”这句话。我总是尽力在孩子们对观察对象和正在进行的劳动兴致还很高的时候就结束学校的活动。要让孩子们急切地期待明天，要让明天能预示给他们带来新的欢乐，要让他们夜里能梦见太阳撒向大地的银色火星。这一天孩子们在露天学校里待一至一个半小时，另一天则要待上四小时，这就要看老师这一天能给孩子们多少欢乐。还有一点非常重要，要做到让每个孩子不仅能感受到欢乐，而且还能创造欢乐，能给集体生活贡献一点自己的创造。

那年秋季，天气又暖和又干燥。十月中，树叶还没黄，几次听到隆隆的雷声，好像又回到了夏天。清晨总有露珠在草上闪闪发亮。这为工作创造了有利条件。我们又几次来到自己的山冈上，在云朵之间进行“游览”。这些时刻给孩子们留下了不可磨灭的印象。朵朵白云变成了可以进行种种奇妙发现的世界，孩子们从那些光怪陆离、变幻无穷的云朵中看出各种兽类、那些童话里的庞然大物。孩子们的幻想犹如飞快的小鸟飞向九霄云外，飞向碧蓝的大海和森林，飞向遥远的无名国度。正是在这种翱翔中鲜明地显露出孩子个人的意识。一朵奇异的云飘浮而过。

“孩子们，这朵云像什么？”

“这是个戴草帽的牧羊老爷爷，还拄着一根棍子。”瓦利娅说，“你们看，他旁边还有羊群。前面是一只卷犄角的老羊，后面跟着小羊……。老爷爷挎着一个布袋，有什么东西还露在口袋外面。”

“这不是老爷爷，”帕夫洛不同意，“是大雪人，就像我们冬天堆的那个大雪人。看，它手里还拿着扫帚。头上的根本不是草帽，而是水桶。”

“不是，这不是雪人，是干草垛。”尤拉说，“草垛上，两个放牧员拿着大叉子。你们看，他们在往下扔草，下面停着一辆大车。这哪儿是老绵羊，不是羊，是车。那是车弓，不是犄角……”

“这是只很大很大的兔子。我梦见过这样的兔子。下面也根本不是车，而是兔子尾巴。”

本想让所有的人都发挥一下想象力，但是柯利亚、斯拉瓦、托利亚、米沙等却不知为什么都默不作声。当看见柯利亚面部带着一种不屑一顾的轻蔑神情（那是把参与儿童娱乐看成有失尊严的那些成人才会有的神情）时，我心里觉得抽搐般地疼痛。问题在哪里？我不是在这个男孩的眼睛里看到过因美景而欢喜的神情吗？……当时我对此还未多加深思，然而感觉提醒我：在未能用儿童的乐趣吸引住孩子之前，在他眼里还未出现真实的喜悦之前，在孩子还没有迷恋幼童嬉戏之前，我便无权谈论给他施加什么教育影响。孩子就该是个孩子，如果当他听童话故事的时候不为善与恶的搏斗而激动，如果他眼睛里闪现的并不是欢喜之情而是轻蔑的目光的话，就意味着孩子的心灵有所损伤，须要花费许多力量才能把孩子的心灵矫正过来。

天空出现一朵轮廓奇妙的云块，它好似一座围墙高耸、塔楼矗立的宫院。孩子们的想象弥补了宫院轮廓不清的部分，尤拉已经开始讲起关于很远很远的一个神秘王国、关于凶恶的妖婆和拯救了美女的勇士的故事来了。维佳则在想象中编了另一个故事：在很远的一个异国，山里住着一个凶恶的人，他阴谋发动战争。幻想展开了翅膀，使这个男孩坐上了飞船。飞船一瞬间就飞到了黑心恶人居住的山洞上空，消灭了恶人，地球和平了。

此后，我讲到远方的热带国家，讲到长年不断的夏天和奇异的星座、清澈碧蓝的大洋和风姿优美的椰林。童话在这里跟现实交织在一起，我好像开启了通向远方的窗口，讲到风土人情，讲到大洋大海，讲到丰富多彩的动植物，讲到千姿百态的自然现象。

我开始讲述人奴役人的世界。劳动人民，特别是儿童遭受苦难的那些鲜明的情景在孩子们的思想意识中激起了极大的不安：世界上正进行着善与恶的残酷斗争，我国人民在为人的幸福、荣誉和自由而斗争。我竭力做到使我的每个学生都能从幼年起就对人剥削人这种社会罪恶持不调和的态度，使他们无比珍惜我们这个世界上第一个自由劳动的国家。我认为最重要的教育任务之一，就是让邪恶在孩子的意识中不是某种抽象的东西，而是敌视世上一切正直人的实在力量。我给孩子们讲过，在一些国家里，财富属于一小撮资本家和地主，而劳动者连最低需用都得不到保证。我没有急于去让孩子们理解“帝国主义”这个抽象概念，到时候他们会理解的。在孩子的这种年龄，起决定作用的是鲜明的观念及其情感色彩。当我讲到意大利有成千上万名母亲由于贫困绝望而不得不把亲生儿女卖给美国富翁时，孩子们感受到这种不幸是由极大的不公正造成的：有的人不创造财富而拥有财富；有的人创造财富，却连一块面包、一件遮体的衣服、一席栖身之地都没有。

教师能同孩子们同欢乐共忧虑地进行讲述，这是儿童智力充分发展、精神生活得以充实的必不可少的一个条件。这些讲述的教育作用在于孩子们是在能产生童话幻想的环境下聆听它们的：在满天闪烁着繁星的寂静夜晚，在森林里，在篝火旁，在舒适的小屋里，炉里的煤火隐隐发出光亮，窗外秋雨潇潇，寒风呼啸。故事应当富有色彩，形象鲜明，短小精悍。不能堆砌过多的事实，给孩子们过多的印象，否则会使他们对讲述的感受性变得迟钝，再用什么也引不起他们的兴趣了。

我建议老师们：要逐渐影响孩子的情感、想象和幻想，逐渐打开通向无边世界的窗口，不要一下就完全敞开，不要把它变成一个宽敞的大门，致使那些被您叙述内容的思想吸引的孩子们不顾您的希望而像圆珠一般冲出去。起初，他们会因面对那浩如烟海的事物而不知所措，而后，这些实际上尚未被认识的东西又会令他们腻烦，变得空空洞洞。

蓝天下的学校教给了我怎样为孩子们打开通向周围世界的窗口，而我则努力使所有的教师都学到这门生活和认识的科学。我向他们建议：不要让知识成堆地向孩子压来，不要企图在课堂上把您所知道关于学习对象的一切都讲出来，成堆的知识有可能把求知欲和好学精神全部埋葬。要善于只向孩子揭示周围世界中的某一种东西，但要做到使生活中的这一部分能在孩子面前显示出它的全部绚丽色彩。您总要留有未尽之意，使孩子总想一而再、再而三地回顾他已知道的东西。

人的思维所能达到的成就是无止境的。例如，人创作了许多许多书籍。您只需给孩子展示一本书的内容所包含的美、智慧以及它的思想深度，但一定要展示得让每个孩子永远都爱读书，愿意在书海中独自畅游。我曾跟教师们交谈过关于到活的思维和语言的源泉“旅行”的思想。我把幼儿就他亲眼所见的周围世界的事物和现象所做的富有表现力的、充满情感的简短的讲述叫作“旅行”。低年级教师效法我的样子也开始进行这种“旅行”。教室的门敞开了，孩子们能走进草地去踏青，享受清新微风的吹拂。语文和算术课，特别是一、二年级的，越来越多地到蓝天下去上了。这并不是放弃课堂讲课或是脱离书本和科学而投入自然界。相反，这使课堂更充实，书本和科学更加生动。

低年级教师常常在课后聚集在教员休息室里讨论，怎样才能使得对周围世界的认识和关于自然和社会知识的学习永远都不会变成使孩子感到枯燥和厌烦的事情。在这种集体性创造中，我产生了新的想法——让孩子们认识农业劳动和技术装备，并逐渐认识优秀人物的创造。低年级教师 B. П. 诺维茨卡娅、A. A. 涅斯捷连科、M. H. 维尔霍维尼娜等在制订引导他们的学生去“旅行”的计划时，按我的建议确定了最适于在春、夏、秋、冬各季用来发展儿童思维和言语的一定范围的自然现象以及与之相关的某些农业劳动。

我们的“幻想之角”

村外离学校不远有一个树木丛生的峡谷。在孩子们看来，这是一片神秘莫测的茂密森林。有一次，我发现谷坡有一个洞口。洞内很宽敞，四壁都很牢固而且干燥。这简直是一块宝地！我们的“幻想之角”将来就设在这里。当我第一次带孩子们到洞里的时候，他们的高兴劲儿实在难以形容。他们欢叫，歌唱，互相呼唤，玩捉迷藏。当天我们就在地上铺了干草。

起初，我们简直是在欣赏这个神秘之所，尽力把它搞得舒适方便一些：墙壁上挂了几幅画，挖宽了入口，搭起了一张小桌。孩子们高兴地接受了砌一座火炉在必要时生火的建议。

我们掘好了炉基，凿通了安烟筒的孔道，把多余的土运了出去，搬来了砖块，运来了泥浆。这些活并不轻松，但我们有个期望，就是火炉。这座火炉砌了约两个星期。所有的人都被这项工作所吸引，不论是柯利亚还是斯拉瓦或托利亚，都没有袖手旁观，这几个孩子原来总是对我们大家所做的事无动于衷，因而使我放不下心。现在，能越来越多地看到他们的眼睛闪闪发光，兴致勃勃的神情久久不消。这项有趣的活动使萨沙、柳达、瓦利娅这些怯懦、腼腆而又优柔寡断的孩子也振奋起来。我越来越确定，一个集体的积极情绪——喜悦与振奋状况——乃是团结儿童和激发那些对集体的事情和活动都抱冷淡态度的心灵的巨大精神力量。

不久，我们在火炉里生起了火。干燥的柴火燃起了欢快的火焰。暮色降临大地，我们这个洞穴里又明亮又舒适。我们望着覆盖沟崖的树木和灌木丛，于是从那神秘的树丛中产生了童话形象。它们好像在提示、在要求我们：讲讲我们吧。树丛被笼罩在一层半透明的薄暮中，它先呈蓝灰色，然后变为淡紫色；树木在薄暮中显出一种意想不到的轮廓来。

孩子们在这种时刻很乐意做各种幻想，编撰种种故事。

我问道：“长在谷坡各处的树木像什么？”这话与其说是在问孩子们，倒不如说在向自己提问。我觉得，它们像是从悬崖上倾泻而下的绿色瀑布，而此刻则凝固起来，变为又似玄武岩又像孔雀石的巨大雕刻。我很想知道，是不是有人，哪怕是一个孩子的想法也按我这种思路去发展。在这傍晚时分，我有时间去观察孩子们是怎样想的。

于是我看到：一个孩子的思想河流汹涌澎湃地在畅流，不断变幻新的形象；另一个则如同一条气势磅礴、水面宽阔、深浅莫测却缓缓流动的大河。河水的流动甚至无法察觉，但它却奔腾不息，无法使它转入新的河道；而另一些孩子的思想河流则轻快急速，好似可以加以堵截使它立即转变流向。如舒拉看树冠像牛群，但只需谢廖沙一问“那它们在哪儿吃草？那儿可没有草”，舒拉的想法便奔向新的渠道：那已经不是牛了，而是夜里降到地上来休息的云块。尤拉的想象也是这样急速地在飞翔。而米沙和尼娜却默不作声，他们专心致志地看着——看到了什么？已经有几十种由孩子们幻想出来的形象从我们面前掠过，可是米沙和尼娜还是沉默不语，斯拉瓦也没说话。难道他们头脑中什么想法都没有出现？已经该回去了，米沙这个在男孩中最不爱说话的人终于开了口：“这是一头发狂的公牛挺着犄角冲向山石，没有顶动，它就站住了。看，现在看样子它正在使劲，眼看就要把悬崖推动了……”

这时，聚集在我们周围的那些形象好像都四散而去，我们看到那树丛确实十分像一头狂怒而无力地挺立着的公牛。孩子们叽叽喳喳议论起来：你看它那腿在沟底挺得多有劲；你看它的脖子都拱起来了，大概连筋都在打战，犄角都戳到地里去了……

而这却是米沙想出来的！当那些生动的形象在我们的脑海里闪闪而过时，他的思路正按自己的渠道在移动。他曾留心聆听了小朋友们的种种说法，但没有一个形象吸引住他。他的想象鲜明，最具乡土气息。孩子在这里看出的，可能就是他在生活中见到过而且在头脑中留下了印象的东西。而这种脑子迟钝的孩子在课堂上课是十分苦恼的。老师总想让学生快一些回答问题，他不管孩子怎样思考，要的是立即说出答案并给他评个分了事。他却想不到，要使那水流缓慢的大河加快流速是不可能的。让它按它的本性去流动，它的水必定会达到预定的标界，但请不要性急，不要焦躁不安，不要用评分这根树条去抽打这条壮阔的大河，那是无济于事的。

……与动物界其他代表相比，人身体的发育期——从出生到成熟——

是最长的，是不是每个教师都考虑过这一点？人的机体直到二十岁乃至在更长的时期内都在成长、发育、壮大。在人体发育的长期性中蕴含着自然的巨大奥秘。自然本身好像把这个时期划分出来专供发展、增强和培养神经系统——大脑半球皮质用的。人之所以能成为人，是因为他要经历一个为期很长的神经系统幼年期、脑的童年期。

婴儿降世时就带着数十亿能对环境做出精细反应并能在一定条件下发挥思维功能的细胞。这些细胞构成他的意识的物质基础。在出生到成年、再到老年的整个时期内，大自然不会再给人增添一个新的细胞。神经系统思维物质的细胞在幼年时期应当经常在积极活动中经受锻炼，而这种锻炼的基础则是活跃的感知、观察、冥想。

人在学会深入周围世界各种现象的因果关系的实质之前，应当在童年时代经历一个思维锻炼的阶段。这种锻炼就是看物体和现象。孩子看了生动的形象，然后进行想象，在自己的观念中塑造这个形象。观看现实的对象和在观念中创造幻想形象——思维活动的这两个步骤并不存在任何矛盾。儿童是把童话的幻想形象作为鲜明的现实来感知和思考并自己来创造的。创造幻想形象——这是使思想幼芽迅速发育的最好土壤。

在思维的童年时期，思维过程应当尽可能密切地同周围世界中生动、鲜明、直观的事物相联系。起初，先不让孩子去思考那些因果关系，让他只是细心观察对象，在里面发现某种新东西。这个男孩子就能从傍晚的昏暗笼罩下的树丛中看出一头暴怒的公牛来。这并非只是小儿的幻想游戏，同时也是思维的艺术因素、诗的因素。同是这些树丛，另一个孩子则从中看到另一种东西，属于他自己的东西，他在形象中加进了他个人知觉、想象和思维的特点。每个孩子不光在感知，而且也在描绘，在创作，在制造。儿童对世界的视觉，是一种特殊的艺术创作。被感知同时也是被孩子创造的形象都带有明显的情感色彩。儿童在感知周围世界的形象并从幻想中往里增添东西的时候，他们也在体验极大的快乐。感知饱含情感，这是儿童进行创作的精神渊源。我确信，没有情感的高涨，就不可能有儿童脑细胞的正常发育。儿童大脑中发生的生理过程也和情绪有关：每当精神紧张、情绪高涨、兴致专注之时，大脑半球皮质细胞的营养就在增强。细胞在这种时刻能量消耗较大，同时从机体得到的能量也多。我通过对低年级学生脑力劳动的多年观察证实，在情绪十分高涨的时候，孩子的思维特别清楚，识记进行得也很紧张。

这些观察对儿童的教学过程做出了新的说明。低年级学生的思维与情感是和体验分不开的。教学过程，特别是对周围世界的感知要充满情感，这是儿童思维的发展规律提出的要求。

……到了初秋，天气暖和得出奇。我们并没待在一处不动，而是常到田野和丛林里去，只是偶尔才去“幻想之角”。孩子们在离村子两公里的地方找到一座小山丘，从这里可以看到优美的景色：隐没在果园里的村子、一望无际的田野、蓝色的山峦和林带。空气变得特别清澈洁净，地面上飘荡着银白色的蛛丝，蔚蓝的天空中越来越多地出现成行的候鸟。离我们所在的山丘不远，有一片丛林，林边到处长着一丛丛野蔷薇。我们常常去欣赏那串串绛红色的野果粒和闪着银光的枝间蛛丝，铭记每一丛树的轮廓，眺望果园和村边的排排杨树。孩子们每天都会发现一点新东西，葱绿的丛林眼看着披上了深红色的秋装，树叶泛着奇妙的色彩变幻。这些发现给孩子们带来极大的愉快。

活的语言和创造性思维的源泉如此丰富而又取之不竭，假如我们一小时发现一样东西的话，那么这些发现也足够延续许多年的了。且看我们面前这一丛野蔷薇，上面挂满了一串串绛红色果粒，果粒间的滴滴晨露在银白细丝上颤动。露珠呈琥珀色。我们为景色所迷，站在这丛野蔷薇前，眼前出现了奇妙的景象：露珠好像有生命似的由蛛丝末端朝前移动，好似都在向着下垂的丝网中心爬，然后汇合起来，可是它们为什么不增大，也不掉在地上？我们凝神观察着：原来露珠蒸发得很快，眼看着体积变小，然后就完全消失了。

“这是太阳把露水喝了。”拉丽萨低声说道。她幻想出来的形象引起了小朋友的兴趣，于是一个新的童话又诞生了。就在这丛野蔷薇旁，在这个活的语言的源泉之畔，孩子面前又出现一条新的绝妙的小溪。或许这是偶然的事，但迟早是该发生的：拉丽萨发现了 росинки（露珠）、паутинки（蛛网）、

бусинки（珠粒）这几个词的谐韵。[1] 奇妙的巧合好似启发了孩子们。在此之前孩子们知道的都是从哥哥姐姐那里听来的诗，都是从书本里学来的，而这里，却是从活的语言、从周围环境中产生诗。

夜里降下了露珠，
落进银白色的蛛网。

拉丽萨说着，眼睛里闪现出欢快的神情。大家都没作声，但是我看得出，每个孩子的思想都因为受到语言魅力的感染而像飞鸟一般地翱翔了。

琥珀色的珠粒，颤抖起来了，战栗起来了。

尤拉接了下来。

当一个人接近了事物本源的时候，当词语对他来说不单是事物的标记，而且也是花朵的馨香、泥土的气息、故乡田野、森林发出的乐声以及亲身感受与体验的时候，就会出现这种情景。

按照教育学的常规，或许该让孩子们接着作诗，然而这些常规已被我置之脑后，我被孩子们的创作思潮所吸引，脱口接了下去：

太阳喝了露珠，
不见了银白色的蛛网，
笑了笑琥珀色的珠粒……

我们围着这丛野蔷薇欢叫、雀跃，不断重复着编出的诗句。我很想尽快地向教师们讲讲源于周围世界的这种灵感的爆发，想建议他们：最初的思维课不应当在教室里面对着黑板上，而应当到大自然中去上。我还想说：真正的思想总是饱含着激动的情感。只要孩子领略到语言的芳香，他的心就会激动。要到田野、到公园去，要从源泉中汲取思想，这种溶有生命活力的水会使你的学生成为聪慧的探索者，成为好学好问的人，成为诗人。我千百次地

① “росинки”等三个词都以“—инки”结尾，因而谐韵。——译者

证实：缺少了诗意的、美感的涌流，孩子就不可能得到充分的智力发展。儿童思想的本性就要求有诗的创作。美和活跃的思想犹如阳光和花朵那样有机地联系着。诗的创作是从看见美开始的。大自然的美能使知觉更敏锐，能激发创作思想，能使语言充满亲身体验。为什么人在童年岁月能掌握这样多的本民族语言的词汇？这是因为周围世界的美正是在这个时期首次展现在他面前的；这是因为他不仅领会了每个词的含义，而且也感受到词与词色彩的细微差别。

大自然——健康的源泉

经验告诉我们，约有 85%不及格学生学业落后的主要原因是健康状况不够好，身体有某种不适或者疾患。这种情况常常很不容易察觉，而且只有在父母、医生和教师的共同努力下才能治愈这些病痛。为儿童的活泼好动所掩盖的身体不适以及心血管系统、呼吸道和胃肠等方面的毛病往往不是疾病，而是健康状况不好。多年观察表明，所谓的头脑迟钝，在多数情况下是由于连孩子自己也感觉不到的周身不适所致，而并非大脑半球皮质细胞有什么生理变化或功能不正常。个别孩子也会有面色苍白的病态或食欲不振的现象，但经过最精细的化验分析也查不出什么，一切似乎都正常。多数情况下，这是由于新陈代谢遭到破坏所致，是在室内逗留时间过长的结果。孩子在遭到这种破坏的情况下，就无法集中精力进行脑力劳动。在身体迅速成长和性成熟时期，身体不适的毛病尤其会多起来。

在这些情况下唯一的治本办法就是改变作息制度：多在新鲜空气中逗留，开着通风窗睡觉，早睡早起，保持良好营养。

个别孩子表面上好像很健康，但一经仔细考察他们的劳动情况，就会发现某种隐蔽的疾患。有意思的是，当教师竭力要使课堂的每一分钟都用来进行紧张的脑力劳动时，那些隐蔽的毛病和疾患就显得特别明显。对某些孩子来讲，教师那种“课堂上一分钟也不能丢”的方针，是完全无法承受的。我相信，这种“加快”的进度即使对于完全健康的孩子来讲，也是难以承受而且有害的。脑力的过度紧张会使孩子变得两眼无神，目光模糊，动作迟缓无力。孩子已经筋疲力尽了，他本应多待在新鲜空气中，然而教师却把他拴在“套”里，还吆喝：快、快……

在“快乐学校”开学后的头几周里，我细心考察了孩子们的健康情况。尽管所有的孩子都是在村里、在自然环境中成长的，但是个别人却面色苍白，身体虚弱。而沃洛佳、卡佳和萨尼娅几个，则如俗话说的那样，简直是皮包骨，瘦弱得厉害。各家的饮食几乎都很好，个别孩子体弱多病的主要原因是他们的生活环境如同温室，母亲们生怕孩子吹着一点风。孩子们很容易疲倦，在“快乐学校”最初的日子里，他们步行个把公里都很吃力。母亲都抱怨这些孩子的食欲不好。

我做到了使家长相信，他们越护着孩子，越怕他们着凉，孩子就越虚弱。大家都同意了我的坚决请求，热天让孩子赤脚去上学（对于孩子们来说，这是极大的乐事）。有一次，我们在野外遇上了温暖的暴雨。孩子们只好蹚着泥水回家；虽然家长很担心，然而事后并没有人生病。曾经费了九牛二虎之力才使家长们做到，不给孩子们一层层地穿许多件衣裳，不“为了保险”和“以防万一”而多给孩子加一件毛线衣或绒衣。我们这里形成这样一条规定：春天和夏天，孩子一分钟也不应待在室内。“快乐学校”的头三四周，孩子们每天步行两三千米，第二个月步行四五千米，第三个月步行六千米，而且都是在田野和草场、在丛林和大森林里行走。一天内所走的路程远近孩子们是不易察觉的，因为并不提出要走多少千米的指标；活动、行走只是达到其他目的的手段。孩子是乐意走的，因为他感到自己是世界的发现者。他们回到家时是疲倦的，但感到幸福，心情愉快。要知道，没有疲倦，就没有健康。孩子在紧张的劳累后休息，健康就会如涌泉一般注入他的机体。

在新鲜空气中步行若干千米之后，用家长的话说，孩子就会出现“饿狼似的胃口”。每逢我们准备到森林中去的日子，我就让他们随身带着咸面包、葱头、食盐、饮用水和几个生土豆。家长们起初表示怀疑：孩子们哪里会吃这些东西？因为，在家里比这更富营养的食物都会遭到拒绝。而结果，不论是咸面包还是葱头或土豆，在森林中都变成了最好吃的东西。同时孩子们的食欲不断旺盛，他们已能在家里津津有味地吃完盛给他们的整盘肉汤或菜汤。一个月之后，那几个最苍白的孩子的面颊上已经出现红晕，母亲们对孩子的旺盛食欲也赞不绝口：挑食的毛病没有了，给什么，吃什么。

动——这是锻炼身体的重要条件之一。孩子喜欢跑跑跳跳，于是给他们修建了一个游戏场。凡是户外游戏和娱乐所必需的，这里都有，不过我设想的还要多些。我想给孩子们装一架旋转机，架起秋千；想让活动性游戏跟童话结合起来，里面加进幻想。我已经想好要在我们的旋转机转台上安上驼背小马、大象、灰狼、狡猾的狐狸等形象。这样，孩子不仅是转着玩，而且还会因为骑在驼背小马或大灰狼的背上而感到兴奋激动。这一切暂时还只是打算，但我确信，过半年也许一年一定会实现。我筹措到了安旋转机用的器材，也想到了给孩子们准备过冬的设施，让他们冬天也尽可能待在户外。

经过对小学生身体发育情况的多年观察，我认识到有充分价值的、符合孩子健康要求的营养的作用是多么重要。许多孩子的饮食中缺少增强体质和预防伤风感冒及新陈代谢失调所必需的一些重要物质。只有八家有蜂蜜，而蜂蜜，形象地讲，是餐盘里的一块太阳。我通过跟家长的谈话，使他们认识到吃蜂蜜对于孩子的健康具有多么重大的意义。到九月末，就已经有十三户养了一到两群蜂。到春季，养蜂户已达二十三家。

秋季，我建议母亲们储备野蔷薇果、刺花李及其他富有维生素的果实的果酱供过冬用。我还跟家长们谈过，希望各家都栽培足够数量的果树，特别是苹果树。整个冬季都应当备有新鲜水果，在农村，这很容易做到，只要费一点心就行。

饱含禾本科植物——小麦、黑麦、大麦、荞麦以及各种青草——杀菌素的空气，是促进健康的强壮剂。我常带孩子们到田间、牧场去，让他们呼吸到沁透着庄稼馨香的空气。我还建议家长在孩子卧室的窗外栽种几棵核桃树。这种树木使空气中充满能消灭多种致病菌类的杀菌素。哪里有核桃树，哪里就没有苍蝇、蚊子。我也关照到，各家院里夏季都要有淋浴设施。

几年来一直使我感到不安的一个问题是：为什么许多孩子的视力都不好？为什么孩子到了三年级就得戴眼镜？对许多低年级孩子观察的结果说明，

这里的问题与其说是由于阅读过度疲劳，还不如说是由于作息制度不合理，特别是由于饮食缺乏维生素，孩子的身体缺少锻炼，容易患伤风感冒。童年时期的某些疾患会影响视力。合理的作息制度、符合要求的营养、锻炼身体……，这一切可以防止孩子生病，赋予他欣赏周围世界美的幸福。

几年来对儿童的观察使我碰到了令人不安的现象：春季，从三月份开始，所有孩子的身体都会变弱。孩子如同疲乏了一样；身体抗伤风感冒的能力下降，工作能力降低。视力在春季那几个月特别明显地减弱。

我在医学家和心理学家的著作中找到了对这些现象的解释：在春季这几个月，身体各系统相互作用的节奏有显著改变。原因是体内储存的维生素已用尽；到了春季，太阳的辐射强度会显著降低，而且长时期的、紧张的脑力活动使神经系统处于疲劳状态。

我考虑过如何去削弱这些不良因素的作用。家长开始更多地注意专为春季那几个月储备富有维生素的食物。冬春两季的每个晴天，我们都尽量进行户外活动。至于在春季那几个月必须降低智力活动强度这个问题一直使我无法平静，我认为可以用智力活动多样化的办法解决这个问题。应当让智力活动尽可能多地不在教室里而在大自然中进行，并同体力劳动相结合。这渐渐成为在春季进行教学的一条原则。

在战后最初的年月里，许多孩子明显地容易患神经官能症。这在我的某些学生身上，特别是在托利亚、柯利亚、斯拉瓦、费佳几个人身上，表现为情绪抑郁，对生活淡漠。我们低年级教师在讨论如何使集体生活能让孩子快乐的问题时得出结论：非常重要的是，要在学校环境中平息孩子在家庭生活中所遭遇的那些苦痛、悲伤和冲突。老师们都设法努力了解每个孩子的心里发生了什么，他是在什么心境下来到学校的，为的是避免给孩子敏感的心灵造成任何伤痛。对任何一个孩子精神生活中应予以细心关注的问题，我们都要在被称为心理研讨会的会议上进行研究。学校集体应该能解除孩子的忧伤和悲痛。

对那些因悲惨遭遇而心灵已经蒙受了创伤的孩子，要给予特别的关注。柯利亚、萨沙、托利亚、佩特里克和斯拉瓦等的神经有时紧张到了极点，稍一触动，就可能“着火”“爆炸”。个别日子里，甚至不能对他们提问题。教育别人的有效感化方式，对这几个孩子完全不适用。我在医学家的学术著作中接触到“医疗教育学”这个概念，它最确切地表达了那些在行为上带有心理病态烙印的孩子的教育实质。医疗教育学的主要原则有：（1）怜惜孩子易受损伤的病态心理；（2）用学校的整个生活方式和制度使孩子摆脱阴郁的思想情绪，激发其乐观情绪；（3）在任何情况下都不让孩子觉察人们在把他当病患对待。

学校曾有一个带有神经官能症因素的男孩，叫沃洛佳。父母过分夸耀这孩子的做法使我甚感不安。他们自认为自己的儿子是个特殊儿童。我担心，必然会发生的失望，可能激起孩子对父母乃至对所有成人的憎恨。在我看来，治疗这种孩子的主要手段，就是培养他谦逊和尊重别人的态度。我一直力求做到使沃洛佳尊重他所接近的每一个人。

那些思想上迟钝和忧郁的孩子在医疗教育学中居于特殊地位。治疗大脑半球皮质细胞的迟钝和怠惰，也要如同治疗心肌或肠道疾病一样缜密和有耐心。不过这种治疗要求千百倍的审慎精神和教育技巧以及对每个孩子个人特点的深入了解。

每个孩子都是画家

在“快乐学校”开学一周之后，我就告诉孩子们：“明天把图画本和铅笔带来，咱们要画画。”第二天，我们来到校园草地上。我对孩子们说：“你们看看周围，看看什么东西好看，你们最喜欢什么就画什么。”

展现在我们面前的是阳光灿烂的学校果园和实验园地的一派秋色。孩子们七嘴八舌地谈论起来：有人喜欢红色和黄色的南瓜，有人看中了花盘低垂的向日葵，有人对鸽子窝产生了兴趣，有人则被串串葡萄吸引。舒拉欣赏飘浮在天空的轻盈蓬松的云朵。谢廖沙在注视水面如镜的池塘里的白鹅。丹卡则要画小鱼，他还兴致勃勃地述说了有一次跟叔叔一起去钓鱼的情形：虽说一条也没钓到，可是看到了小鱼怎样在“玩”。

塔尼娅说："我要画太阳。"

大家安静下来，专心致志地画着。我读过许多关于图画教学法的书，而这时在我面前的是生机勃勃的孩子。我发现，孩子的画、画画的过程，是孩子精神生活的一部分。孩子们不单纯是在把周围世界中的某种东西搬到纸上，而是生活在这个世界里，进入这个世界，并作为美的创造者欣赏着这个美。这边是万尼亚，他在全神贯注地画蜂箱，旁边是一棵树，树上开着一朵很大的花，花朵上有一只蜜蜂，这只蜜蜂几乎跟蜂箱一般大。男孩的面颊泛着红晕，两眼闪射出给教师以巨大快慰的兴奋神情。

儿童的创作，是他们精神生活中十分独特的一个范畴，是鲜明揭示孩子个人独特性的一种自我显示和自我肯定。这种独特性不可能用大家都必须遵循的某种统一法则去概括。

柯利亚没说他喜欢什么，因而使我非常不安，不知他到底会画出什么来。我看见他的画本里画着一棵枝叶繁茂的大树，上面是圆圆的大果实，这就是说，是一棵苹果树，果树周围布满了光芒四射的许多小星星，果树上方高悬着一弯新月。我多么想从这幅有趣的画中悟出这个孩子隐秘的思想和情感，因为我看到他的眼神中也带有我们在观察世界时的那种灵感火花。

"苹果树上空是些什么星星？"我问柯利亚。

"这不是星星，"柯利亚说，"这是从月亮上撒落下来的银色火星子。月亮上不是也有巨人铁匠吗？是不是呀？"

"当然有。"我回答说。我因在宁静的夜晚曾激动过孩子的那些想法而惊异。这就是说，他观察过夜空，欣赏过月光，觉察到了在果树上空闪烁的淡淡的月晕。

"可是巨人铁匠夜里在捶打什么线呢？"男孩在沉思中说道。我觉得，与其说他是在询问老师，倒不如说是在追忆那夜晚的天空、淡淡的月光和群星的轮舞游唱。我怕惊扰了孩子的创作灵感。我的心由于这可喜的发现而激烈地跳动起来，创作可以揭开儿童心灵中沉睡着的善良情感的那些隐秘的角落。当教师帮助孩子感受周围世界的美的时候，他就在不易察觉的情况下触及了这些角落。

我仿照拉丽萨的样子画起巨人铁匠来。我觉得自己画得不错。铁匠画得像真正的锻工，铁砧跟农庄铁工房里的那个一模一样。我忘记了自己是成人，体验到一种欢快的情感：我画的铁匠当然会比拉丽萨的更好。然而孩子们的目光并没有在我的画上停留，而拉丽萨身旁却围满了人。“她究竟画的是什么？”我在想。我从孩子们的头顶看过去：她的画里似乎没有什么特殊的，但是为什么大家都很喜欢，而对我的画却不予理睬呢？我越细看这个女孩的画就越清楚，原来小孩子看世界有他自己的眼光，有他自己的艺术表现手法上的语言，不论你怎样努力，也是无法仿效的。我的巨人铁匠戴着普通的帽子和围裙，留着长胡须，穿着大皮靴。而她那力大无穷的铁匠的蓬松头发周围却闪耀着火星四射的光彩，胡须也非同寻常，似火舌狂卷的火焰一般。巨大的铁锤几乎比人头还大上一倍……。对孩子来讲，这不是脱离真实，而是鲜明的真实——是幻想力和灵巧性的真实，是强有力的人童话式地活动于理想境界中的真实。不能让儿童幻想的这种绝妙语言来迁就我们成人的语言，要让孩子们彼此用自己的语言去讲话。我劝告低年级老师说，给孩子们教比例、透视、相称规律……，这都很好，但同时也要为孩子的幻想提供广阔天地，切不可破坏孩子观察世界的那种童话语言……

每个孩子都想讲讲他画的东西。正是在这种讲述中，那些鲜明的形象和比喻放射出宝石般的异彩。绘画发展了孩子们的语言。

我们去田野和森林时几乎总是带着图画本和铅笔。高年级同学给小朋友们订了一些可以装进衣袋里的小图画本。春天，在我们学校开学几个月之后，我订了一本大画册。每个小朋友都可以把他所喜爱周围世界中的一角随意画在里面。我在画册里还写了一些短故事。画册简直变成了我们这个集体的生活和精神发展的一幅画卷。

爱护生物和美

个别孩子对于生物和周围世界的美的冷漠态度使我非常不安，孩子的那种乍看起来令人不解的残忍行为也使我不安。譬如，我们走在草地上，草上飞舞着蝴蝶、野蜂和甲虫，尤拉捉了一只甲虫，从兜里掏出一块玻璃片就把虫子剖为两半，“研究”起它的内脏来了。我们学校的一个僻静角落里连续多年都有好几窝燕子。有一次我们到那里去，我还没来得及说几句燕窝的事，舒拉就已经往燕窝里扔了一块石头。所有的学生都爱护校园里长得很美的昙花，可是柳霞走进花坛把这株花拔掉了。凡此种种，在“快乐学校”的最初日子里就出现了。我为孩子们这种既赞美美好事物而又对美的践踏无动于衷的混乱现象感到诧异。在我没和这些学生相处之前早就确认，欣赏美只是良好情感的最初萌芽，必须发展它，使它变为要求行动的积极愿望。柯利亚和托利亚的行为尤其使我不安。柯利亚有一种捣毁麻雀窝的狂热。据说，他常把那些从被破坏的鸟巢里跌落下来的羽毛未干的小雀扔进榨油厂的污水管里。小雀久久地在里面唧唧叫，而柯利亚竟然还把耳朵贴近管壁去听。孩子的残忍性不只表现在目睹过家里丑恶行为的柯利亚一人身上，也出现在正常环境里生长的孩子身上。而最令人焦虑的则是孩子们不以这些“微小”的凶狠行为和对美、对生活的冷漠为耻，这些行为和态度会逐渐发展成麻木不仁，乃至冷酷无情。

怎样才能唤起孩子们的快乐、善良的情感？怎样在他们的心中培养起对生物和美好事物善意的爱护态度？一次在田野里游玩时，我们发现一只翅膀受了伤的百灵鸟。鸟儿拍打着双翅艰难地在地上挣扎，但是飞不起来。孩子们捉住了这只小百灵。这小小生命在孩子手里颤抖着，珠粒般的两只眼睛仰望着晴空。柯利亚攥紧了拿着鸟的那只手，小鸟发出凄厉的叫声。孩子们笑了。“难道他们当中谁都不怜悯这只被它的同类遗弃在旷野的小鸟？”我这样想着看了看孩子们，看到莉达、塔尼娅、丹卡、谢廖沙和尼娜几人的眼里含着泪水。

“你干吗要折磨小鸟？”莉达用怜悯的声调问柯利亚。

“怎么，你可怜它吗？”柯利亚问道，“那你就拿去伺候它去吧！”于是把鸟扔给了莉达。

“就是可怜，就要伺候。”莉达抚摸着小百灵说。

我们来到了林边空地，我给孩子们谈道，秋天候鸟都要准备飞到很远的南方去。只有一些孤苦伶仃的鸟被遗留在荒凉的田野里，有的因为翅膀受了伤，有的是在猛禽的利爪中挣脱出来而致残的……。可是，严酷的冬季带着暴风雪和严寒就要来了。这只小百灵的命运将会怎样呢？可怜的小鸟一定会被冻死。可是它叫得多好听啊，它使春天和夏天的原野充满令人神往的音乐。百灵鸟是太阳之子。童话里讲：“这种鸟是从太阳的火焰中诞生的。”因此，咱们的人民把它称为“жаворонок”，即“жар-воронок”[①]。你们当中有人知道吧，当手指冻得发僵的时候多么疼痛，令人窒息的凛冽寒风吹来时多么难忍。你们可以赶快回家，到火炉旁边烤烤暖融融的火……。可是小鸟到哪里去躲避呢？有谁去管它呢？没人管它，它就会被冻得僵硬僵硬的。

“可是我们不会让小百灵鸟冻死。”瓦利娅说，“我们把它放到暖和的地方，给它搭个窝，让它等着春天的到来……”

小朋友们争先恐后地出主意，怎么给小百灵弄个住处。每个人都愿意把小鸟拿到自己家里去过冬。只有柯利亚、托利亚和几个男孩没说话。

“小朋友，干吗要把小百灵拿到家里去？咱们给它在学校里搭个暖和窝，咱们喂它，给它治伤，到春天就放它回晴空中去。”

我们把百灵鸟带回学校，放进笼子，摆在房间里（这时已经给这班小朋友拨了一个房间）。每天早晨都有一个小朋友来照看小百灵。饲料由小朋友们带来。

几天之后，卡佳拿来一只啄木鸟，是她爸爸从森林里捡回来的，看样子，它是从猛禽爪中侥幸逃脱的。啄木鸟的翅膀无力地下垂着，背部还凝着一层血。我们把它和百灵鸟放在了一起。谁也不知道该给啄木鸟喂什么，是喂小甲虫吗？上哪儿去找，在树皮里找吗？

“这我知道，”柯利亚带着自诩的神情说道，“它不光吃小甲虫和蚊蝇，还爱吃柳树嫩芽和草籽。我看见过……”他本想再说些什么，但是有些不好意思了。可能是他打过啄木鸟。

“好吧，既然你知道怎样喂啄木鸟，那就由你给弄饲料吧。你看，它的眼

① 百灵鸟 жаворонок 一词是由炎热 жар、小乌鸦 воронок 这两个词合成的。——译者

神多可怜啊。”

柯利亚便给鸟送起饲料来。当时他还没有怜悯生物的情感。他只是由于小朋友的赞扬——“咱们的柯利亚真行，知道该给鸟喂什么东西”——而感到高兴而已。不过，即使良好情感始于虚荣心也无妨。先让好行为形成习惯，过后它就会唤醒心灵。

我追忆了男孩子们对于“你们想成为什么样的人”这个问题的几百种答案：想成为力气大的、大胆的、勇敢的、聪明的、机灵的、无所畏惧的人……，但谁也没说想成为善良的人。善良为什么没能跟英勇和无畏这样一些高尚品格列在一起？为什么男孩子甚至会因善良行为而感到不好意思？要知道，没有善良，没有一个人给予另一个人的那种出自内心的温暖，就不可能有心灵的美。我也思考过，为什么男孩子比女孩子的善心要少些？或许，这只是一种感觉？不，实际就是这样。女孩子之所以比较善良、富于同情心、温柔，大概是由于她从幼年起就已经带有一种尚未意识到的母性本能的缘故。在她成为新生命的创造者之前，爱护生命的情感早已在她的心中确立了。善的根源在于奠定、缔造、创立生命和美。善与美密不可分地联系在一起。

费佳带一只黄鸟来到学校的那天简直成了孩子们的节日。这只小鸟不知因为什么也飞不动了，这是费佳在饲养场附近的树丛中找到的。孩子们目不转睛地欣赏小鸟身上色彩美丽的羽毛。我们总是在“小鸟医院”（孩子们这样叫自己房间里的那个角落）旁迎接新的一天，并在这里送走这一天。柯斯佳拿来一只瘦弱不堪的麻雀，是他在路边捡到的。小麻雀连一粒粮食、一粒面包渣都不吃。柯斯佳为小麻雀的病而难过。当这只麻雀死了的时候，我们都很伤心。柯斯佳哭了，女孩子也都哭了，柯利亚变得郁郁不乐、沉默寡言。

我记起亚努什·科尔恰克的一段话：“那纯净的孩童的民主性是不顾宗法制度的。长工的汗水和同年龄伙伴的饥饿，小黄马和被宰杀的母鸡的厄运，都会很容易使他伤心，鸡犬使他感到亲切，蝴蝶和花朵被他视为同类，石子和贝壳被他当作兄弟。孩子不会带有爱出风头的人的那种狂妄自大，他不知道唯独人才有心灵。”是的，事实就是如此，不过善良的孩子不会从天而降，那要去培养。

有一次在山谷中散步时，孩子们找到一只一条腿受伤的小兔。我们把它带回自己的活动室，养在一个新笼子里。我们又办了一所医院——“小兽医院”。一周之后，拉丽萨抱来一只被冻得发抖的小瘦猫。我们把它跟小兔养在了一个笼子里。孩子们操心的事多了起来：他们给小兔带胡萝卜，给小猫带牛奶。一天早晨，当我们看到小猫和小兔彼此紧紧偎依在一起熟睡时，孩子们的欢喜劲，简直难以形容。他们担心吵醒小动物，都低声细语地说话……

冬天，“小鸟医院”里又添了几只山雀，是孩子们在给过冬的鸟设的食槽旁边捡回来的……。还有一件使我非常高兴的事：有些孩子在家里也设了自己的“小鸟医院”和生物角。而当我们的活动室有了养着小鱼的鱼缸时，孩子们便央求家长在家里也搞一个鱼缸。许多家长来到学校，询问该怎么搞。当时很难为鱼缸物色水草和鱼苗，饲料也不好找。可是由于孩子非要搞不可，所有这些困难都被克服了：孩子们既不让父母也不让我安宁。斯拉瓦和季娜的母亲来说，孩子们让人不得安生，别人有金鱼，可咱们家没有。只好向高年级同学求援了。

那些年还没有学校工厂，为了制备鱼缸，迫使我们装备起第一个少先队员和共青团员小工厂来。

我们永远也忘不了大家围坐在有小灯泡照明的鱼缸旁欣赏小金鱼的那些夜晚。我给孩子们讲大洋的深渊，讲海洋生物非常有趣的生活。我那些很早就毕业现已长大成人的学生终生都铭记着那些夜晚。前不久，柯利亚对我说：

“我常常梦见那只小灯泡。它那亮光成了知识的第一个源泉。它使我想更多地知道海洋深处的奥秘，知道神奇的鱼类……”

既然二十四岁的人能怀着这样的热情回忆那些鱼，这说明那不是微末琐事，而是善良情感的一条渠道。我一直怀着急切不安的心情期待那周围世界的美什么时候能在最冷漠的心灵中唤起善良的情感——抚爱和恻隐之心。我永远忘不了那年秋季初寒的日子。我们来到了校园里的玫瑰丛旁，看到开着一朵鲜艳的花，细嫩的花瓣上挂着露水。这朵花出奇地熬过了夜寒幸存下来，我们看着花朵，内心产生了忧伤之情：严寒不久即将摧毁这幅美景。我的眼睛跟柯利亚的目光相遇，我第一次在他的眼神里看到忧伤和思虑——纯洁的幼儿情感。随后我们又到暖房，那里有几盆在我们当地少见的花卉——杜鹃花、仙人掌等。我们围在了一朵小红花旁——是仙人掌在开花，久久欣赏着这朵花。

爱护生物和美的事物，逐渐融入孩子们的生活。1951 年深秋，正当树木落叶时，我们到森林里挖了一株幼小的菩提树，带回来栽在校园里。小菩提树成了我们的朋友。我们想象、幻想、编述关于它的故事，把它当作会感受和体验我们的关怀和焦虑之情的人物。每当降下温和的雨水时，小朋友就高兴：我们的朋友需要很多水分。当严寒封冻了大地，刺骨寒风在旷野呼啸时，我们就担忧：我们的朋友会感到寒冷。孩子们铲起积雪培在树干周围。女生拿来一些芦苇把树干包起来。春天到来时，我们常常到我们的朋友那里，怀着不安的心情察看发出新芽了没有。第一批嫩绿的小叶子使孩子们欣喜若狂：菩提树活着。夏天我们给它浇水。

集体的爱抚和善良情感，集体的良好意愿是一股多么巨大的力量。它犹如汹涌的巨流把那些最不易动情的人也推动了。我高兴地看到柯利亚、托利亚、斯拉瓦、佩特里克怀着激动的心情来到自己的朋友——葱绿的小树旁，看到他们喂鱼缸里的鱼时眼睛如何闪射出喜悦的光芒。

那些曾因想到小小的菩提树在隆冬严寒中会觉得冷而心情不安的人，如今已是成熟的成年人了。我们的朋友也已长成枝叶繁茂的大树，现在来到它身旁的已经是男女青年、年轻父母了，当他们回忆童年时代那黄金之秋时，他们的心中还激荡着美好的情谊。

经验证明，善良之情应当在童年扎下根来，而人性、仁慈、抚爱、同情心则在劳动中、在爱护和关怀周围世界的美中产生。善良情感、情绪素养，这是人性的核心。如果在童年培养不出善良情感，那就永远也培养不出来了，因为在心灵中确定真正人性的东西，是和认识最初的最重要的真理和体验、感受本民族语言的细微色彩同时进行的。人在童年时期应当经历一个培养情感的学校——培养善良情感的学校。

我们到劳动世界的"旅行"

怎样才能做到使劳动成为孩子最重要的精神需求？这是我们全体教师关心的一个问题。低年级教师 B. П. 诺维茨卡娅、A. A. 涅斯捷连科、M. H. 维尔霍维尼娜、B. C. 奥西马克、E. M. 扎连科等从从事教育工作的第一天起就吸收孩子们参加学校果园和实验园地中力所能及的劳动。我们同 B. П. 诺维茨卡娅老师一起修建了一间小暖房，供孩子们冬季在里面劳动。为了让孩子们的劳动具有思想动机，老师们经过商讨决定：我们每年在战胜法西斯德国的纪念日那天都栽一棵小橡树。这将成为我们欢乐庆典的活年鉴。从那时起，我们的"胜利林"里每年都会增添一棵"百年树"——孩子们这样称呼橡树。

我们认为，一项重要的教育任务是让孩子的周围不光有自然世界，而且也有劳动、创造、建设的世界。因为人的美在劳动中显示得最为鲜明。

我们"快乐学校"到劳动世界的"旅行"开始了。孩子们永远不会忘记到集体农庄粮仓去的第一次"旅行"，孩子们见到了大堆的小麦——成千上万公担的粮食。万尼亚的父亲给我们介绍了使农作物获得高产的人物。联合收割机手格里戈里·安德烈耶维奇把孩子们带到了地里，这是在粮仓后面靠近村子的地方。"就是从这块 100 公顷的地里，我今年收获了 4000 公担粮食。而 10 年来我用那台联合收割机收割的粮食，够亚历山大市全城用。"

这不仅是对世界的理性认识，而且也是心灵上的认识。劳动者的美使孩子们为之赞叹。他们为人而感到自豪。他们在劳动世界"旅行"的过程中同自己的父母见面时，这种情感就会更加深切。在养牛场，他们知道了塔尼娅的妈妈能供应 1500 人用的牛奶。在秋天一个暖和的日子里，我们去机械制造厂。在那里，瓦利娅的父亲接待了我们。他带领孩子们参观了熔炼生铁的铸工车间。大概这是孩子们听过的和自己编过的故事中最有意思的一个：人把硬东西变成火红的铁水，铁水按照人的意志和通过人的劳动变成铁的铸件。我很高兴地看到孩子们的创作增添了新内容：他们开始编起关于能炼出火红铁水的壮士的故事来，画起炼钢工人来。去铸造车间的第一次参观给孩子们留下了不可磨灭的印象，他们似乎对过去见过的事物有了新的看法：要是没有金属，人一天都不能生活和劳动。钢铁工人、机械制造工人才是生活的真正创造者，在我的学生心里确立了深切尊敬他们的情感。

我们去拖拉机站的“旅行”也很有意思，在那里我们访问了站上的能工巧匠——钳工和车工。孩子们在这里看到一块金属怎样被做成拖拉机或联合收割机的零件。他们屏住气注视着拉丽萨的父亲怎样用双手熟练地做出螺丝钉来，没有这种螺丝钉，机器就不能工作。

人对待人的态度，他的社会生活，首先是在他为人们谋福利的劳动中显示出来的。看人怎样为他人劳动，就能看出他的人性。我首先关心的问题之一，恰恰就是要让孩子周围的环境反映我们社会主义现实的这个方面。我竭力做到，使孩子们不仅对与大自然的美相关的事物，而且对为祖国、为社会、为人民服务这些行动感到欢欣鼓舞。孩子对劳动者的爱就是人的品德的源泉。

我们欣赏大自然的音乐

音乐、旋律、乐音之美是培养人的德育和智育的重要手段，是心灵高尚和精神纯洁的源泉。音乐能使人看到大自然之美、道德关系之美、劳动之美。人借助音乐不仅可以对周围世界而且也可以对自身的崇高、壮丽和美好获得认识。音乐是自我教育的有力手段。

对同一批学生从幼年到成熟期的多年观察使我确信，电影、广播、电视对儿童的那种自发的、无计划的影响，不利于乃至有害于正常的审美教育。大量自发性的音乐印象则尤其有害。我认为教育儿童的重要任务之一是，要使音乐作品的感知同对那种能够使人借以理解和感受到音乐美的背景的感知交替进行，也就是同感知田野和草原的寂静、树林的飒飒作响、晴空百灵鸟的鸣唱、成熟麦穗的低声私语、蜜蜂和飞虫的嗡嗡之声等，交替进行。这一切也就是大自然的音乐，是人在创作音乐旋律时从中获得灵感的那个源泉。

一般在审美教育中，尤其在音乐教育中，心理目标很重要。教育者在让儿童接触美的世界时就要掌握这个目标。我所定的目标是培养饱含情感地对待美的那种能力和对美的那种需求。我认为整个教育体系的重要目的是：使学校教会人在美的世界中生活，使他离开美就不能生活，使美的世界能在人的身上创造美。

“快乐学校”对听音乐，听音乐作品和自然的音乐赋予了较多的注意。这里提出的首要任务是，引起孩子们对旋律的情绪反应，尔后使他们确信，音乐的美源于周围世界的美；音乐旋律好像在召唤人：你停下来，听听大自然的音乐，欣赏欣赏世界上的美，要爱护这种美，并去增添这种美。多年的经验证实，人只有在孩提时才既能学会语言，又能掌握初步的音乐素养，即掌握感知、理解、感受、体验旋律美的能力。凡在童年错过的，很难乃至几乎不可能在成年岁月中去弥补。儿童的心灵对本民族语言、对大自然的美和对音乐旋律的敏感程度是相同的。如果能很早地在童年使孩子从内心感受到音乐作品的美，如果他能从乐声中领略到人在情感上的多种多样的细微变化，他就会提高到用任何其他手段都不可能达到的文化修养水平。对音乐旋律美的感受会向孩子揭示他自身的美——小小的人会意识到自己的长处。音乐教育不是培养音乐家，而首先是培养人。

……初秋，当能在清澈的空气中清晰地听到每一种声响时，一到傍晚，我就和小朋友坐在碧绿的草地上。我让他们听了 H. 里姆斯基－科萨科夫的歌剧《苏丹王的故事》中的《野蜂飞舞》的旋律。音乐引起了孩子们情感上的反响。他们说：“野蜂一会儿近了，一会儿又远了。还能听见小鸟在叫……”我们又听了一遍旋律，然后去到正在开花的含蜜草地。孩子们听到蜜蜂的竖琴在演奏，雄蜂嗡嗡地叫个不休。这就是那个毛茸茸的大雄蜂，时而在花上飞舞，时而落在花上。孩子们听了很高兴：这差不多就是录在唱片上的那个旋律，但是音乐作品里有一种特殊的美，这是作曲家从大自然中听来而又表现给我们听的。孩子们还想再听一听唱片上的旋律。

过了一天，我们清早又到繁花似锦的蜜源地去。孩子们倾听蜜蜂的演奏，竭力想捕捉雄蜂的嗡嗡声。在此之前他们觉得很平常的东西，现在显示出美来了，这就是音乐的魅力。

我挑选来供欣赏的乐曲都是以儿童所能理解的那些鲜明形象来表现他们在周围经常听到的那些声响：小鸟啾啾、树叶飒飒、雷声隆隆、流水潺潺、狂风呼啸等。同时我还防止他们感受过多的印象。我要再说一遍，音乐形象过多，对儿童有害无益；它可能使心绪惶惶不安，继而则使情绪迟钝起来。我在一个月内使用的乐曲不超过两首，但是配合每首曲子都要做大量的教育工作，目的是唤起孩子希望一再听那支乐曲的愿望，并做到让孩子每次都能在作品中发现新的美。很重要的一点是，在聆听那些在掌握初步音乐素养中具有特定作用的乐曲之间，不要夹杂任何自发的、杂乱无章的印象。听过乐曲之后，孩子们应当细细听听宁静的原野，并在接受两首乐曲之间去认识大自然的美。

有一天，我们去橡树林。这是初秋的一个阳光明媚的日子，阳光下的树木绚丽多姿，秋天的小鸟在歌唱，远处传来拖拉机的轰鸣声，雁群在清澈的碧空中列队南归。我们聆听了 П. 柴可夫斯基的《十月（秋之歌）》。乐曲帮助孩子去感受在此之前未察觉到的周围自然界中无与伦比的美——橡树的黄叶在微微颤动，清新的空气发出馨香，道边野菊在凋谢。

孩子们情绪很高，心情很愉快，但是欢乐的曲子也引起了淡淡的愁意。孩子们已预感到秋雨绵绵的连阴天、寒风呼啸的暴风雪、夜长黄昏早的日子又快来临了。根据音乐曲调的印象，他们谈到了夏日的美好，谈到金色的初秋季节。每个人都记住了一些鲜明突出的东西，这时他们意识中的夏季和秋季的形象已是十分优美的了。如拉丽萨就说：“我跟爸爸去峡谷，山坡上是一堵大绿墙，树林、树林，尽是树林，到处都有阳光普照。不知哪里还有一只斑鸠在咕咕地叫。树林子里真美，真美……。真想走啊走，让太阳总是那么明亮地照着。斑鸠咕咕叫的时候，树上的叶子好像都静下来在倾听。”

舒拉回忆道：“妈妈带我到地里去过。她跟着康拜因干活。我跟康拜因手叔叔坐在上面。后来我困了，妈妈把我抱上了新麦秸垛。我仰望蓝天，一会儿觉着麦秸垛飘了起来，飘得很高很高。我一会儿来到一只小鸟跟前——可是小鸟还是在天上飞着——一会儿又离它远了。小蚂蚱也跟着一起飞——它们成群地唱着，迎着小鸟飞去。我就这样睡着了。醒来的时候，小鸟还在天上飞着，小蚂蚱唱得更响了。”

我们又欣赏了一遍柴可夫斯基的乐曲。我觉察到孩子们已经能从曲子中听出他们记忆中感到亲切的那些不可忘怀的盛夏和中秋美的景象。孩子们还听出了新近的情景。

“我跟着父亲拉了一车干草。我躺在干草上，满天星星在眨眼。旷野里只有鹌鹑在叫。星星变得那么近，好像伸手就能摘到，像小灯笼一样。”

这是尼娜的回忆。我听着这女孩的追述感到万分惊喜。要知道，尼娜向来默不作声，很难让她说上一句话。可是现在，音乐使她开口了。

真令人高兴，音乐使得情绪更加敏锐了，它唤起了由音乐形象美所引起的想象。真想让每个孩子都能在音乐的影响下去想象，去幻想。音乐能增强儿童天性中诗情的和想象的成分，这是多好的事。使我高兴的是，不论是柯利亚还是托利亚，听了塔尼娅和拉丽萨兴奋的讲述后也在那里沉思起来，他们也在回忆着什么。

音乐——这是强大的思想源泉。没有音乐教育就不可能使儿童得到长足的智力发展。音乐的最初本源不仅仅是周围世界，还有人本身，他的精神世界、思想和言语。音乐形象按新的方式向人们揭示了现实事物和现象的特点。孩子像是把注意力集中在了音乐从另一种角度展现在他面前的那些事物和现象上，于是他的思想便描绘出一幅鲜明的图画；这幅图画又要求用语言来描述。孩子从世间为新的想象和思考摄取素材，并用语言进行创作。

音乐—想象—幻想—童话—创作，孩子就是按照这样一条途径发展他的精神力量的。音乐旋律能唤起孩子一些鲜明的表象。它是培养理智创造力的无与伦比的手段。孩子们一面听着 Э. 格里格[①] 的乐曲，一面在自己的想象中描绘神奇的山洞、茂密的森林以及善良和凶恶的人物。最不爱说话的也想说话了。孩子把手伸向了笔和画本，要把童话形象留在纸上。音乐甚至把最消极的孩子的思维能力也激发起来了。似乎音乐给思维物质的细胞注入一种能产生奇效的力量。我认为音乐影响下的这种智力高涨，就是思维的情感源泉。

冬天，所有的小道都被积雪掩埋，我们便待在学校的活动室里欣赏 П. 柴可夫斯基、Э. 格里格、Ф. 舒伯特、Р. 舒曼等作曲家的作品。黄昏时听童

① Э. 格里格（1843—1907），挪威作曲家、钢琴家。——译者

话乐曲使孩子们尤其感到高兴。我给他们讲了乌克兰民间童话老妖婆的故事，然后听了柴可夫斯基的《女巫》。在这段曲子的影响下产生的幻想形象和想象之丰富简直难以用语言来述说。孩子们在幻想中奔向遥远的山岭、奔向层层密林、奔向蓝色的大海，进入那神奇的峡谷和岩洞。我惊讶地倾听了孩子们创作的一些完全无法料到的故事。其中有些使我终生难忘。老妖婆在尤拉的想象中变成一个蓄意破坏人们欢乐——不让人们歌唱的仇世者。“她带了一个大罐，坐上臼就飞往世界各处，一听到哪里有歌声，就飞到人们欢乐歌唱的地方去，用罐往臼上一敲，人们就不唱了，就忘记怎么唱了，因为歌曲被藏在罐里了。老妖婆就这样把所有的歌曲都藏了起来。只剩下唯一的一个会唱歌的牧童。他一边吹芦笛一边唱歌，不管老妖婆用罐子怎么敲臼，一点办法也没有，因为那是神笛。老妖婆气呼呼地坐在藏着歌曲的罐子上，世上静悄悄，谁都不唱歌也不高兴，只有牧童在吹笛。牧童睡觉的时候，老妖婆把他的芦笛偷走了。牧童一觉醒来，召集了一些胆大的伙伴就找老妖婆去了……”接着，尤拉凭着幻想讲到牧童怎样解放了歌曲，欢乐又怎样回到人间。孩子们在音乐影响下在想象中创造了那样鲜明的、体现了善与恶的童话人物形象，以至于自己成为主持正义的斗士，这真是惊人的现象。音乐使童话形象具有了有力的脉搏和活跃的思想。音乐把孩子引进了善的世界。

每当我发觉孩子们的思想不活跃时，我就带他们到森林或园子里去，我们倾听能激起善与恶的鲜明形象的音乐。音乐旋律犹如在开凿思想的源泉。

冬天，我们学校里不断发现新的幻想家。小丹卡是那样腼腆，使人觉得永远都不能指望他说一句话。可是这个男孩也讲了他编的老妖婆的故事。固然，它跟尤拉的故事有一些相似。丹卡的老妖婆坐着臼飞到世界各处，摘下了所有的花朵；飞回她那地狱似的厨房，把罐子放进烤炉里——所有的花都死了。“可是我（孩子们往往把自己摆在故事里好人的地位上）把各种花的花籽都收集起来种在地里。花又开起来了。老妖婆知道之后，一气之下砸了她的臼，还断了一条腿，现在她再也不能害人了。”

听孩子们讲述这些故事之后，我跟教师们一起座谈了教育中的困难和不足之处。我们得出的一致结论是：我们的教育学经常忘记，学生在学习的大半时间里首先还是个孩子。教师在往孩子头脑里填塞现成说法、结论和论断时，常常甚至不给儿童机会去接近思想源泉和生动语言的源泉，把他们想象、幻想和创作的翅膀给束缚了起来。孩子由一个活泼、积极、好动的人变成了一部记忆的机器。不对，这是不应该的。不能用一堵高墙把孩子同周围世界隔离开。不能让学生失掉欢快的精神生活。孩子只有生活在游戏、童话、音乐、幻想、创作世界中时，他的精神生活才有充分价值。没有了这些，他就是一朵枯萎的花朵。

当然，学习不可能是轻松的游戏，不可能是纯粹的和经常不断的娱乐。学习首先是劳动。但是在组织这种劳动时，要照顾儿童在他智力、道德、情感和审美能力发展各个阶段中的精神世界的特点。儿童的脑力劳动与成人不同。对于儿童来讲，掌握知识这个最终目的不可能像成人那样成为他付出智力方面努力的主要动力。学习愿望的源泉在于儿童智力劳动的性质，在于思想的情感色彩，在于理性的体验。如果这个源泉枯竭了，任你用什么办法也不可能让孩子坐下来念书。

我永远忘不了“快乐学校”的第一冬。如果没有音乐、幻想、创作，那个温暖舒适的教室也会很快使人生厌。音乐使我们的四周充满惊人的魅力。在寒冬腊月的暮色中、在银白色月光的笼罩下、在旋卷的暴风雪中、在池塘冰层的噼啪声中，我们到处都能看到由我们的想象创造的童话人物。

“快乐学校”的第一春来临了，小溪发出潺潺流水声，雪下的报春花开放了，在盛开的苹果树和梨树的白色花海中回荡着蜜蜂飞舞的音响。在这些日子里，我们聆听了春天的森林、晴朗的蓝天以及牧场和田野奏出的音乐。

静静的傍晚，我们来到牧场。伫立在我们面前沉思的柳树已发出嫩叶，池水映照着深邃的苍穹，成行的天鹅掠过晴朗的天空。我们凝神静听着黄昏优美的乐声。一会儿从池塘那边一个什么地方传来了奇妙的音响，好像有谁轻轻地触动了一下钢琴的琴键，似乎池塘、池岸和蓝天都发出了声音。“这是什么声音？”万尼亚问道。“这是春季草地的音乐。”我对孩子们说，“你们在池塘里看见了晴空的倒影。在那无底的深渊里有一巨大的水晶钟。那里的神奇宫殿里住着一位美丽的春姑娘。她用金锤轻轻一敲水晶钟，四面八方的草地都响起回声来。”

又一次响起了这个声音。柯利亚微笑着说：“那是青蛙在呱呱叫。”我真担心孩子们会哄笑起来，冲散那使大家神往的情景。然而谁都没动。“也许是青蛙，也许不是青蛙。”萨什科说,“就说是青蛙，不管它，反正草场在歌唱。”

从邻近一个池塘传来了声音，好像在响应他的话，片刻之后又有远处的草场在响应。我们站在那里，被这春季草场的奇妙音乐所陶醉。这种音乐就是乐观地感知世界的生气蓬勃的源泉。它帮助儿童在美中去理解、发觉、感受生活的快乐。我觉得和谐的美犹如光芒四射的光轮，终生萦绕在记忆中不可忘怀的孩提岁月周围。

在四月的第一个阳光明媚的日子里，当古老的土山冈在雾气中颤动时，我们来到田野听云雀歌唱。瞧那晴朗的天空中有一个小小的灰色生物在颤动，银铃般的轻柔音响传到我们耳边，忽而铃声静下来，灰色的小生物向地面坠落，小鸟在嫩绿的冬麦田上突然伸展双翅，好似紧拉着一根无形的琴弦又缓缓地向高处飞去，越飞越高。我们听到的已不是银铃声，而是银弦的声音了……。我要让这美妙的音乐沁入孩子们的心灵，使他们看到周围世界的美。于是我讲了一个关于云雀的故事。

它是太阳的孩子。冬天，太阳距离我们很远很远，大地被雪覆盖，被严寒封冻。太阳慢慢、慢慢地回到我们这边来，可是很难把雪化开。它就把火花撒在积雪上。火花落在哪里，那里的雪就融化，那块土地就苏醒，神奇的小鸟——云雀就在那里诞生。它在晴空高高飞起，向着太阳飞去，飞着，唱着。太阳撒下银火花。云雀停留在天空往下看，看哪个火花最亮；看准之后，就团成一团冲向地面，一下衔住那个火花，火花立刻变成细细的银线。云雀把线的一头引向地面挂在麦秆上，而把另一头向着太阳、向着蓝天拉去，越拉越高。你们看它往上飞多费劲，要多么使劲地扇动它那对小小的灰翅膀。那根银线像琴弦一样奏出声音，云雀越往上飞，这根弦发出的声音就越响。云雀把银线一直拉到太阳那里又重新飞回地面，重新察看火花。

童话会不会妨害对真正自然规律的认识呢？不会，相反地，会有助于认识。孩子们非常懂得，一块土不可能变成活的东西，同样也懂得不存在“巨人铁匠”“老妖婆”和“长生不老的柯谢依”①，等等。但是如果孩子们缺少了这些，如果他们体验不出善与恶的斗争，感受不到童话中反映的人们关于真理、荣誉、美好的观念，那么他们的天地将会是狭隘的，不舒适的。

云雀的童话故事帮助了孩子们理解大自然的音乐，为欣赏乐曲做了准备。我们回到学校，听了柴可夫斯基的《云雀之歌》。当孩子们从美妙的乐曲声中听出了响亮的银铃声和那连接绿色原野和太阳的细细银弦发出的悠扬婉转的声音时，他们无比欣喜。我们不止一次地听这只曲子，不论是在碧空无云的清晨还是在乌云密布的阴天都听过。而孩子们总是回忆起阳光四射的美妙景色，蔚蓝的晴空，灰色的小小生命和一望无际的田野。小朋友们还想把这神奇小鸟用鲜明的形象体现出来：他们画出了云雀的童话形象、银白色火花和从地上拉向太阳的银弦。

我们订了一本小朋友喜爱的音乐作品集。我们常常来活动室欣赏音乐。我把作品集叫作“音乐宝盒”，孩子们也喜欢这样叫，他们自豪地说：“我们有个音乐宝盒。”我产生了一个想法：我们把音乐文化宝库中最优秀的作品搜集起来建立一个“音乐室”，我们就在这里面欣赏大自然和人所创造的美，我们还会唱歌、学习演奏小提琴和钢琴。不过这是将来的事，暂时我们先学着吹奏我们简单的芦笛。

在一个阴暗的日子里，我们到小树林去，用接骨木做了一支笛子，打光后钻了孔。我吹起了关于快乐牧童的乌克兰民间曲调。孩子们的欢乐简直难以述说。孩子们个个都想一试身手，都幻想着置备一件自己的乐器。每个人都做了一支笛子。莉达、拉丽莎、尤拉、季娜、谢廖沙和柯斯佳等显示出敏锐的音乐听力，对乐曲有着很好的感受性。仅仅几天之后，孩子们就已经能吹奏民歌和民间舞曲了。我永远都忘不了那个幽静的傍晚，季娜演奏了乌克兰民歌《哎，山上收割忙》。她两眼闪烁着热情的目光，面颊泛起了红晕。她

① 柯谢依：俄罗斯童话中的恶老头，拥有长生秘方。——译者

母亲对我讲过，季娜在家里经常带着笛子在园子里长时间地坐着，吹着曲子，“琢磨着”什么，有时还深情地凝视天空和树木。

有一次我很早来到学校。四周一片寂静，突然从园子深处传来轻轻的笛声。我向着声音走去。有人在随便吹奏，旋律显然是即兴吹奏出来的。全曲贯穿忧伤的情绪，是一种明朗纯洁的忧伤。为了不惊扰奏乐人，我小心翼翼地走进玫瑰丛。季娜坐在草地上，使人觉得笛子已变成她本身的一部分。她凝视着正在开放的玫瑰，眼睛饱含温存的柔情。这时我才理解了乐曲：女孩吹奏的是美丽的花朵，是春天的碧蓝天空。我以为是忧伤，却原来是忧虑：孩子在乐声中表达的是她对未来的思考。

柯斯佳也爱上了笛子。他用一只手演奏是有困难的，但是他很快就学会了吹奏一些民歌，随后开始“自创”——即兴演奏，在音乐中表达思想、情感和感受。有一次在春季的雷雨天里，我们待在“幻想之角”。雷电过后，天空出现了彩虹。我们都沉默着，欣赏着美丽的景色。这时传来轻轻的乐声，是柯斯佳在吹奏。乐声中响起了潺潺溪流声，忽而转为令人惊骇的隆隆声——雷雨前的乌云越来越近，远处响起雷鸣。柯斯佳已忘记人们在听他吹奏，一心沉浸在创作中。忽然，看到了小朋友们沉思的面孔，他不好意思了。并非他们当中的每个人都会成为音乐家，但我深信，在每个人身上都可以培养喜爱音乐旋律的情感。

对这种质朴的民间音乐的喜好，完全是我们自己的事。孩子们间或也会出现一种特殊的“音乐情绪”：想坐下来演奏演奏。这主要是在宁静的傍晚，在日落之后，当太阳已没入地平线而余晖还在照射大地的时候。我们极为幸福的是音乐已能带给我们快乐和满足。

柯利亚具有敏锐的音乐听力，他很快学会了吹奏民歌曲调。有一次，当我们从林中返回的时候，我对柯利亚说：“你还记得你画过铁匠锻造银花吗？你现在试试用笛子说说那两个铁匠，他们是怎么锤打，冷冷的火花怎么撒向地面……”

“不对，它们不是冷的！”他坚决反驳说，“它们是很烫的，啊，有那么烫呀！……”

“对，火花当然是烫的，从铁锤和铁砧下怎么可能飞溅出凉东西来？我也要试试用笛子说说铁匠，说说太阳上的铁匠。”

第二天早晨，我们来到学校的园子里。我们用自己的笛子吹出朴实的旋律来述说那两个神奇的铁匠。我们不仅能相互理解，而且还能感觉出支配我们乐曲的那种情绪。我留心听了柯利亚的音乐《铁匠》。他不仅表达了他们两把铁锤铿锵的捶击声，而且赞美了他们的力量。他为撒落到田野和园林的银色火花所构成的美景而惊叹，又为不能纵览全球而遗憾。他总想看到他在万物中已隐约感受到的美。

的确，我确实看到了通向这个孩子心灵的一条途径。音乐曲调在培养他的灵魂，使他的情感人性化。音乐中也有如同语言中的能表现真正人性的东西。我们发展孩子对音乐的敏感性，也就是在提高他的思想和志向。任务在于，要让乐曲在每个孩子心灵里开辟出人的情感的活跃源泉。不论是生动活泼的本民族语言还是乐曲，都在向儿童揭示周围世界的美。但是，乐曲这种人类感情的语言，传达给儿童的不只是世间的美，还展现了人的伟大和尊严。孩子在欣赏音乐的时刻感到他是一个真正的人。孩子的心灵，是敏感的音乐家的心灵。心灵中紧绷着心弦，您若能触动这些心弦，它们就会奏响很有魅力的音乐。这里不仅指音乐这个词的引申含义，而且也指这个词的直接含义。童年不能没有游戏和童话，同样也不能没有音乐。

经验证明，音乐是教育者与儿童产生精神上的一致性的最好基础。音乐好像能打开人们的心灵。教师和学生会因为听乐曲、感受和赞赏它的美，而变得亲近起来。

在只有音乐才能引起的那种共同感受出现的时刻，教师可以在孩子身上看到在没有音乐的情况下永远不会见到的东西。在乐声的影响下，当心灵陶醉于崇高的感受中时，孩子会把他的激动和不安都信赖地告诉您。柯利亚有一次就是在这种时刻告诉我，他有一本画册，他把使他激动、关心和高兴的一切都画在里面，过后还给我看了他的画。他的理想展现在了我面前。柯利亚向往着驾驶拖拉机，在哨卡上守卫边疆。

冬季的活动和欢乐

冬季，这个美好的季节蕴藏着教育和发展儿童的多么优越的条件。若认为只有夏季才是锻炼儿童的季节，那就大错特错了。如果不利用那寒冷适度和瑞雪丰足的冬季去增强体质，那夏季也不会带来裨益。我一直培养小家伙们习惯于待在寒冷的环境中，呼吸洁净的冷空气。

清早，我们总是到学校温室去看日出，日出时朝霞总把温室走廊玻璃上凝结的奇妙花纹照得通红。我们的想象在每块玻璃上描绘了奇异的情景：我们看到幻想的走兽、神秘的峡谷、云块和花朵。孩子们在结冰的玻璃前创作了不止一篇故事。他们在这里学习阅读，关于这一点将在后面讲到。

孩子们在日出之后才去打开从走廊通往温室的门，进入花的世界。冬天，我们的一间温室里有菊花开放。每个孩子在这里都有一朵花做他的朋友。孩子们给花浇水。这是很愉快的时刻：微细的水珠中会映出彩虹来，孩子们看着它非常欢喜，盼望着夏季的到来。关于太阳桥——金色彩虹的故事就是在这里诞生的。

每次暴风雪之后，当地面的积雪又变换了姿态时，我们都要到校园里看雪堆。风后雪堆，这是一种奇妙的景致，同天空的浮云一样神秘莫测。从这些千姿百态的雪堆中，我们可以发现高踞山巅的小神屋、凝结了的海涛、雪白的天鹅、灰色的大狼、狡猾的狐狸……。有一次，大自然好像有意为我们建造了一只童话帆船：船张着风帆，甲板上头有船长台，船上还挂着船锚，还有海盗在船上向远方眺望。一连好几天，我们都去看那只船，直到大风和阳光把船毁了为止。晚间，孩子们都到学校里来听我讲故事，我讲的是关于海盗和好人（解救弱者和受凌辱的好人）、关于善与恶的斗争、关于正义战胜邪恶的故事。

天气非常寒冷时，我们是不出去活动的。不十分冷时，孩子们就待在户外。融雪季节到来时，我们就像过节一般。少先队员们帮我们建造了一个冰雪城。他们用大片积雪搭起了一座屋子，搭成后像一个窑洞。在这种场合，休息和劳动也都伴随有童话和游戏。我们玩了北极考察队的游戏。我给孩子们讲了关于辽阔寂静的冰雪世界的故事。故事中幻想和真实的英雄事迹交织在一起。当窑洞在阳光下消融时，孩子们带着依依不舍之情惜别了这个安身之所。

冬季我们去过两次森林，一次坐汽车，一次乘雪橇。轻微的寒风袭着面颊，但是谁都没有叫冷。在冬季森林里度过的日子永远留在了孩子们的记忆里。我们聆听过冬季森林的音乐，观察过禽鸟的生活；在森林峡谷里找到过未封冻的泉眼；围着篝火取过暖，煮过粥；欣赏过美丽的晚霞，亲眼看见那覆盖着白雪的树木的色彩变幻：它们时而呈淡淡的粉红色，时而变为橘红色，一时又呈绛红色，继而则变为紫蓝色。关于太阳的故事有了一些新的形象，它们以想象的新奇和美妙吸引了孩子。我们在这里编了短诗，孩子们在诗句中表达了他们对冬季森林的印象。卡佳边欣赏披着冬装的美丽的松树边说道：

“松树睡了。”

季娜描述了一个更为鲜明的形象：

“松树熟睡到夏天……”

“松树熟睡到春天。”谢廖沙说。大家随即感受到了这些词语音韵的和谐。小朋友想把他的思路接下去。

“美梦连连现。”孩子当中有人接着说道。

“松树熟睡到春天，
美梦连连现，——”

男女生都唱了起来，由于自编了歌词而感到自豪。这个隆冬夜晚，向我揭示了孩子们相当丰富的精神世界。我终于彻底证实：必须直接在思路和语言的源头去教孩子思考，去发展他们的智力和才能。

小孩子有哪个不喜欢堆雪人，玩雪橇！每逢天气不太寒冷而且无风雪时，特别是有明媚阳光照射时，我们整天都待在户外。我们在村边建造了一个冰坡。我们对木制和金属雪橇感到不满意——滑起来不够快，我们自制了二十来个冰制雪橇：把麦秸同动物粪便混合在一起做成鸟巢形状，浇水冰冻而成。这种雪橇十分安全。

我回忆起自己童年时代的一件事。我们找到一个废马车轮，把车轴插在了池塘冰窟窿里封冻起来，车轮就变成了冰上转盘。孩子们手握着拴在车轮上的那些木棍在池塘冰面上跑着滑动。整天这样玩乐。体弱的孩子——萨尼娅、沃洛佳、卡佳、柯斯佳等的面颊上出现了红晕，气色大为好转。

在宁静晴朗而又寒冷的傍晚，冬季大自然独特的美尤为绚丽地展现在孩子们的面前。我们站在校园的某个地方观赏那鲜红的晚霞，期待着最早出现的星星。晚霞映雪，雪地上呈现着一片粉红色，随即又变为淡青色。在这种时刻，孩子们产生的激情都是用言语和音乐旋律表达出来的，大家回忆起与眼前的美妙景色相呼应的民歌旋律。我们怀着被美景激动了的心情回到学校，生起炉火，唱起歌来。

在冬季宁静的清晨，孩子们欣赏朝霞。他们默不作声地观赏景色，总想找出词语来表达自己的赞美之情。我便帮助他们寻词觅句。每有所得，孩子们不仅感到喜悦，而且进一步加强了思考能力。

第一个云雀节

冬天，我们就在“小鸟医院”的木笼旁期待天暖春回的日子，到那时我们这些小小朋友们将飞向晴空，奔向丛林。向往已久的节日终于来到了。在天空出现第一只云雀后的第二天，我们就把养着鸟兽的箱笼搬上了土岗。鸣禽的啼啭响彻原野。孩子们打开了笼子，听任云雀、啄木鸟、黄莺和小兔远走高飞。顷刻间，我们的云雀已在天空中放声歌唱，转眼间它又向地面俯冲而下……。我们站在那儿，美景使我们心旷神怡，我们因救了几条小生命而感到满心欢喜。

此刻，我内心设想着来日：以后我们每年都登上土岗，庆祝我们的云雀节。

云雀节变成了划分春夏的节气。孩子们以拯救小鸟的生命为荣。每个孩子都有了自己的生物角和美角。云雀的形象、鸣啭在阳光普照的田野上的独特旋律……所有这一切都永远融入孩子的精神世界。孩子们之所以迫不及待地盼望这个节日，还因为这个日子同美术创作的激动心情相联系：他们总是和妈妈一起用白面制作小云雀、小燕子、椋鸟、喜鹊、夜莺、山雀等，并把他们的制品带到学校里来。孩子们在自己的小小创作中展现对大自然的热爱，各自按自己的方式表达自己美的观念。

到秋季，孩子们总是怀着惜别之情送别南飞的候鸟。这是一种能使人的心灵高尚的惜别之情。没有这种情感就不会有善良。

我们怎样学习读和写

我讲讲小家伙们是怎样学习读和写的。敬爱的读者，请不要把这里所讲的东西当作识字教学的新方法来看待。我没有去思考我们所进行的创造（这确实是孩子们的创造，是有助于教学的教育工作）的科学根据，也不认为它能在某种程度上取代那些经过了几十年检验的识字教学的方法。这种创造产生在田野和草场上，在树荫下和草原热风的吹拂中，在夏日朝霞升起和冬日黄昏到来的时刻。

我已经思考过不止一年：在初入学的日子里，读和写对于孩子来说变得那样困难、那样无趣而又恼人，在通向知识的艰难道路上孩子又要遭遇那样多的失败，而这一切就是由于学习变成纯粹跟书本打交道。我看到过孩子怎样在课堂上费力地辨别字母，这些字母怎样在他眼前跳跃，汇合成无法辨认的图案。同时我也见到过，当识字教学具有某种趣味，同游戏相结合，而且特别重要的是当谁也不要求孩子“你必须记住，学不会你就要当心”的时候，孩子们多么容易记住字母，并且用它们拼成词。

在学校生活开始之初，在艰难的学习道路上，孩子面前就要出现一个偶像——分数。对有的孩子来说，它是和善的，宽容大度的；而对另一个孩子来说，它则是严厉的，铁面无情的。为什么会这样？为什么袒护一个人而折磨另一个人？孩子不理解。因为，7 岁的小孩还不能理解评分是取决于自己的劳动、取决于个人的努力的，这是他暂时还做不到的。他要设法去满足或者

（在最坏的情况下）去欺骗偶像，并逐渐习惯于不是为自己的乐趣而是为分数学习。我绝不是说要把分数彻底驱逐出学校。不是，没有分数不行。而是要等到孩子已经懂得了自己的智力劳动质量要取决于自己在学习上所付出的努力这个道理的时候，才在他身上使用分数。

依我看，对小学生评分的最主要的要求，就是它的乐观主义和富有乐趣的原则。分数应当是奖励勤奋的，而不是惩罚懒惰和懈怠的。如果教师把2分和1分当作可用来抽打懒马的皮鞭而把4分和5分当作糕点的话，那么孩子很快就会连皮鞭和糕点一起都痛恨不已。2分和1分——这是十分锐利和精细的工具，聪明而又有经验的低年级教师总是备而不用的。也可以说，这件工具存在于小学，就是为了任何时候都不动用它。教师在教育上英明就是要让孩子任何时候都不失掉信心，都不使他感到他什么都弄不好。每次作业都应当成为学生的一个哪怕是微小的进步。一个刚刚迈进校门的7岁小儿，勉强能辨认“a”和“6”，突然就得2分。他还弄不清这是怎么回事，起初甚至既不会觉得苦恼，也不会觉得不安。他只会感到不知所措。亚努什·科尔恰克写道：“在看到上了岁数的人干出刻薄的蠢事来，连聪明的孩子也会立即惊讶地停滞不前。”[①] “要尊重孩子的无知”[②]——波兰教育家的这句话使我终生铭记。只有当教师掌握了人学的最高智谋——会尊重孩子的无知的时候，2分才能成为那种最锐利、最精细但在小学从不动用的工具。

在“快乐学校”诞生的前几年发生过这样的一件事。我们带着一些幼儿——6岁的学龄前儿童到树林去，在林边空地停下来之后，我给他们讲起蝴蝶和甲虫来。在草丛中爬行的一只大甲虫吸引了我们的注意。它几次试图飞起来，但总未能离开草丛。孩子们十分仔细地观察了这只虫子。我面前放着一个图画本，我便把甲虫画了下来。孩子当中有人要写上标题。我用大写印刷体写了“ЖУК”[③]。好奇的小鬼们便重复着说这个词，并察看起这几个在

① 亚努什·科尔恰克．教育文选[M]．莫斯科：教育出版社，1966：282.

② 同①。

③ ЖУК：俄文，“甲虫”的意思。——译者

他们看来像是图画的字母来。有人在沙土上重现了这几个字母——花纹，有人用草秆编了这个词。每个字母都使孩子们联想起某种事物：如“ж”这个字母他们看着就像我们观察过的那只甲虫张开翅膀试图起飞而屡遭失败时的样子……。几个月之后我到这些孩子的班上去听课——这时他们已经入学了。老师抱怨说，阅读课有困难。事又凑巧：这节课恰巧在学字母“ж”。孩子们满脸笑容，教室里顿时一片甲虫起飞时发出的声音，孩子们重读“жук”一词时特别加重了“ж”的发音[①]。孩子们纷纷举手，老师疑惑地发觉全体学生都能写出“жук”一词。那是多么愉快而又令人欢喜的一堂课。对我来讲，这是教育学受教于生活的一次经历。

此时，我在“快乐学校”里又回忆起这件事来。孩子应当生活在美、游戏、童话、音乐、图画、幻想、创作的世界里。当我们要教会他阅读和书写的时候，就应当让他置身于这种世界。而且，孩子在踏上认识阶梯第一阶时的感受如何，心境怎样，决定着他今后整个认识的（通向知识的）道路。当想到这一级台阶正在成为许多幼儿的绊脚石时，简直觉得可怕。请您仔细观察一下学校生活，您就会看到许多孩子正是在识字教学阶段失去信心的。敬爱的同行们，这一级阶梯我们要上得使孩子不感到疲劳，要使得通向知识的每一步都走得像鸟儿在高傲地直冲云霄，而不像精疲力竭地挑着力不胜任的重担的人在迈艰难的步子。

我开始同孩子们进行到词语源头去的“旅行”：让孩子们看到美的世界，并竭力使他们的心感受到词语的乐音。我竭力使词对孩子们来说不单纯是事物和现象的标记，而且还包含情感色彩——它的芳香和词语间的细微差异。重要的是让孩子们像听美妙的旋律那样聆听词语，要让词语美和词语表达的那部分世界的美能引起他们对字母的兴趣，也就是对表达人的言语声音的那些花纹的兴趣。在孩子们还没有感受到词语的芳香、没有察觉它们之间的微细差异之前，就不能开始识字教学；如果教师这时教字，就会使孩子陷入繁重的劳动。（孩子最后会挑起这个重担，但要付出多大的代价！）

---

① 俄文字母“ж”发音近似汉字“日”，可用于模拟甲虫飞舞声。——译者

读写教学在下面这样的条件下才会容易进行，这就是使识字成为孩子生活中鲜艳夺目，兴趣盎然，充满生动形象、声音和旋律的一部分。要孩子必须记住的，首先应当是有趣的。识字教学要同绘画紧密结合。

我们到词语源头去“旅行”时总是带着画册和画笔。下面就是我们最初的一次“旅行”。我确定的目的是让孩子看看“牧场”这个词的美和它的细腻色彩。我们停在了倾向池塘的一棵柳树下面，远处是阳光灿烂的一片牧场。我对孩子们讲：“你们看，我们面前多美。草上有蝴蝶飞舞，蜜蜂在嗡嗡唱，远处的牛群像玩具一样。看上去，牧场好像一条淡绿色的河流，而树木像是深绿色的河岸。牛群在河里洗澡。看，这初秋季节，牧场上开出了多么漂亮的花。咱们细听听牧场上的音乐，听见小飞虫的嗡嗡响和蝈蝈的歌唱了吗？”

我在自己的画本上画起牧场来：画了牛和散在牧场上的白绒毛一般的鹅，隐约可见的炊烟，还有地平线上的几朵白云。孩子们被宁静清晨的美所吸引，也画了起来。我在画上题了“луг”[①]的字样。对多数小孩子来讲，字母就是花纹，而且每个花纹都能引起某种联想。是什么呢？是草秆。把草秆折过来就成了“л”的花样。把两根草秆一搭配，又是一个花样“у”。孩子们也给画题了“луг”一词。随后我们便读这个词。对大自然音乐的敏感性帮助了孩子们去感受词的发音。孩子在识记每个字母的笔画时，在每个花纹里都加进了生动的声响，字母便很容易地记住了。词的笔画是作为一个整体被感受的；词被读出来，这个读音并不是按声音的分析综合长时间练习的结果，而是对那个跟孩子刚刚画出的视觉形象相对应的、有声的、音乐形象的自觉重现。孩子就是在视觉和声音的统一感受中（这种感受包含着既加进了视觉形象也加进了音乐音响的丰富的情感色彩），同时识记着字母和小小的词的。敬爱的读者，这并不是新发明了一种识字教学的方法。这是实践科学业已证实的东西：不是非记住不可的更容易记住，被感知的形象及其情感色彩在识记中起着非常重大的作用。

词的视觉形象、发音和情感色彩的一致性也丝毫没有削弱对发音进行单

① луг：俄文，“草场”的意思。——译者

独的分析。相反，孩子们听了“луг”一词的发音，区分其中的每个音，懂得词是由单个音组成的，而每个音都有相应的字母。

几天之后，又有一次新的“旅行”。清晨，我们来到校园里，太阳已经升起，地上的草、树上的叶子、成串的葡萄、金黄的梨和紫红的李子……所有的东西上都挂着露珠。每滴露水都闪烁着阳光的火花。火花在一处消失，又在另一处闪现。好像太阳把一些露珠吮干了，又把另一些撒出来。但这只是人的感觉罢了。露珠里的火花是阳光照到它时出现的。可是露水究竟到哪里去了？有一些蒸发了，另一些则顺着叶秆滚下来让大地吸收了。没有露水，花草就会枯萎。接着我们观看了紫菀、蓖菜、玫瑰等花朵上闪光的露珠。我画了草、紫菀花、太阳和闪着光的露珠。孩子们也画了。我们在画上题了“poca”①的标题。这些字母使孩子们联想到太阳和露珠。我们读了这些字母——画。每个孩子都按自己的方式描画了字母，表达他们对环境的观察。谢廖沙对小朋友这样说：“这是挂在草上的一滴露水。”他这样想象字母“p”。“它快要滑到地里去了，这颗露珠着急地等着太阳。”对字母“o”他又是这样看的。“这滴露水里就已经有太阳的闪光了。”谢廖沙又一次用铅笔描画字母“c”的轮廓。

我让每个孩子都在大画册里画一棵挂着露水的小草。孩子们给自己的画标上了“poca”（露水）一词。说来容易：孩子们画了画，写了标题。可是对于他们来讲，不论是画还是标题，都是一系列形象、声音、色彩和感受。每个字母在孩子意识中都与直观形象相联系着，因此不论整个词还是每个字母都容易记住。

连续几天我们一次又一次地去欣赏露珠，一次又一次地画画和标标题。而且每一幅新画都不是例行练习，而是创作。两三周内我们的创作都跟“露水”一词相联系。每个孩子一次次画他所喜爱的那棵草或那根树枝，倾听着词的发音，区分出其中的每个音，再用字母把它们标记出来。把字母想象成环境中的某种对象，这实际上就是孩子们的幻想、故事和创作。

① poca：俄文“露水”一词。——译者

我在画本的封面上题写了“我们的民族语言”。我对孩子们讲：“这个画本我们要保存很多年直到你们毕业，长大成人。你们每个人也会有自己的有画有字的画册，这一本是我们大家的。”

日子一天一天、一周一周地过去。我们不断到活的语言源头去做一次又一次的“旅行”。特别有意思的是对下面这些词的认识：村子、松林、橡树、柳树、森林、烟、冰、山、穗、天空、干草、小树林、椴树、白蜡树、苹果树、云朵、山冈、橡子、落叶等。春天，我们进行了以这样一些词为题的“旅行”，如花朵、丁香、铃兰、槐树、葡萄、池塘、河、湖、林边、雾、雨、雷电、霞光、鸽子、杨树、樱桃等。每次都是由那个被激起了最鲜明的想象、情感和回忆的小朋友在《我们的民族语言》画册里画他的画。谁也没有对本民族语言的美无动于衷；到 1952 年春，就是说，在我们开始工作八个月之后，孩子们已经认识了全部字母，并且会写会读词了。

这里要防止机械搬用经验的做法。用这种方法教读和写是一种创造，而任何创造都不能容忍死板公式。新事物只能创造性地去借鉴。

很重要的一点是，没有向孩子们提出必须记住字母和必须学会阅读的任务。孩子们在游戏中迈上认识阶梯的第一级；他们的智力生活受着美、故事、音乐、幻想、创作和想象游戏的鼓舞。凡是激动了他们情感并因美而吸引了他们的，都深深地印在了记忆中。使我感到惊讶的是，许多孩子热切希望不仅用话语表达自己的经历，而且还要把它写出来。

有一次，我们在森林看守小屋里避雨。外面雷鸣电闪。一会儿地上铺满了小颗粒的冰雹。雨后，绿草地上仍有一段时间存留有冰雹。阳光从云隙间照射下来，冰雹显出了绿色。孩子们欢喜地叫了起来：“这多好看哪！”第二天，小家伙们想把昨天的见闻画出来。而尤拉、谢廖沙、舒拉和加利娅还给自己的画标了标题。他们已经能很好地阅读。于是我看到了他们最初的作文。他们写的是：“乌云在草地上撒下了冰雹”“绿草白雹”“太阳融化了白色小雹”“巨雷撒下了白冰雹”。

通过这个例子我又一次证实：儿童越接近思想和语言的源头——越接近周围世界，他们的言语就越丰富生动。我相信我这些小家伙很快就会写出小作文来。我的信念在1952年夏得到了印证。校园的一个角落里种了丽春花。当丽春花显示出五颜六色的光彩时，我带领孩子们到那里。色彩之美激起了孩子们内心的喜悦。我们长时间地观赏花朵，倾听蜜蜂的嗡嗡歌唱。第二天，我们带着画册和彩色铅笔又来到这里。孩子们画了画，我给他们讲了花籽的故事，讲了彩虹怎样把七彩之美赠送给它。许多孩子想用言语表达出自己的喜悦来，于是写出了鲜明生动的作文：“开出了一片鲜花地毯”（塔尼娅），“鲜花地毯覆盖了大地”（尼娜），“鲜花开放了，太阳在欢喜”（季娜），“小蜜蜂在鲜花毯上歌唱”（加利娅），“太阳撒下了遍地的花朵：蓝的、粉红的、红的、天蓝的”（拉丽萨），“淡蓝花瓣中毛茸茸的野蜂”（谢廖沙），“花朵在细细的枝上摇摆”（舒拉），“太阳在花朵间嬉戏”（柯利亚），“天上掉下了蓝花瓣，地上铺上了花地毯”（卡佳）。孩子们把他们自己画册里的这些画和文字转载入大画册《我们的民族语言》。

我们去观察向日葵和开花的荞麦地的时候，孩子们的想象非常活跃，不断涌现新颖的形象。周围环境的美越能激动孩子，字就识记得越牢，尽管从来也没有把记字当作首要目的。我益发确信，形象地观察世界，力图用言语表达对美的感受，就是儿童思维的核心。儿童的思维是艺术的、形象的，饱含情感的思维。要想让孩子变得聪明伶俐，就要让他享受到艺术地观察世界的幸福。

当孩子看到和感受到美好事物时，在他的意识中，幻想、创造和活跃的思想无穷无尽，犹如泉涌！我永远忘不了我们到活的言语源头的一次“旅行”。夏天，我们去参观农庄的养蜂场。养蜂老爷爷请我们吃了新鲜蜂蜜，喝了清凉的泉水。孩子们坐在果树下欣赏了荞麦田开花的美景。群蜂从田地返回蜂房时在那流着清凉泉水的小溪上空盘旋着、轻声嗡嗡着。孩子们讲：“它们在互相讲花和小树林，讲荞麦和向日葵，讲鲜艳的罂粟果球和苜蓿草的小蓝花。”

再过五年，我这些小家伙将成为四年级学生，我将让他们写一篇作文《蜜蜂说些什么》，六月里这一天的这些深刻印象将化为鲜明的形象和活跃的思维。是的，幼年时期喜爱过的东西永远都不会忘却。让本民族语言和周围世界的美在童年时代就在孩子的意识中留下永不磨灭的印象。让攀登陡峭艰难的知识阶梯的第一步得到美的激励吧！

随着孩子们识字水平的提高，书本越来越多地进入他们的精神生活。我们建立了一个小小的图画书图书室。遗憾的是没能在书店里找到好图画书，因此不得不由我自己来画和写。我画的第一本图画书是关于冬老人、心狠的后母、善良的继女和懒惰的女儿的乌克兰民间故事。这本书画成之后也不算小，共有三十多页，每一页都有画和几句话（有时只有一句）。到 1952 年春，多数孩子都能流畅地读了。瓦利娅、柯利亚、加利娅、拉丽萨、谢廖沙几个人读得尤其好。我们坐在草地上，有个孩子翻开图画书，读了起来……。这不单是读词并用它们造句，这是创作。孩子读故事的时候就如同进入画上所画的那个境界。他读的语调表达了情感和愿望的细微差异：冬老人的善良、后母的狠心、继女的勤劳和热情以及女儿的懒惰和冷酷。孩子们被他们所读的东西深深激动着：他们憎恨邪恶，为善良的胜利而欢欣鼓舞。

有意思的是：孩子们几十次地读故事，但总能颇有兴味地听它。我曾想起教师们的忧虑：孩子们朗读起来为何如此单调、呆板？为何在孩子的朗读中很少能听出情感色彩？这是因为在很多情况下朗读脱离了孩子的精神生活，脱离了他的思想、情感和观念。使孩子激动的是一些事，而他朗读的却是另一些事。只有当语言触动了孩子内心深处时，朗读才能丰富他的生活。

我们开始编起新的图画书来。尤拉、谢廖沙、卡佳、莉达、柳芭、拉丽萨等都画了画。没有一个孩子不想画画。识字中的困难主要是靠画画的兴趣克服的。

1952 年夏，孩子们开始读印刷的儿童小读物了：列夫·托尔斯泰编写的民间童话和 K. 乌申斯基的《祖国语言》里的小故事以及普希金、莱蒙托夫、涅克拉索夫、谢甫琴科、廖夏·乌克兰英卡、伊万·弗兰科等作家的诗。有一次，孩子们读了乌申斯基的《祖国语言》中的短诗《孩子们，该上学了》之后，立即就把它记住了。我在为此欢喜之余，十分焦虑地想到充塞着某些儿童读物的那些拙劣的短诗。这些用文牍语言写成的枯燥诗文与其说是在培育对语言的爱，不如说是在扼杀诗情。

每一次成败我都和老师们切磋琢磨。培养学龄前儿童准备入一年级学习，成了我们学校全体低年级老师们的共同工作。借助于 M. H. 维尔霍维尼娜、E. M. 扎连科、P. K. 札泽、A. A. 涅斯捷连科、B. C. 奥西马克、B. П. 诺维茨卡娅等老师的创造性经验，我们一年年不断改进并提高了教育工作方法。更确切一些说，是课外和校外教育工作方法，促进了孩子们的智力发展同顺利学习所必备的初步实际技能的结合。这些技能中居于首位的就是阅读。

那些进行学龄前儿童教育的教师，已经连续几年都做到了使他们的学生一进课堂学习就会阅读。这在很大程度上不仅使低年级而且使中、高年级的整个教学过程更容易进行。我们多年来的集体经验使我们有可能就流畅、生动而又自觉地诵读，在儿童的智力发展、学习过程中的创造性脑力劳动方面的作用问题，做出非常重要的结论。这个结论就是：孩子的阅读开始得越早，阅读同他全部精神生活越能有机地发生联系，阅读时的思维过程就越复杂，阅读对智力发展就越有补益。七岁以前就学会阅读的孩子能练出很重要的一种技能：他对词和句子成分的视觉和思维感知先于发声。读的时候，孩子不被词所束缚，他便有可能在那顷刻之间使目光离开书本，并在这个时间去思考和理解读出声的那些东西。这样一来，孩子就能边读边思考、理解和领会了。

我们的集体经验，特别是 E. M. 扎连科和 M. H. 维尔霍维尼娜两位老师的经验证明，正是这种流畅的阅读才是自觉学习的一个极重要的条件。

我的孩子，你生活在人们中间

少先队员们在校园的一个僻静角落栽种了菊花。秋天，菊花开出白色、蓝色、粉红色的花。在一个风和日丽的日子，我带着我那些小鬼到了这里。孩子们看见这么多的花欢喜得不得了。然而痛苦的经历告诉我，美所唤起孩子的欢喜往往是利己的。孩子可能去摘花，而且并不以为这有什么可值得责怪。这次就发生了这种事情，转眼间，我便看见一朵朵花已拿在孩子们手里。当花朵剩下不到一半时，卡佳叫道：

“难道可以掐菊花吗？”

她的话里既不带惊讶也没有激愤，她只是在问。我没做任何回答。让这一天成为孩子们的一次教训吧。他们又摘下了几朵，角落里的美消逝了，那块地方顿时显得一片荒凉。孩子们心里燃起的对美景的满腔喜悦也熄灭了。小孩们拿着花不知怎么办好。

“怎么样，孩子们，这地方美吗？”我问道，“你们掐掉了花，剩下这些光杆儿好看吗？”

孩子们都不作声，接着有几个人同时开口说道：

“不，不好看……”

“这下我们能到哪里去看花呀？”

“这些花是少先队员们栽的，”我对孩子们讲，“他们再来这里欣赏花的时候，看见的是什么呢？不要忘记，你们是在人们中间生活的。谁都爱欣赏美。咱们学校里花虽多，可是如果每个同学都摘一朵，结果会怎么样？那就什么都剩不下了。大家都没有可欣赏的了。应该创造美，而不是破坏、毁坏它。到秋天，天气凉了，我们把这些菊花移到暖房里去，将来在那里欣赏它们的美。为了能摘一朵，要培养出十朵才行。”

苏霍姆林斯基和孩子们一起感受美带给人的快乐

几天之后，我们又到另一块地方去，那里的菊花更多。孩子们已经不再摘花了。他们在观赏花的美。

孩子的心对于为人们创造美和快乐的号召是敏感的，重要的是发出号召之后，接着要有劳动跟随才行。如果孩子能意识到他身边有别人，意识到他的行动能给他们带来快乐，那么他从幼年起就能学着使自己的愿望符合人们的利益。而这对培养善良和人道，是非常重要的。个人欲望无止境的人永远不会成为好公民。利己主义者，只图私利的人，对别人的忧伤和不幸漠不关心的人，恰恰就是由那些只管个人喜好而不顾集体利益的孩子发展而成的。会驾驭欲望，这个看来似乎很简单而实际上十分复杂的人的习惯，就是人道、同情心、热情、内在自制力的源泉。没有这些品质，就没有天良，没有真正的人。

这里还要强调一下幼年期在培养人道中的作用。道德观念、观点和习惯都跟情感紧密相连。情感，形象地讲，是高尚行为的肥沃土壤。哪里不注意细心关切地去感知周围世界，哪里就会产生冷漠无情的人。心灵的易感性和同情心都在童年形成。如果童年蹉跎，那么所荒废的就永远无法弥补。

把孩子引到错综复杂的人类关系中去，这是极其重要的一项教育课题。儿童的生活不能没有欢乐。我们的社会在尽力做到使孩子们能幸福地生活。但是欢乐并不等于无所用心。如果幼儿从成人精心栽培的树上摘下使他欢乐的果实时不考虑给别人留下什么的话，他便丢失了人最重要的品质——天良。当孩子还没有意识到他是社会主义社会的未来公民之前，就应当学会以德报德，学会用自己的双手为他人创造幸福和欢乐。

在“快乐学校”建立之前，几年来一直使我感到焦虑不安的是，许多父母出自对子女本能的溺爱而头昏目眩，只看到孩子好的一面，看不到坏的一面。记得有过这样一件事：一个四岁男孩没有去厕所而是当着母亲和邻人的面小便。母亲非但没有生气而且还颇为爱怜地说：“您瞧我们这儿子，什么都不避讳。”从这个四岁孩子的调皮眼神、傲慢嘴脸和轻蔑冷笑中已经能预料到他将是一个令人生厌的人了。如果不予矫正，不迫使他用别人的眼光看看自己的话，他就可能变成一个下流坯。

我曾不止一次地和沃洛佳的母亲谈话。每当她一开口说话，儿子就揪住她的衣衫来回扯动，还拽她的手，他好像总有一些急事似的。纠缠、放肆、放任是孩子个人主义的另一些表现形式，其根源都在于父母的宽容无度、万事迁就、惩处不力。某些家长（遗憾的是也有个别教师）认为，跟儿童讲话总应当带着一种孩子腔；孩子那灵敏的耳朵便能从这种腔调中听出迁就之情来。阅历很浅的儿童心灵，对成人的喁喁而语定会报以事事任性。我时刻提防着有此类腔调，片刻不忘在我面前的都是孩子，总是把这一个个的小人看作未来的成年公民。我觉得，当话题涉及为他人劳动时，这种态度便尤为重要。伴随儿童的劳动而来的最糟糕想法往往是：他们给了成人很大的帮助，因此理所当然地应当大大受到赞扬乃至奖励。

……秋天，我们把菊花掘出来，移进了温室。对于农村孩子来讲，这是可以胜任的劳动。孩子们每天都给移栽的花株浇水，急切地期待着开出第一茬花来。温室变成了一个美好的地方。我向孩子们提出建议："现在咱们请客人到这里来参观好不好？请谁来呢？"多数孩子都有弟弟妹妹。孩子们带他们到温室里来参观，小弟弟小妹妹们向菊花伸手时，我的学生们便能制止摘花了。

我对孩子们讲："如果我们能培养出很多花来，到'三八节'的时候就每人给妈妈送一朵菊花。"这个主意使孩子们受到了鼓舞。到三月初，我们已经有了足够的花朵。节日那天，我们邀请各位妈妈来参观我们的温室，给每人都献了一朵花。加利娅的继母也来到学校，孩子也给她献了花。我多次跟加利娅谈起她对继母的态度问题，向她说明妈妈是个心地善良的人，我的话终于触动了女孩的心。我很高兴柯利亚和托利亚的妈妈、萨沙的奶奶，还有柯斯佳的继母也都能来过节。

许多东西还不可能给孩子们讲清楚。那些谈论高尚情操的美好言语还不能都被他们理解。然而，即使是幼儿也能从心底感受人道的美。"快乐学校"刚开始时，我就努力做到，使每个孩子都能体察到别人的悲欢、痛苦和忧伤。春秋两季，我们常去农庄养蜂员安德烈老爷爷那里做客。老人没有家，独身生活使他很不幸。孩子们感觉到，我们的每一次来访都使安德烈老爷爷好高兴。去养蜂场之前，我总建议孩子们：咱们给老爷爷带些苹果、葡萄、李子，他会高兴的；咱们给他采一些野花，这对他也是一个安慰。孩子们的心变得越来越敏于体察人的心境、情绪和感情了。他们开始自己考虑可以带给老人一些什么快慰。有一次我们在森林里煮粥。当篝火燃起时，孩子们感到非常欢乐。就在这个欢乐的时刻，瓦利娅若有所思地说：

“可是安德烈爷爷这时候就一个人。”

孩子们陷入沉思。或许某个成年人会觉得这种情景似乎有些感伤，也可能有人会想道：七岁的孩子难道会有这种精神上的冲动？是的，敬爱的老师同志们，假如您能从这个年龄就去培育孩子由衷的关怀之情，能使他从内心理解“你生活在人们中间”这样一个伟大的真理，那么，孩子就会想到去跟他人共享欢乐，会因想到自己欢快的时候友人却在孤寂之中而感到强烈的内疚。

孩子们决定跟安德烈老爷爷共享欢乐。“咱们给他送脂油粥去……”柯利亚建议。话音刚落，大家便欢呼赞成。小朋友们送去的粥多得连饿得要死的人也未必能吃得完。我们在养蜂场又一次同老爷爷一起进了午餐。

对悲欢的敏感与同情只能在童年时代培养。在这个年龄，心灵对人的苦难和不幸、烦恼和孤单特别敏感。孩子犹如在设身处地进行亲身的再体验。记得有一次我们从林地往回走时，经过一座孤零零的屋子，屋子四周十分荒凉。我告诉孩子们，这里住的是一个在伟大卫国战争中受伤致残的人，他还在生病，没办法自己栽果树或种葡萄。孩子们的眼睛里涌出了泪水，每个人都为这个患病的孤独人难过。我们为他栽了两棵苹果树、两株葡萄树，作为礼物赠给他；而获得的则是最宝贵的，这就是为他人创造幸福而感受到的快乐。

培养对他人灾难与不幸的同情心，是苏联学校的一项重要任务。一个人只有能忧他人之忧，才能成为他人的朋友、同志和兄弟。要让孩子们的心中有他人——可以这样来表述我为自己提出的重要的教育任务。

如果孩子对他的同学、朋友、母亲、父亲以及他所遇到的任何一个同胞的心境怎样都毫不关心，如果孩子不善于从别人的眼神中观察出他的心情怎样，那么，他永远也不会成为一个真正的人。我竭力要把我的学生的心灵磨炼得那样敏锐，使他们从人们的眼神中就能察觉人们的情绪、烦恼与悲欢，不论这些人是朝夕相处的还是“邂逅”的。

我和孩子们正从森林返回学校，看见一位老大爷坐在路旁草地上，像是心情不大好。我对孩子们说：“这位老人好像出了什么事，也许是半道上生了病，也许丢了东西……”我们走近老人问道：“老大爷，我们能帮您一点什么忙吗？”老人深深地叹了一口气说：“谢谢小朋友，你们就是有这一番心意，也帮不上我这个忙啊。我家里出了大事，老伴在医院里要死了。我这是去看看她，等公共汽车呢。忙你们是帮不上，可是我心里好受多了：世上有好人啊！”孩子们都沉默了，七嘴八舌的喳喳声停止了。他们回家的时候，老人那番伤心的话仍在影响着他们的情绪。本打算还要玩一会儿，但是不知怎么着，玩的事自然而然被忘记，各自回家去了。

教人体察情绪，这是教育中最难的事情。友情、同志关系、兄弟情谊……都能培养热忱、同情、关怀和体贴等品质。当孩子为他人的幸福、快乐和精神安宁有所作为的时候，他才能体察到别人最细致的情绪。幼儿对父亲、母亲、爷爷、奶奶的爱，若不饱含为善的崇高情谊，就会变为利己性情感：孩子所以爱妈妈，是因为妈妈是他的喜悦之源，喜悦所需。然而，应当在孩子心灵中培养的，则是真正的人道的爱，即能急他人之所急，忧他人之所忧，同他人休戚与共。只有在那种能够体察和关注别人命运的心灵里才会产生真正的爱。让孩子有一个需要人关心的朋友，这是多么重要。养蜂员安德烈老爷爷就是我这些学生的这样一位朋友。我看到，孩子越会关心别人，他的心就越能体贴同学，体贴父母。我给小鬼们讲了安德烈老爷爷的坎坷人生：他的两个儿子都在战场上牺牲了，老伴也去世了。他感到十分孤单。

“小朋友，咱们以后多去看看老爷爷，每次都要让他高高兴兴。”

每当我们准备去看望的时候，每个人都在想：用什么去让老爷爷高兴呢？孩子们送了他一本画册，我们每人都在里面画了一幅画。我们在河边捡了许多各种颜色的石子，送给了安德烈老爷爷。老爷爷用木头做了个小匣子，把石子摆在里面又回赠给我们……。男生用麦秸给老人编了一顶草帽。老爷爷常给我们用木头雕一些小动物：小兔，狐狸，小羊，等等。

孩子们越是真挚地关心这位老朋友，就越能体察自身周围的不幸和忧伤。

他们注意到尼娜和萨沙有时来到学校时神情抑郁，她们眼睛里流露出忧愁，若有所思。小朋友们询问这对姐妹：母亲感觉怎样？母亲的情况不好，因此两个女儿不高兴……。当孩子能为小朋友分担忧愁而有所作为时，他心里就会确立善意的情感。我们几次走访了尼娜和萨沙的家，清除了园子里的杂草，帮助收完菜地里的土豆。每次准备到森林去的时候，大家都很关心一个问题：尼娜和萨沙能不能一起去？因为曾经有过她俩不得不留在家里的情况——要帮爸爸做事。于是我们总在大家高兴的日子前一天去尼娜和萨沙家里，尽力帮她们做些事。

在社会中生活，要善于为了他人的安宁幸福而牺牲自己的欢乐。或许我们每个人都见到过这样的场景：孩子眼前是悲哀和不幸，但他照样尽情欢乐。也有这种情况：母亲竭力不使孩子注意那些不愉快的、使人悲伤的事，使孩子的喜悦美满无瑕。这是赤裸裸地培育利己主义。不要引导孩子回避人类生活的阴暗面。要让孩子知道，我们的生活中不尽是欢乐，也有悲伤。要让孩子的心里也有他人的忧愁。

一个人的道德面貌如何，归根结底要看他在童年时期是从哪些来源获得快乐的。如果他的快乐纯粹是无所用心、坐享其成的，如果孩子不知什么是忧伤、委屈和痛苦，他就会成为利己主义者，对别人的事不闻不问。非常重要的是，要让我们培养的人懂得最大的快乐——出于对人的关怀而感受到的激动人心的快乐。

我们的集体——和睦的家庭

“快乐学校”开办之初，我就努力使我们这个集体具有家庭般的亲切、热诚、相互关心、信任和帮助的气氛。九月份有三个孩子过生日：维佳、瓦利娅和柯利亚。我们全体为他们过了集体生日：在学校食堂烤了带馅糕饼①，给过生日的三个小朋友赠送了图画和书本。我惊奇地得知，柯利亚家里不论是

① 俄罗斯人过生日有吃带馅糕饼的习俗。——译者

儿女还是父母，都从来不过生日。这一回是这个男孩子有生以来的第一个节庆日。小朋友们对他的关心使他非常激动。

童年时代每个人都需要得到关怀和爱抚。如果孩子在冷漠无情的环境中长大，他就会变成对善和美都无动于衷的人。学校不可能完全代替家庭，特别是代替母亲。但是，假如孩子在家里得不到亲切的爱抚和关怀，我们做老师的就要特别关心他。

我们这个小小集体有了自己的财产，有了自己的秘密，有了要操心的事，甚至也有了自己的不愉快。橱柜里保存有玩具、铅笔和本子。“幻想角”有一个“给养库”，里面存放着土豆、粮食、食油、葱头等，这些都是为在那里度过秋雨连绵的夜晚而准备的。我们这个家庭的成员都是幼儿，不过其中有几个特别小的孩子：丹卡、季娜和瓦利娅。在路途中，在森林里，大家都知道要关心和帮助年幼的小朋友。

遇有个别同学不知因为什么原因而没有到校时，晚上便会有小朋友去看望他，了解是否有人生了病。这已成为一个好传统。依恋感，也就是对人的眷恋，是极其重要的精神需求的基础，没有它，就不能想象人与人之间会有共产主义的相互关系。我竭力做到，使得同学之间的交往和精神财富的交流，成为每个孩子的快乐之源、情感和阅历的丰富之源。每个人都应当给集体带入自己的东西，都应当为别人创造幸福和欢乐。

在工作过程中，我在培育儿童集体中遇到过许多困难，为了克服它们，我曾求教于那些能够细致体察儿童心灵和集体脉搏的、富有经验的低年级教师，如B. П. 诺维茨卡娅、M. A. 雷萨克、E. M. 扎连科、M. H. 维尔霍维尼娜等。我们常常在晚间，当校园安静下来时，聚在一起交换想法，谈我们每个人如何理解儿童集体生活的多面性。我们都很清楚，人的认识活动始于家庭，始于母亲柔声轻唱催眠曲时孩子第一次向妈妈发出微笑的那个时刻。让对于世上一切善意的、亲切的和最美好的事物的最初信念——人爱人的信念，能在亲身感受中产生，使父母成为孩子最亲爱的人，这是多么重要。而如果家庭里缺少或者全然没有这种真正人道的东西，集体能在何种程度上加以弥补？如何向那易受感动的、敏感的儿童心灵揭示人的心灵之美和善良？

正是在这些夜晚，我们交谈、切磋和思考中的点点滴滴汇成了一种在我看来很重要的教育思想。这种思想已变成我们全体教师的信念，这就是：只有当儿童集体能在精神上提高每个人，使每个人都确立自尊感并能自重的时候，它才能成为一种教育力量。真正的父母之爱的核心精神，就是让儿女由于感受到自尊而确立做正派人的志气。我在有经验的教师身上点点滴滴地发现了一些极其可贵的创造，概括其意义可总结为：要让孩子为他自己和自己的行为而自豪，并能维护自己的荣誉和尊严。

我精心汇集了我校优秀教师们宝贵的教育经验，力求做到孩子能在集体的真诚亲密的相互关系中显示出要做好人的意愿来。集体内部关系的真诚亲密，成了我经常关注的问题。孩子集体生活的多面性，在我看来已经不只是被同一目标和共同劳动结合在一起的志同道合者的团结友爱，而且还包括彼此之间的热情关怀以及既能从理智又能从情感上体察他人悲欢的那些精神。集体关系的这种亲密无间的真诚中蕴含着要做好人的高尚意愿：不是为显示，不是为求取赞扬，而是出于高尚情操的自然需求。

实际上，我以后那些年的教育工作，就是在儿童、少年、青年心灵里精心确立人的尊严。过去和现在都是按此来建立集体关系的。我总是竭力使孩子集体这个小小社会的生活服从于让人在精神上不断向上这个任务。孩子们的创作，以及他们的素质、才能和天赋的发展，也都服从于这个任务。

我们生活在“健康乐园”里

距我们这些幼儿入学只剩下一个月了。夏季最美好的月份——八月临近了。在七月的暑天期间，孩子们是在清晨或傍晚之前到学校来的。有人回家吃午饭太远，因此有六七个孩子在学校食堂用饭。我产生一个想法：让小家伙们离开家到果园里、池塘边上找个地方，住上个把月。我们在池塘附近看中了一块地方；少先队员们帮我们在树丛中搭了几顶窝棚，就是夏天农庄瓜地的看守住的那种窝棚。窝棚里铺了麦秸，做了几张画画用的小桌子。我们的驻地附近就是农庄的大果园。看园人答应我们，把果园当作我们休息的主要场所。我们在窝棚旁边搭起了伙房，农庄提供了给养，并派了炊事员来。萨尼娅的父亲给我们搞了个戏水池，池子旁停着一个汽艇，男孩子们一见，喜出望外。

我们在“健康乐园”（家长这样称我们的驻地和休息场所）的集体生活开始了。整整一个月，我们都是在户外度过的。日出之前就起身。在池塘里洗澡，每天都做操，早饭后便出去游玩：进森林、去果园、下农田等。这个月，我们进行了最有趣的几次去语言源头的“旅行”，从高岗上欣赏过朝霞和日出，观察过小燕子准备南飞时怎样千百只地结群；观赏过阳光和微风怎样驱散清晨河面上的白色烟雾。不论在田野、草场或森林里，孩子们都要进第二次早餐：吃苹果、梨、李子，吃煮嫩土豆配新鲜黄瓜，吃西瓜、甜瓜、煮玉米棒子及西红柿等。八月是瓜果蔬菜的旺季，在这些日子里，每个孩子吃了不下两千克的苹果和梨。安德烈老爷爷每天都给我们送蜂蜜来。一早一晚孩子们都喝鲜牛奶。炊事员用新蔬菜给我们做香甜可口的红菜汤吃。

晒得黝黑的孩子们每天只穿背心裤衩、打着赤脚出去远足，乘汽艇游玩。

良好的营养，加上阳光、空气、水以及适当的劳动和休息，所有这一切配合起来便是无以取代的、有益的健康之源。

第一学年前夕的一些想法

我们“快乐学校”的活动就要结束了。我教的这些幼儿不久就要成为小学生了，想到这一点，我感到既快慰又不平静。之所以快慰，是因为我还要不止一年地带领我这些小鬼沿着生活、劳动和认识的道路迈进，是因为一年来小家伙们健壮起来了，变得皮肤健康，晒得黝黑黝黑。

当“快乐学校”的日子行将结束的时候，我在想象中把现在的沃洛佳、卡佳、萨尼娅、托利亚、瓦利娅、柯斯佳与这些孩子一年前的样子做了比较。他们原来面色苍白，身体虚弱，两眼下面的青色血管隐约可见；而现在，他们变得面色红润，肤色健美，如人们常说的“白里透红”。我之所以感到快慰还因为，没有那闭塞的教室、黑板和粉笔，不用那些平淡呆板的画片和字母块，孩子们也迈上了认识阶梯的第一级——学会了读和写。现在，他们比起那些要从教室黑板的长方框子里迈出这第一步的孩子们来，会感到无比的轻松。

我十分尊重教学论并厌恶专搞空洞计划，但是生活本身却要求按部就班地掌握知识，要求学习。儿童的这种最严肃而又要最细心的劳动，同时又是增进儿童精神力量和体力的愉快劳动。这对幼儿来说尤其重要，他们还不能理解劳动的目的和艰难的实质。

人们千百次地讲道：学习是劳动，不能把它变成游戏。但是不能用一道万里长城把劳动和游戏隔离开。我们注意观察一下，游戏在儿童生活中，特别是在学龄前儿童的生活中占有什么地位。对于孩子来讲，游戏是最严肃的事情。世界是在游戏中向儿童展现的，儿童的创造性才能也是在游戏中显示的。没有游戏，就没有，也不可能有完满的智力发展。游戏犹如一扇打开的巨大而明亮的窗子，有关周围世界的观念和概念的湍流源源不断地通过这窗子注入孩子的心田。游戏犹如火花，它点燃了探索和求知的火焰。那么，如果孩子在游戏中学写字，在他智力发展的某一个阶段把游戏同劳动结合在一起，又有什么可大惊小怪的呢？这样，教师也就无须对孩子们老说：“好了，玩了一会儿了，现在该干正事了！”

游戏是个含义广泛、多面的概念。孩子们并非只是在奔跑、在比赛谁更快谁更敏捷的时候游戏，在创造才能和想象力的紧张活动中也可能包含游戏。不做智力游戏，没有创造性想象，就不可能有完满的教学，在学龄前尤其如此。广义的游戏始于有美的地方。但由于幼儿的劳动不可能没有审美因素，所以，幼年时期的劳动活动同游戏紧密相连。学校园地收割季节的开始，是一个隆重的日子，孩子们都要穿上节日盛装来学校。割下的第一把谷穗要插在花瓶里，摆在铺着桌布的桌子上。这里的游戏充满了深刻的含义。然而，当游戏被人为地强加在劳动之中，而且在美里面没表达出人对周围世界和对他自己所做的情感评价的时候，游戏便失去了教育价值。

有一个问题还没有解决：什么时候开始进行识字教学最合适？是当孩子成为一年级学生坐在课桌旁的时候，还是更早一些，在学龄前。经验向我们全体教师证明，学校不应当给孩子的生活带来急剧的变化。要让孩子当了学生之后，今天还继续做他昨天做的事。让新东西在他生活中逐渐出现，不要让大量印象一拥而上，致使他应接不暇、不知所措。

我认为，识字教学同绘画、同游戏紧密相连，恰好也就可以成为连接学前教育与学校教学的一座桥梁。我这批小孩子的字母画里揭示了露水珠里的太阳火花、高大的百年老橡树、池边的垂柳、晴空的雁群以及七月天熬过白天的溽暑之后而沉睡的草场等景物美。尽管孩子们还不会很好地描画字母，这是无关紧要的，重要的是他们能感受每幅画里生机勃勃的生活。另外，还使我感到快慰的是，孩子们已开始能领会词语的细微色彩和音乐性，他们的意识中已奠定了鲜明的、形象的、具有诗意思维的牢固基础。绘画已进入孩子们的精神生活。他们总是要竭力在画里表达自己的思想、情感和感受。听音乐已成为这些孩子的精神需求。

使我快慰而又激动的又一点是，孩子们在品德发展上已迈出了第一步。他们已进入人的品行美的境界，他们心灵中已唤起对他人喜忧的共鸣，已经领略了为人创造美和欢乐的幸福。依我看，从孩子迈进学校大门直到成为一个成熟的、全面发展的人这个历时多年的教育过程中，首先培养的是人的情感。我们所培养的人应能深切体察到生活在他身旁的那些人也会有同他一样的悲伤、痛苦、忧患和不幸。我努力做到使我培养的这些孩子的好行为在童年就能首先建立在人的情感的基础上。我高兴的是，小家伙们已能产生情感的共鸣，已能敏锐地体察激动着他的亲人或成年朋友、父母或其他成年人的那些情感。最使我欣慰的是，孩子们能把他们在生活中接触到的每个人首先看作一个人。

在快慰之余我也感到不安。天天不断的脑力劳动将成为孩子们的主要责任，我能不能保持住他们对周围世界的活跃的兴趣？每个孩子都以自己的眼光看周围世界，按自己的方式感知事物和现象，按自己的方式进行思考，我是否能把那奔腾湍急的溪流和那水波不兴的滔滔大江，都引向认识世界的海洋？

更使我忐忑不安的，是每个孩子的精神世界。在我面前的是一些敏感、细腻、易受感染的心灵。我跟孩子们接触得越多，就越清楚地看到每个孩子的心灵和理智对我的言语、眼神以及对我提出建议和批评的口吻的敏感性怎样变得越来越敏锐。在我面前的是三十一个孩子，这是三十一个精神世界。我想起海涅的这几句话：“……每一个人都有与他同生共死的一个世界，每块墓碑下面都掩埋着一个世界的历史。”[①] 他们，柯利亚与柯斯佳、瓦里娅与季娜、丹卡与拉丽萨、沃洛佳与斯拉瓦……，现在，在这学龄前年岁，就已经那么不同了。可是，各自独有的、纯属个人的特性将会一天天、一周周地显示得更加明显。每个孩子的内心深处都有他自己的一根弦，弹奏出自己的调子，因此，要想让那颗心与我的话语相呼应，就得使我自己能和上这根弦的调门。我已经不止一次地看到，当孩子因某种事而焦急不安或不愉快而老师对此却毫无所知时，孩子的心情是多么难过。我能不能了解到孩子每天关心的是什么？他的心境怎样？对待孩子，我是不是总能做到公正？

公正，是孩子信赖教师的基础。但是不存在某种抽象的公正，脱离个性，脱离个人兴趣、喜好和激情的公正。要做到公正，就要细致入微地了解每个孩子的精神世界。正因为如此，所以我认为日后的教育就是不断深入地了解每个孩子。

不过，使我在全部工作岁月中一直心不安的最主要的问题则是，怎样把年幼的小学生引进社会生活的广阔世界，怎样才能使每个孩子不光看到自己的村子和在其岸边度过自己童年的那条河的优美，而且也看到自己祖国宏伟辽阔的江山？怎样才能使他不仅喜爱大自然和人的心灵的美，而且憎恨那奴役各国人民的敌对势力——帝国主义？怎样使他时刻都有决心捍卫苏联人民的胜利成果——社会主义制度，我们国家的自由、荣誉和各族人民的团结友爱？怎样将公民教育同全面发展融为一体？教育低年级学生，这是十分复杂的问题，我能按这种年龄所要求的那样把它解决好吗？

---

① 海涅在他的作品《从慕尼黑到热那亚的旅行》中写道：“人类每前进一步都要付出滔滔血流。莫非这不过于昂贵？难道每个人的生命不和整整一代人的生命同样宝贵吗？要知道，每一个人都有与他同生共死的一个世界，每块墓碑下面都掩埋着一个世界的历史。”（海涅．诗歌、长诗、散文 [M]. 莫斯科：文艺书籍出版社，1971：678.）

2

儿童时代

什么是小学

1952年8月最末一天，一个静悄悄的晴朗的早晨，所有的学生、教师和家长都来到学校大楼前那块绿色的草坪上。新学年开始前这一隆重的日子早已成为我们学校的传统节日。这天早晨的节日活动尤其激动人心。

就像正要出发到陌生和遥远的地方去寻找新大陆的旅行者审视自己旅伴和同志的眼睛那样，我仔细审视了我这些孩子的眼睛。他们，十六个男生和十五个女生，都站在这里。与孩子们一起来的有父母，还有不少爷爷和奶奶。这是柯利亚的妈妈和托利亚的妈妈。加利娅的继母搂着加利娅的肩膀，而小姑娘已不像一年前那样眉头紧蹙了。大家祝贺我们，祝我们一帆风顺。十年级的学生走近这些孩子，赠给每人一件纪念品——一本书，上面题着："祝你一帆风顺，小朋友。爱护这本书。让这本书使你一生都记得学校这个节日，记得你成为小学生的那一天。让这本书永远保存在你家的藏书之中。"（岁月流逝，我的学生都已长大成人，他们每个人都保存着这本书，并将其视为至宝，视为对黄金的儿童时代的最珍贵的纪念。）

我们——孩子们和家长、教师、十年级学生——来到学校的果园。小伙子们和姑娘们小心地挖出一棵苹果树，带着一大团泥土把它搬到另一个地方，齐心协力地放进一个坑里。每一个孩子抓一把土，坑就填满了。孩子们浇完小树就各自回家了。明天，他们就要来上学，开始上他们的第一堂课。之后的四年，他们是小学的学生，在这四年里，将由我对他们进行教学和教育工作。在这个日子前夕，下面的思虑使我忐忑不安："什么是小学？"很多人谈到过小学的重大和决定性的作用。“知识的基础是在小学奠定的”“小学，这是基础的基础”……，每当论及中年级和高年级学生学习中的毛病和缺点时，每当论及知识的肤浅和不巩固时，经常可以听到这些话。人们对小学指责最多的是它没有授予儿童下一步学习所必需的一定范围的知识和技能。

是的，经验证明，小学首先应当教会学生怎样学习。杰出的教育家们扬·阿姆斯·夸美纽斯、K. Д. 乌申斯基、A. 第斯多惠……都写到了这一点。教师们的实践和经验也证实了这一点。小学最重要的任务，就是授予学生一定范围的巩固的知识和技能。学习的能力包括一系列与掌握知识有关的技能：读、写、观察周围世界的各种现象，思索和用语言表达自己思想的能力。形象地说，这些技能是工具，没有这些工具，就不可能掌握知识。

我在准备小学生的教学工作时，力求确切地断定，什么是儿童应当深深记住的，什么是儿童应当牢牢铭记在心里的，什么是他们应当学会的。

然而小学的任务不仅限于此。一分钟也不能忘记，在小学里，教师是在同孩子打交道。

一至四年级的学习时期——7—11 岁——是一个人的形成时期。当然，这一过程在小学毕业时并未告终。但是，正是在这几年中，一个人要度过他最紧张的一段生活。在这一阶段，孩子不仅必须为今后的学习做好准备，为日后获得优异的学习成绩积累知识和技能，同时他还应当有丰富的精神生活。在小学学习的那几年是道德、智力、情感、体力和美感等方面的一个发展时期，只有做到儿童不只是在为明日掌握知识做准备，而是今天就过着丰富多彩的生活时，这些方面的发展才能成为现实，而不是空谈。

我们国家有着成千上万优秀的小学教师。他们每一个人对于孩子，都不仅是知识的明灯，而且是生活的真正导师和教师。苏维埃国家的小学是普及中等教育的牢固基础。但是，不能不提出，很多小学，特别是八年制学校和完全中学的小学班，还存在着严重的问题。某些学校小学班学生的境遇在我看来是不佳的：孩子背着一个大口袋，而教师则极力把尽可能多的东西放到里面去。把这一重荷一直背到一定的分界线，也就是背到中年级和高年级的学习阶段，这就是教师经常认为的小学生生活和活动的意义。

小学授予学生的知识范围应当明确。在这一问题上有任何不明确和不肯定之处，不仅要削弱小学的，而且还会削弱下面的学习环节。对应当授予孩子的知识、技能和实际技巧没有一个明确规定的范围，学校就不复存在。很多学校在教学最初阶段发生的严重问题之一，正是教师经常忽视一年级的时候、二年级的时候……孩子应当深刻理解和记住哪些规则和定义，他应当学会正确书写哪些单词，而且永远不能忘记这些单词的正确写法。个别教师在力求最大限度地减轻儿童的脑力劳动时，却忘了孩子对一些东西不仅应当知道和产生兴趣，而且还应当牢牢记住并永远不忘记。关于小学生的一般发展，目前大家谈得很多。当然，一般发展是教学和教育极其重要的因素。但是有些基本知识所起的作用也是很大的，不去记忆和牢牢记住它们就不可能有一般发展，因为一般发展就是不断掌握知识，而为了掌握知识，就必须善于学习。

虽然小学面临的各项任务非常重要，但不能忘记，教师是同正处于神经系统急速形成时期的人在打交道。不能把孩子的大脑看成是现成的活机器，可以任凭教师让它去掌握、记忆和牢记知识。儿童在7—11岁这段时间，大脑正处于急速发展的过程中。如果教师忘记应当关心一个人神经系统的发展和大脑皮质细胞的增强，那么学习只能导致孩子变得迟钝。

学习不应当归结为不断地积累知识，训练记忆力和进行不为任何人需要而只会使孩子变呆、变傻，并对孩子的健康和智力发展都有害的死记硬背。我提出的目标是努力使学习成为丰富多彩的精神生活的一部分，这样的精神生活才有助于儿童的发展，有助于丰富他的才智。我的学生学习时绝不是在死记硬背，而是在游戏、故事、美、音乐、幻想和创造的世界中进行朝气蓬勃的智力活动。我希望孩子们能成为这个世界的旅行者、发现者和创造者。观察、思索、谈论、感受劳动的欢乐，并为其创造的一切而自豪，为人们创造美和欢乐，并在这种创造活动中获得幸福；赞赏大自然、音乐和艺术的美，并以这种美来丰富自己的精神世界；把他人的痛苦和欢乐放在心上，像对待自己切身的事情一样对待他人的遭遇，这就是我的教育工作的最高目标。同时，不能忘记明确和严格规定的目的：儿童到底应当知道些什么，哪些词他们应当学会书写并永远记住如何正确书写，哪些算术规则应当永远记住。早在“快乐学校”阶段，我就拟就了一至四年级儿童要牢记的国语词汇表。

我认为掌握智力劳动的方式、方法和手段是一项非常重要的教育任务。很多校长和视导员对小学的姑息态度令我异常不安。视导员来到学校，首先关注的是中年级班和高年级班；对于小学班，他持这么一种态度，似乎班上进行的不是真正的教育工作，而是儿童游戏。等学生一升入五年级，之前对这种游戏的温情脉脉就会变成对知识匮乏的焦虑不安了。

不能有任何姑息——我着手低年级学生工作的时候，就提出了这样的任务。到二年级结束时，他们应当学会迅速、有表情和有意识地阅读，能一眼看懂不长的句子和长句中完整的部分。阅读是思维和智力发展的渊源之一。我向自己提出任务，要教孩子这样进行阅读：让他能边读边思索。阅读应当成为孩子掌握知识的极为巧妙的工具，同时又是丰富的精神生活的源泉。

在这一章中，我要讲的是我如何在四年里——从 1952 年秋季到 1956 年春季——进行了小学的两项同等重要的任务：第一，授予学生深刻而巩固的知识；第二，防止死记硬背，关心学生丰富的精神生活，关心他们的健康。

健康、健康，还是健康

我不怕一再重复：对健康的关注，这是教育工作者首要的工作。孩子们的精神生活、世界观、智力发展、知识的巩固和对自己力量的信心，都要看他们是否乐观愉快、朝气蓬勃。我在头四年教学工作中对孩子们的操劳和焦虑，那么多半是为了他们的健康。

不同家庭保持经常的联系，就不可能关心他们的健康。同家长们进行的绝大多数谈话，特别是孩子入学后的头两年中，谈的就是孩子的健康。我向家长们说清楚，不另给他们的孩子留家庭作业。他们当堂记住（记熟）规则和定义。学生在家里主要做练习，其目的是帮助他们更深入地领会教材。此外，孩子们在家里要阅读、画画、观察自然现象、就周围环境中的事物和现象写一些简短的作文、背诵喜爱的诗歌。回家后的智力劳动不应当使孩子感到疲劳，但完全没有也是不行的。认为改进课堂上的教学方法就可以根本取消家庭作业的意见是不能信以为真的。仅就不能把孩子全部的智力劳动集中在接连不断的三四个小时之内这一点，就足以说明这种意见没有反映教学的真正目的和规律。

家长们答应做到让孩子们更多地在新鲜空气中活动，早睡早起，开着通风窗睡觉。我们还跟家长们谈妥，整个夏天及秋季和春季气候温暖的几个月里，孩子们一定要在户外睡觉。父母在可以避雨的廊檐下、干草垛上安排了专门的“睡处”。孩子们非常喜欢这么办。每个有小学生的家庭都要在园子里、在宅旁空地上盖一个亭子，以便从早春到晚秋都可以在亭子里看书、画画、休息。这件事，我们早在几年前就同家长们达成了协议。高年级同学帮助那些只靠单身母亲无法完成这件事的小同学盖了亭子。

早在“快乐学校”里，孩子们就习惯了做早操。现在主要是要使这个习惯保持下来。我深信，做操的习惯正是在幼年时期巩固下来的。家长们要教孩子天天在同一个时间起床。孩子们在新鲜的空气里做过早操后才盥洗。夏天，他们习惯于在池塘里洗澡；此外，很多家长在院子里、园子里安装淋浴设备，于是一年有五个月（从五月到九月）孩子们都可以淋浴。这已经成为他们牢固的习惯，因此他们在冬季那几个月里也能坚持擦洗上身，当然是在室内。

在家长们的赞助下，我们在露天安装了六个淋浴设备，供特别需要淋浴的那些孩子——季娜、托利亚、柯斯佳、拉丽萨、尼娜和萨沙、斯拉瓦——使用。我注意让那些天生有某种缺陷，如背有点驼、身材和脸孔长得有点不匀称等的男女学生淋浴和做早操。人不仅应当健康，而且应当俊美；而美又与健康、与机体的和谐发育不可分。

身体各部分的和谐和匀称，特别是骨骼组织，尤其是胸廓的正常发育，是由童年时代的营养所决定的。多年的观察表明，食物中缺少矿物质和微量元素，骨骼的某些部分就会发育得不匀称，使体态终生受影响。为了防止这一点，我注意伙食必须合乎要求和富含维生素，注意食物中维生素和矿物质的搭配。

通过前几年进行的观察和专门调查，我得出了一个令人不安的结论：25%年龄幼小的儿童不吃早饭就上学——早晨他们不想吃东西；30%的儿童早晨只吃还不到正常饭量一半的早饭；23%的儿童吃的早餐质量合乎要求，数量只有一半；而只有22%的儿童按标准进早餐。在班上待过几个小时之后，早晨没吃早餐的孩子心口就隐隐作痛，头发晕。学生放学回家，虽然已经好几个小时没吃东西了，但他并没有真正的、旺盛的食欲（家长们经常抱怨孩子们不想吃普通的营养丰富的食物——汤、甜菜汤、粥、牛奶，他们想吃点“好吃的”）。

缺乏食欲，对健康而言是一种可怕的灾祸，这是大小疾病的根源。其主要原因是好几个小时坐在不通风的教室里进行单调的智力劳动，缺乏在新鲜空气中进行的丰富多彩的活动，而根本的是“缺氧”——孩子整天呼吸着充满了碳酸气的空气。多年的观察还使我得出一个非常令人不安的结论：长时间待在充满碳酸气的屋子里会损害在消化中起重大作用的内分泌腺。而且这些疾病逐渐成为慢性病，怎么治都治不好。家长极力想激起儿童的食欲，给他们吃各种好吃的东西，特别是甜食，也会引起消化器官严重的疾病。决不允许“缺氧”，要设法使空气的状况合乎要求，这是关心儿童健康的最重要的前提之一。

我建议家长们给孩子做味道鲜美和营养丰富的食品，多储备一些富含维生素的水果到冬天吃。那时候，我们养了好几箱蜜蜂，所以过冬时我们学校食堂里有蜂蜜给年幼的孩子吃。

由于一天中大部分时间孩子们都待在新鲜空气中，活动很多，做体力劳动，放学后不马上坐下来用功，他们的食欲都很好。早晨，所有的孩子都吃上合乎要求的早餐；上学3小时后（大约在上课后2.5小时）在学校食堂里进餐，吃一盘带肉的热汤或甜菜汤、肉饼、一杯牛奶、面包加牛油。放学后，他们回家进午餐（在学校那顿加餐后3—3.5小时）。

下午，孩子们都在新鲜空气中度过——不管在家里还是在学校里。只有在雨天或暴风雪天气，他们才待在室内。

在儿童和谐的发展中，一切都是相互关联着的。儿童的健康取决于给他布置什么家庭作业，他如何和在什么时候做家庭作业。在家里进行独立的智力劳动时的情绪起着巨大的作用。如果孩子勉勉强强地拿起书来读，这不仅会使他的精神受到压抑，而且会对内部器官相互作用的复杂过程起不良影响。我碰到过很多极端厌恶作业的孩子，他们消化功能严重紊乱，还患有肠胃病。

我们经常在新鲜空气中、在大自然中——在行军中、在野外休息点、在森林里……——度过秋假、春假和寒假。早在头一次寒假的时候，所有的孩子都已学会了滑雪，他们滑着雪板去大森林，沿着山坡滑雪。就像当初“快乐学校”时期过冬天一样，他们建造了雪城，架起了冰上转轮。当孩子们成为少先队员之后，他们在森林中举行最有意思的中队会。

对我们来说，冬季在新鲜空气中从事劳动，是保证身体健康非常重要的条件。在不十分寒冷的天气（不到零下10℃），8岁的儿童一周劳动一次，每次2小时，9—10岁的儿童每次3小时，11岁的儿童每次4小时。他们把芦苇扎在树干上，一锹一锹地培雪护树，防止植物受冻，等等。在新鲜空气中进行这种劳动是锻炼身体和预防由感冒引起的种种疾病的好办法。

孩子们在外出去牧场、野外和森林的行军和远足中度过暑假。直接同大自然接触几个月，无论对儿童的身体健康还是对他们的智力发展，都有很多好处。一年级结业后，孩子们在集体农庄的果园里和养蜂场度过了8月份。二年级结业后，他们在集体农庄的瓜园里过8月。

8月是大自然赐予人们丰富礼物的月份，是大自然最美的时期和劳动的喜庆时节。这个时期，空气变得分外清新、洁净和令人神爽，犹如沉浸在割下的小麦，成熟中的甜瓜、葡萄和苹果的芳香之中似的。夏秋之交，农村空气中植物杀菌素特别丰富。如果想把有肺病、感冒、风湿病病根的孩子的身体锻炼好，那就让他在这些日子里，无论白天还是黑夜，都待在户外。

一次，孩子们在集体农庄的瓜园里待了一天。主人慷慨地请他们吃西瓜和甜瓜。我们同迷人的辽阔草原告别时郁郁不乐。就在当天傍晚，农庄主席下令在瓜园里盖四个新窝棚。一天后，工程告成。当我告诉孩子们，我们将在瓜园里度假，他们还不相信：“会让我们到那儿去吗？”直到他们看到了专为他们盖的稻草顶的窝棚时，他们才相信。而我们还要在这儿住下的消息则使孩子们感到巨大的欣喜。窝棚里铺满散发着香气的干草，铺好了床单和被子，安装了盥洗设备。家长们还盖了一个厨房，给孩子们准备了食物。两个窝棚住男生，两个窝棚住女生。在瓜园度过的一个月，就像一支令人陶醉的歌唱蓝天和灿烂阳光的曲子，使孩子们终生难忘。

我们黎明即起，欣赏从夜间梦乡中苏醒过来的大自然的无比美景，我们踏着朝霞四处游览，用大木桶运来的泉水洗脸。做早操、用冷水冲凉、吃煮土豆加西红柿、吃西瓜，这一切对孩子们说来都是欢乐的事。早饭后，我们劳动：帮助农庄庄员收甜瓜和西瓜。

城里的孩子和家长一起到我们这儿来做客。我们骄傲地领他们参观瓜园，用西瓜和甜瓜款待他们。孩子们已经学会根据外形识别西瓜的生熟。瓜园旁边栽种着蜜源植物，到了八月份，农庄的养蜂场就往这儿挪，我们就每天到安德烈爷爷那儿去做客，给他带去西瓜和我们的厨工阿姨芭莎为我们做的热肉饼。安德烈爷爷送给我们班一箱蜜蜂。他说："把它带回学校去。"孩子们兴致勃勃地观察蜜蜂的生活。

每天，孩子们在池塘里游泳，到森林里去玩，在草原上采集野花送给安德烈爷爷和芭莎阿姨。中午炎热的时候，他们就钻进窝棚睡午觉，在四周墙上开了几扇"小窗子"通风，并用能驱蚊蝇的草茎挡上。外面很炎热，可窝棚里却很凉快。从"快乐学校"建立的头几天起，我们就让孩子们养成不怕过堂风的习惯；生活一再证明，只要从小养成习惯，任何过堂风都不可怕。培养孩子受不了空气不流通的屋子里的憋闷的习惯，就像培养卫生习惯一样重要。

炎热有所减轻时，孩子们就去劳动，下午往往有人来瓜园拉西瓜和甜瓜。太阳落山后，一层雪青色的烟雾笼罩着原野、山冈和草地，星星一颗接着一颗在天边闪烁，孩子们就在一个窝棚前集合。傍晚时分，他们特别愿意听一些讲述英雄事迹的童话和故事、引人入胜的历险记和情节曲折的游记。我给他们讲了我们人民在想象中塑造出来的神话式的人物——人鱼公主和秋美人（根据民间传说，在寂静的八月之夜，秋美人给各处的人们带来丰收的果实）等。

在宁静的夜里，我们好几次听到令人惊叹的旋律：从原野上、从不久前收割过小麦的田地的上空，传来一个酷似嘹亮的芦笛的悦耳的声音。看来，这是一只我们不知道的鸟在歌唱，然而孩子们却用想象力塑造了一个善良的幻想性人物的形象——一个戴着麦穗花环的小男孩。他吹着芦笛给人们带来快乐。孩子们把这个小男孩称作太阳穗。在他们的想象中，太阳穗是太阳和肥沃的土地的孩子。太阳穗就诞生在麦浪滚滚的地方。人们收割之后，他就躲进芬芳的干草垛里，一到傍晚，他就唱起欢乐同时又凄凉的歌曲：冬天临近了，他得躲入那贮存着哺育五谷的玉液琼浆的暖和泥土中去。而到小麦泛青时节，太阳穗重又来到自己的田地上，唱起悦耳的歌曲。

你们可能会觉得，孩子们过分神化了大自然，而幻想在一定程度上会使他们脱离实际。完全不是这样。要知道，这是关于生活、丰收和关于人的神话，这是鼓舞人心的强有力的源泉。受体现着生命、美、丰收和富裕生活的神话式人物形象的鼓舞，孩子们编了一支太阳穗的歌。这儿就是这支歌，一支简单的歌：

太阳唤醒了大地，
麦穗灌满了浆；
谁在吹着芦笛？
是太阳穗，是太阳穗。
魔术师身上的衣裳，
是麦穗做的，是小麦做的；
眉毛是绿色的穗芒做的，
而快活的睫毛……

当孩子被神话形象所感染时，就会发生奇妙的现象：过去听到过的或见到过的词，好似在意识深处苏醒过来，闪烁着鲜亮的光彩，充满了原野和草地的芳香气息……。于是孩子开始创作、塑造具有诗情画意的形象。

读者可能要问：为什么在论述健康的篇幅中要提到神话、提到幻想性形象、提到儿童的创作？因为这是儿童的欢乐，而没有欢乐，就不可能有健康的身体和健康的精神的和谐一致。如果孩子陶醉于原野的美景、星辰的闪烁、鸣禽绵绵不断的歌声和野花的芬芳，如果他在编歌曲，这就说明他正处于这种和谐——身体和精神的和谐——的顶点。关心人的健康，尤其是关心孩子的健康，这可不仅仅是卫生标准和条例的综合，不是生活制度、饮食、劳动和休息方面的要求的总和。这首先是使全部体力和精神力量达到彻底的和谐，而创作的欢乐则是这种和谐的圆满结局。

三年级结业后，我们也在瓜园过暑假，不过这次在另一个地方，在葡萄园旁边。孩子们在种植园里劳动，他们帮助大人把一串串的葡萄放进篓筐里。傍晚和清晨，他们在池塘里游泳。孩子们想出了一个很有意思的游戏：在他们的想象中，三只小船变成了一支捕鲸船队，小湖变成了海洋，我们出去侦察，寻找鲸鱼……。就在这儿我们制作了芦笛，每到傍晚，我们的音乐小组就集合。他们演奏民歌的旋律，编出描绘夏天的傍晚、雷雨和火红的天空、水坝旁神秘的漩涡和候鸟的乐曲。音乐一年年地越来越多地进入我们的精神生活。不管孩子们在哪里憩息，他们总是在听录制的著名作曲家的作品和民歌。

第四学年结束，1956 年的暑期来到了。孩子们在湖边一小片橡树林旁的草地上度假。我们用树枝搭起了窝棚，顶上铺了麦秸。家长们帮我们盖了浴室和厨房。现在孩子们已能帮助厨工做饭，并到村子里去运粮食、土豆、鱼、牛奶和蔬菜了。我们一共照管二十头牛犊、两匹马。白天，孩子们放牛，傍晚就把牛犊赶进在湖边盖的一个不大的牛栏。大家都学会了骑马，并到村子里去驮运东西。在这件事情上，我们严格遵守轮流制：因为谁都愿意骑马驰骋几公里。我非常高兴沃洛佳、萨尼娜和季娜成了特别优秀的骑手——骑马改善了他们的健康状况。

这一年，所有的孩子由于常去深水湖里练习游泳，游泳水平都提高得很快。我挑选了安全的地段去游泳，每次只带一个孩子。

刈草季节特别令人高兴。我们帮助大人晒干草，垛成垛；傍晚，我们就躺在高高的草垛上。这种时刻特别令孩子们陶醉：他们想听关于星星、关于遥远的世界的故事。在星空下，孩子们似乎觉得自己面对宇宙，就问老师："地球、太阳、星星……所有这些都是从哪儿来的？"我深信，只有当孩子们从理智和感情上对大自然的美和伟大感到无比诧异和惊讶时，他们的意识中才会产生这样的问题。

我永远忘不了，当讲完一个关于星星世界的故事后，孩子们问道："比这更远的地方有什么呢？"当孩子们听到，在能看见的世界后面，还有这样的世界，它们多得数不胜数，就感到惊讶："那么哪儿才是世界的尽头呢？"世界无尽头的真理对他们来说是最不可思议的。我记得，孩子们如何被这一真理所震惊，他们沉默不语，极力想象无尽头是一个什么样子，却又想象不出来。这一天夜里，孩子们久久不能入睡，不止一个人梦见了遥远的太阳和行星。第二天，男孩子和女孩子不时重提使他们感到困惑的问题：什么是无尽头？这个问题在整个学习的岁月中始终使我的学生们感到非常新颖。

……从"快乐学校"头几周的教育工作起，我就很重视体育游戏。在高年级学生的协助下，我们修建了游戏场，架起了秋千。我们始终有足够的球类，在二年级时，孩子们已开始打乒乓球了。孩子们也喜欢掷铁饼和掷球，跳绳和爬竿。

整个夏天，孩子们都赤脚走路，不怕雨淋。我认为这是特别重要的体育锻炼方式。一年级和二年级时，发生过三例感冒；三年级和四年级时，则没有任何人生病。

我认为使他们具备预防各类伤风感冒病的免疫力是特别重要的，这类倒霉的事有好几年叫人不得安生：到天气急剧变换的时节，几乎有一半孩子都打喷嚏。即使孩子不发烧，他也不能在这种带病的情况下正常地学习。从根本上治疗伤风感冒的药物是没有的。有好几种感冒并不属于传染性疾病，而是身体对周围环境急剧变化的一种反应，这已被医学所证实。多年的经验证明，脚特别敏感。如果脚怕受凉，这个人就容易得非传染性的感冒。我们教育工作中形成的增强体质的步骤是从锻炼脚开始的。当然，同时也应注意孩子总的情况。锻炼脚，没有什么定期的专门训练。必须坚持总的作息制度，不让孩子们习惯于温室的环境，不要对他们进行不必要的照顾，因为这反而会削弱机体的抵抗力。要是孩子夏天不打赤脚，那洗澡和用湿毛巾擦身都不管用。

……就这样，孩子们小学毕业了。暑期的最后一天，他们在湖里游完泳，在绿色的草坪上集合。瞧，他们长得结结实实，晒得黑红黑红的，十分健美。他们都是十一岁，但看上去都像十二三岁的健壮孩子。连长时间大家叫他小娃娃的小个子丹卡，现在身高也与很多五年级学生相仿了。

每年医生都好几次来给孩子们检查视力、心脏和肺部。一年级时，有四个孩子视力差，二年级时有两个，三年级时一个也没有。生活证明，视力弱不是眼睛的毛病，而是孩子机体中体力和精神的发展缺乏协调一致的结果。头两年医生确诊三个孩子有心血管病的症候，两个孩子有胸膜炎后遗症，两个孩子有支气管炎症状，一个孩子有结核病嫌疑。到小学毕业时，只有一个孩子有心血管病的症候，而且比头两年轻得多。

学习——精神生活的一部分

极其重要的一点是不要把孩子入学前生活于其中的大自然、游戏、美、音乐、幻想和创作的令人神往的世界关在教室门外。在学校生活的头几个月和头几年里，学习不应成为唯一的活动形式。只有当教师大量给予他们入学前的那种欢乐时，他们才会爱上学校；同时，又不能使学习迁就孩子们的兴趣，仅仅为了不使孩子感到枯燥而有意地减少学习内容。应当逐步地培养孩子习惯于从事整个人类生活中最主要的工作——严肃认真、坚毅顽强和埋头苦干的劳动，进行这种劳动时必须紧张地思索。

我把逐步培养儿童进行紧张和创造性的脑力劳动的习惯当作重要的教育任务。在把全部智力用于达到教师或自己提出的目标时，孩子应当善于不受周围的干扰。我力求使孩子们习惯于这样专心致志。只有这样，脑力劳动才可能成为心爱的工作。

小学的任务是逐渐教会学生不仅克服体力劳动方面的困难，而且克服脑力劳动方面的困难。孩子们应当懂得脑力劳动的本质所在，那就是紧张的智力活动，对物体、事实和现象的种种复杂性和细微之处以及细节和矛盾深入理解。在任何情况下都不能让学生感到什么都是轻而易举的，不知道什么叫困难。在掌握知识的进程中，还要培养脑力劳动的技能和自律。智力方面的训练，属于教育者的影响有机地与自我教育相结合的那种精神生活的范畴。意志力的培养是从自己内心提出目标、集中智力、领会和自我监督开始的。我觉得重要的教育任务就是要让孩子在脑力劳动中感受到什么叫困难。

如果孩子在学习中觉得什么都很容易，他就会逐渐滋长思想上的惰性，这种惰性会腐蚀人，促使他对生活持轻率的态度。说来也怪，有才能的孩子如果在学习过程中没有相当的困难需要他去克服，那他们往往就会滋长思想上的惰性。而且思想上的惰性最常见于低年级，因为低年级时，有才能的孩子很容易就掌握了别的孩子需要进行一定的紧张智力活动后才能掌握的东西，实际上，他就游手好闲了。不让学生游手好闲，这也是一项特殊的教育任务。

我们的一年级是在一间单独的小房子里度过的。我们在这间宽敞明亮的房间里学习，房间的窗子朝东和朝南，教室里光线总是很充足。窗下栽着核桃树，核桃树后面是苹果树、梨树、杏树，再过去就是一小片橡树林。不仅我们这所小房子，学校其他的建筑物也都被淹没在绿荫之中。树叶使空气中富含氧气。校园中经常一片寂静。我们的教室挨着一条宽大的走廊，走廊里有一扇门通向另一间屋子，我们想在这儿成立一个童话室。

在我们小房子的台阶前，有一块铺水泥的空地，有一个洗鞋的设施（利用贮存的雨水）。几条两旁栽种着桃树、椴树和栗子树的小路，从这块空地通向四面八方。一条通向位于校园中心的大葡萄架，另一条通向我们的近邻——两个五年级班的小房子，第三条通向绿色的草坪和小树林，第四条通向灌木丛生的沟壑。

当时我就觉得一、二年级在单独一幢房子里学习比较合适。他们，特别是一年级学生，有他们自己特殊的学习、劳动和休息的作息制度。特别不要让低年级学生处于人数众多的集体常有的那种叫嚷、推挤的状况之中。要尽可能让低年级学生更多地享受安静，这是充分发展智力必不可少的。多年的观察使我深信孩子对他在学校生活的头几天中所深入的环境会感到茫然。他们与其说是由于脑力劳动而感到疲累，还不如说是由于课间休息时和上课前的叫喊、乱跑、喧闹所引起的长时间的亢奋状态而感到疲累。在五年的时间里，我对较长课间休息后的一年级学生进行了观察。孩子们在半小时内同大量学生在一起喧闹、叫喊、跑动。课间休息结束后，学生们进入教室，即使有经验的教师也得把课堂的前十分钟花在使孩子们安静下来的工作上。如果一年级学生课间在自己的小集体里单独休息，出现的就是另一番情景了。使孩子们安静下来，摆脱亢奋的状态，花不了两分钟。

毫无节制地叫喊、乱跑，这不是学校里的好迹象。孩子欢乐的河流不管水位有多高，它总应当有河岸来挡住冲动和愿望。

现在我们的一、二年级学生在独立的、舒适的一幢房子里学习，周围绿树成荫。我们为孩子们创造的环境有助于劳动和休息。

在头几个星期中，我逐步将孩子们带入对他们来说是崭新的生活。实际上，这时的学习同“快乐学校”区别还不大，而这正是我力求做到的。九月份，我们每天在教室中上课不超过四十分钟，十月份不超过两小时。这些时间是用于写字和算术课业的。其余两小时我们都在新鲜空气中度过。孩子们急不可待地等着真正的上课——他们这么称呼课堂上的学习。

我对这种愿望深感欣喜，并想道：“孩子们，你们可知道，你们那些在空气憋闷的教室里疲惫不堪的同龄人是如何焦急地等着下课铃响……”

按部就班地使孩子们做好课堂学习的准备，这是合乎要求的劳动教育、德育、体育和智育的必要条件。其最终目的是教会一个人在各种不同的条件下进行工作。课堂学习并不是一件令人沮丧、想摆脱而又摆脱不了的事。这是最好的脑力劳动的环境，但应当逐步使孩子适应这种环境——给低年级学生上课的特点就在于此。如果一下就强迫孩子们每天在教室里学习四个小时，那么这种本应对脑力劳动有利的环境，也会严重危害孩子的健康。

在班上，我们读识字课本、画圆圈、画直线、写字母、编习题和解习题，这一切都是逐渐进入孩子们丰富多彩的精神生活的，并没有因为单调而使他们感到腻烦。我们无须一遍又一遍地去反复读识字课本上的那几个字母，所有的孩子都已熟悉字母了。而为了训练阅读技巧，我采用了多种积极的活动方式。编写非常短小的描写大自然的作文，这对发展阅读能力的帮助比反复朗读课本上同一篇课文要大得多。

我密切注意使每个孩子都练出必要的阅读技巧来。不去练习，不制定一定的阅读标准，那会一无所获。只认识字母、只会念音节和单词，是不够的。阅读是通向世界的窗口，是很重要的学习工具。阅读应当流畅和迅速，只有达到这一步，这个工具才能发挥作用。我力求做到以多种积极的活动形式——有感情朗读、书写、绘画——将阅读逐渐半自动化，使孩子们在二年级的时候就能把多音节的词作为一个统一的整体来感知。我之所以采取编写短小的描写大自然的作文的做法，极力激起孩子们对这种活动的积极兴趣，实际上是因为要使用一招“教育巧计”来达到一个目的——教会孩子们好好阅读。

课堂上采取多样化的活动形式，可算是“巧计”之一。经验证明，一年级的开始阶段，不应当进行“纯粹的”阅读课、书写课和算术课。单调会使孩子很快就感到腻烦。孩子们刚一感到疲累，我马上转用新的活动方式。绘画是一种使上课形式多样化的有效手段。我一看到阅读开始使孩子们感到腻烦时，就说：“小朋友们，打开你们的画本，把我们读到的那个童话画出来。”初显的那些疲劳征候就会消失，孩子们的眼睛里闪烁起欢乐的火花，单调的活动便被创造性活动所代替。算术课上也有类似的情况：我发现孩子们难以理解独立作业的习题条件，就用创造性活动——绘画来帮忙。孩子们再一次念那道习题，把它“画”出来，那些原来似乎绝对不可理解的依从关系变得可以理解了。长时间的听讲也会使学生厌烦，我发现孩子们的眼睛黯然无神时，就不再讲下去了，“先告一段落”，就开始让孩子们画画。

学年开始三个星期后，我的学生已开始编写反映大自然的画册。高年级同学给每个小朋友做了一本有二十页图画纸的硬面本，封面上挂了一支铅笔。一周一次我们去到思想和语言的源头，编写一段反映周围世界的带插图的故事。我们头一次的“旅行”是去果园，观察一棵晚结果实的苹果树。孩子们编了小故事，反映了他们每个人的感受和概念的领域。

“苹果垂到地面”“苹果在阳光下取暖”“红苹果藏在绿叶中”“阳光爱抚着苹果，树枝摇晃着苹果”“春天开白花，而秋天结出金色的苹果”“我们到苹果家做客”……，孩子们把这些写进了自己的画册。孩子们在班里念这些短小的作文，得到了巨大的满足。果园中的学习本身不是目的。编写短小的作文是培养孩子将来进行艰苦和紧张的脑力劳动的极好手段。早在一年级，特别在二年级，我就力求使每个学生都有自己的课题，并把这项课题进行到底。这对培养脑力劳动的纪律是很重要的。

第一学年所有的画册满都是带插图的小作文。孩子们写到一串串红色的绣球花、收获、沉睡的湖（他们称这个湖是沉睡的湖，也许是因为我们旅行到这儿时，湖水总是像镜子一样清澈、平静）；写到孩子们在学校花园中的劳动、日落时紫红的天空、秋天的初冻、阴晦多雨的秋天、十月革命节的庆祝活动、我们村子的生活、头一场雪、一月的暴风雪、童话中冰封湖河的严寒老人、二月的融雪、三月雪中浅蓝的阴影、第一朵报春花、过早从暖和地区回来而出其不意地碰上了三月暴风雪的椋鸟、春天欢乐的候鸟群（用孩子的话说，是“春天欢乐的鸟群”）、在风和日丽的初秋飞来同菊花告别的蜜蜂。

描绘大自然的画册成为我们集体的一种特殊的、富有诗情画意的文选，其中反映了故乡大自然细腻的色彩、大地和天空的乐声和语言的美好特征。它已成为孩子们不可或缺的欢乐，学习随着这种欢乐就进入他们的精神生活。

如果把孩子在教室中度过的时间按一节一节课来计算的话，那么这一学年的头两个月我们每天是一节课，三、四两个月是两节课，五、六两个月平均两节半课，七、八两个月平均三节课。从一次课间休息到另一次课间休息的上课持续时间在头两个月是半小时，以后是四十五分钟。如果孩子在课间休息之前要出去，取得教师同意后可以出去。如果不便打断教师的讲述，孩子可以不取得教师的同意就出去：教师看到学生要出去，就予以默许。但有个别孩子很难习惯绝大多数孩子很容易遵守的作息制度。托利亚、卡佳、柯斯佳和舒拉很容易疲劳。疲劳的主要原因是，他们上课时由于想到现在比起过去要受一定作息制度的约束而感到紧张。对任何愿望都持放任态度当然不行；应当教会所有的学生刻苦、严肃地进行劳动，但也不能过分绝对地改变孩子的愿望和习惯。几周之内我准许这几个孩子在上课的时候离开教室，逐步使他们习惯于刻苦的劳动。在学年开始后三四个月，所有的孩子就都能遵守学校各项活动的作息制度了。

在阳光明媚的秋天，我们总是在“绿色教室”，在高大的苹果树下的一片草地上上课。几年前，我和高年级学生在这儿用铁丝和铁条搭起了未来的“绿色教室”的架子，并种上了爬藤植物，野葡萄和啤酒花的秧两年后就成了“绿色教室”，连顶棚都爬满了。有几个“小窗子”保证正常的光线。在炎热的日子里，这儿很凉爽；秋天，这儿又暖和又舒适。“绿色教室”里总是很安静。“小窗子”可以用啤酒花和葡萄的枝叶挡上，这时候教室里一片朦胧绿色，阳光透过枝叶间隙射进，形成光和影的奇异别致的嬉戏景象。孩子们称它为“关窗讲故事”。“绿色教室”里放着一些小桌子和小凳子，孩子们可以在这儿写字、读书和解题。

第二处“绿色教室”是一块三面种着耐寒品种的葡萄树的草坪。在高温天气，这儿也很凉快（我们这儿即使在春秋雨季也常出现高温）。

我们还有一处“绿色教室”，在绿色树丛中的草地上，在一片毗连着沟壑的僻静的小树林中。我们常常在最后一节课的时候来到这里，这样就不用回到学校去了。一年大约有40%的课我们不是在教室里，而是在“绿色教室”里上的。其余60%的课，有相当一部分是在“绿色实验室”和学校的暖房里上的。“绿色实验室”——这是单独的一所房子，四周种满了树木。这儿有一间上课的教室，里面有许多植物和花卉。

相当一部分课在大自然的环境中、在新鲜的空气中、在蓝天下进行，这对孩子具有特殊的意义。上课的时候，孩子们觉得精力充沛、兴趣盎然，从不头晕目眩。

课后，孩子们在家里休息。尽管采取种种措施使儿童不致因课内的脑力劳动而感到过度疲劳，但孩子们还是非常劳累的，课后，他们应当休息。多年的经验使我深信，下午，学生一般不应当进行像在学校中那种紧张的脑力劳动。尤其不能让低年级的孩子负担过重。如果在学校里进行了三四小时的脑力劳动之后，孩子在家里还进行这么紧张的劳动，那么不用多久，他就会筋疲力尽。

不留家庭作业是办不到的。应当教孩子集中注意力，进行紧张的脑力劳动。但这首先应当在课内做，逐步培养孩子独立进行脑力劳动的习惯。孩子不容易学会全神贯注地进行工作。经验丰富的教师并不依靠某些影响学生的特殊方法，而是以上课的内容把学生的注意力“拴”到自己的故事、解释和讲述上来。在低年级组织脑力劳动的技巧在于使孩子一开始并不觉得自己在紧张地工作，并没有强迫自己去注意听老师讲解，去记忆和思考，而实际上却在注意地听老师讲解、记忆和思考。

如果教师做到了这一点，那么孩子就能把感兴趣的，尤其是感到惊异的一切牢牢记住。为什么我这些孩子这么容易就记住了字母，学会了读和写？因为我并没有向他们提出做到这一点的要求。因为对孩子来说，每一个字母都是引起过欣喜之感的鲜明形象的体现。要是我每天给学龄前儿童“一份知识”——出示一个字母，要求记住它，那就不会有任何结果。当然，这并不是说应当向孩子隐瞒目的。应当教得让孩子不想到目的，这样能减轻脑力劳动。这一切绝不是那么简单的。这里说的是儿童智力发展的一个阶段，B. Л. 雷若夫教授称之为人的神经系统的婴儿期①。在这个阶段——低年级阶段，特别是一年级的时候——孩子简直不会集中注意力。教师应当设法控制孩子的注意力，激发他的心理学上被称为不随意注意的能力。

年幼儿童的注意力是难以对付的“玩意儿”。我觉得它像一只胆怯的小鸟，你刚想接近它的窝，它就飞开了。当你终于抓住了这只小鸟，你只能把它捧在手里或放在笼子里。如果它觉得自己是一个囚徒，那你别想听到它的歌声。幼小的儿童的注意力也是如此：如果你把它当作囚禁的小鸟死死抓住，那它是不会好好帮你忙的。

有这样的教师，把在课内能使孩子“始终处于智力紧张的状态”当作自己的成绩。这通常是通过那些对儿童注意力起驾驭作用的外在因素达到的：频频提醒（要注意听讲）；急剧地从一种活动转为另一种活动；讲解后可能马上要进行知识考核（更准确地说是威胁：如果你不听我讲，就给你打 2 分）；在阐明某一理论原理后，要求立即完成实际作业。

① B. Л. 雷若夫 . 记忆的分子基础 [J]. 大自然，1965（7）：2.

初看之下，这些方法给人以积极脑力劳动的印象：上课形式像万花筒似的千变万化，孩子们聚精会神听着教师说的每一个字，教室中一片紧张的寂静。然而这一切是以何种代价换来的，会导致何种后果？为了集中注意力和不漏掉任何东西而始终处于紧张的状态之中，可是这种年龄的儿童还不能强使自己集中注意力，这就会使神经极端疲劳，从而引起神经衰弱和神经不安。在课内不放过一分钟、一刹那，一直要学生积极进行脑力劳动——在教育人这样细致的工作中，还有什么能比这么干更为愚蠢的呢。教师对工作抱着这样的目的，简直就是要榨干儿童全部的精力。在上了这样“效果卓著”的课后，孩子们疲惫不堪地返回家去。他们容易发怒和激动。本来应当好好休息，可是他还有家庭作业，于是他看到装着课本和练习本的书包时就腻烦了。

学校中经常发生破坏纪律的事件，表现为学生对老师和对同学态度粗暴，无礼地对待意见，其结果是引起很多矛盾。这种现象绝非偶然，因为孩子们在课内神经紧张到了极点，再说教师也不是一部电子机器，请试一试在整堂课中像万花筒似的不断变换上课方式使之达到“高效能”，以抓住全班学生的注意力。孩子们经常在放学后脸色阴沉、沉默寡言、对一切不感兴趣地返回家来，或者正相反，病态地动不动就生气，这都不是偶然的。

不，绝不能以这样的代价来换取孩子的注意力、聚精会神和积极的智力活动。学生，特别是低年级学生的智力和神经耐力不是一口无底的井，可以一个劲儿地汲水。从这口井里打水应当动脑筋，而且要非常谨慎，最主要的是必须不断给孩子补充神经耐力的来源。这种补充的来源就是观察周围世界的事物和现象，生活在大自然之中，出自兴趣、出自了解某些事物的愿望而不是由于害怕老师提问进行阅读，到生动的思想和语言的源头去“旅行”等。

在学校集体生活中有一种难以捉摸的东西，可以称之为精神上的平衡。在这一概念中，我放进了这样的内容：让孩子们感到生活充实、思想明确、对自己的力量充满信心、相信可以克服困难。精神平衡的典型特征是有一个安静的环境进行有目的的劳动，相互之间保持平稳的、同志式的关系，从不勃然大怒。没有精神上的平衡就不可能正常地进行工作；这种平衡遭到破坏的地方，集体的生活就变成地狱：学生欺侮和激怒自己的同学，学校里充满了神经质的气氛。用什么办法创造——这特别重要——并保持精神上的平衡？优秀的教育工作者的经验使我深信，在这一非常细致的教育范畴中，最主要的是使经常性的思维活动不要过累，不要突击，不要赶任务，不要使精神过度紧张。

善意关怀、相互帮助、每个学生的智能与他力所能及的劳动之间的协调一致，这些都是保持精神平衡所需要的特殊条件。我十分认真地研究了善于保持学生精神平衡的真正大师——低年级教师 B. П. 诺维茨卡娅、E. M. 扎连科、A. A. 涅斯捷连科等的教育艺术。我极力设法揣摩在我看来最聪明，同时又是最自然的一件事的“奥秘”：他们班上的每一个孩子都在学习中充分发挥了自己的才能，没有一个孩子本来可以学得优秀却学得平平常常的。得 3 分的学生并不认为自己是运气不好的倒霉鬼，小朋友们也不以怜悯、姑息的情绪来对待他。

我经常以极其惶恐的心情想到追求好分数的狂热性——这种狂热性来自家庭，又蔓延至教师——成为学生幼小心灵上的沉重负担，摧残了他们的心灵。孩子暂时还不能学得很好，可是家长却非要他得 5 分，至少也要得 4 分，不幸的是学生得了个 3 分，他几乎觉得自己是一个有罪的人。在 B. П. 诺维茨卡娅、E. M. 扎连科、A. A. 涅斯捷连科这些教师的班上从来没有发生过这样的事。优秀生并不觉得自己是幸运儿，而成绩是 3 分的学生也不会被自卑感压得抬不起头来。我从这些真正的教育家那儿学习聪明和专心地进行脑力劳动的真正本领。从他们身上，我发现了在我看来是极其细致的教育艺术的特征：善于在孩子的内心和头脑里激起获得知识的欢乐感。这些教师的学生每逢取得一些或是极其微小的成绩，也总会因为发现了真理、进行了调查、理解了事物而感受到心情激奋的欢乐。总结了这些教育大师宝贵的点滴经验，我尽力使学生不为追求分数，而为体验智力上激动人心的感情而发奋学习。我感到非常欣慰，我们的儿童集体里没有过分追求好分数的不正常现象，也不存在同样有害的对 3 分过于敏感的弊病。

……每周我们都要花几节课的时间到思想和语言的源头“旅行”——去

进行观察。这是直接接触大自然，没有这种接触，儿童智力和神经耐力的水井很快就会枯竭。在秋天、春天和夏天的好日子里，我们不等天亮，早早就出发“旅行”去了——农村的孩子能早起。讲述大自然、讲述周围事物和现象的故事，激起了孩子们的求知欲，我不得不回答大量的问题。下面举其中的一些问题为例：

为什么太阳清晨时是红色的，中午时像火焰一样？云彩是从哪儿来的？为什么蒲公英的花早晨张开，而中午闭上？为什么会有雷和闪电？为什么刮西风就下雨，而刮东风就干旱？为什么向日葵的花随着太阳转——难道它像人一样能看得见吗？为什么铁会生锈？为什么鸽子从不落在树上？为什么不能在夏天树木带着叶子的时候移植？天上的流星掉到哪儿去啦？为什么雪花好像经过人雕刻似的那么美？鸟飞得很远，它们怎么认得路？为什么月亮四周常常有白色的光圈？为什么太阳下山后快要下雨时天空发红？为什么蜜蜂飞出去采蜜之前要“跳舞”？为什么果树开花的时候，要在果园中烧麦秸？为什么森林中有回声？虹是什么东西？为什么冬天没有雷和闪电？为什么盐水只能在非常低的温度下才能结冰？为什么家兔挖洞而野兔不挖洞？为什么夏天用一条湿毛巾裹住牛奶罐，天气再热，牛奶也不会变热？为什么下雨之前燕子低飞？为什么云雀在庄稼地里筑巢，而椋鸟和山雀在树上筑巢？为什么鸭子会游水而母鸡不会？为什么今天飞机在空中留下一条烟雾而昨天没留下？为什么天上的星星会陨落，它们落到什么地方去了？为什么风能像漩涡一样卷起尘土？为什么杨柳会“下垂”？为什么福寿草只在早春开花？为什么冬小麦在秋天播种而春小麦在春天播种？萤火虫为什么会发光？为什么母牛一次只产一只牛犊，而母猪一次产好几只小猪仔？为什么太阳夏天高悬，而冬天却低低的呢？为什么在冬天的玻璃窗上会出现美丽的花纹？为什么秋天树叶变黄？①

我力求把每一个问题回答得不仅给孩子们揭示大自然现象的本质，而且

① 孩子们的这些问题，都是在1952—1953年的旅行期间提出的。——作者

还更进一步地燃起好奇心和求知欲的火焰。回答孩子们的问题、谈论周围世界，这是思索的第一所学校。个别问题我不知道如何回答才好。原来，初看之下越觉得简单的问题越难以回答。我们这些低年级教师聚集在一起专门商量应当怎么回答孩子们提出的“哲理性”的问题。B. П. 诺维茨卡娅、M. H. 维尔霍维尼娜、E. M. 扎连科宣读了二十年积累起来的数百个由孩子们提出来的问题。经常整整一个晚上都用来集体探讨儿童思维这一极其复杂的迷宫。低年级教师——儿童思维方面的专家的经验使我得出结论：在显而易见的简单和明了的背后常常隐藏着巨大的复杂性。例如，“为什么冬小麦在秋天播种而春小麦在春天播种”这一个问题，要比关于流星的那个问题难回答得多。我认为带孩子们到大自然去“旅行”的一项重要教育任务是让他们注意事物和现象的因果关系，学习看出它们之间的依赖关系。

如果到大自然去“旅行”是在最末一节课，那么在课后我们就做游戏。集体游戏是由孩子们自己想出来的。大自然的种种现象同童话交织在一起。有一个游戏特别吸引孩子们，这个游戏名叫“寻找神秘岛”。我们所有的人分成两组。一组安置在森林的一个偏僻的角落里。我们在游戏地点的四周标上只有我们知道的记号——这是岩石累累、猛兽遍地的岛屿的岸边。留在神秘岛上的孩子是一批乘船失事的旅客。在好几个地方，他们做上严密伪装起来的标记，标记通向这个岛的小道（两个小组事先商定好标记）。必须拯救这些乘船失事的旅客，于是孩子们在森林里分头寻找，他们一步一步地勘查好几千米长的岸边，寻找可以通向岛屿的地点。在这种情况下，不仅需要有锐利的目光和勇敢的精神，还要了解大量自然现象、具备逻辑思维的能力。这一游戏也能培养正直感和正义感。孩子们找到通向岛屿的秘密通道，援助遇难的旅客，把病人送往医院，游戏中又出现飞机驾驶员和医生。游戏以乘船失事的旅客和前来救援的人一起熬粥吃作为结束。我们一起坐在营火旁，由我讲故事。这时，好几个孩子把童话画下来——他们在画中表达自己对幻想中的形象的认识。

在到大自然“旅行”的时候，我们主要的注意力放在观察动物和禽鸟的生活上。我们眼前出现了一个全新的奇异世界。在秋天平静的日子里，我们偷偷观察一窝小刺猬怎样到饮水处饮水，母刺猬又怎样保护自己的小崽子。春天我们观察了小野兔。孩子们看到，母兔怎样离开了刚生下的小兔，而小兔等着偶然才会回来的母兔来喂它。七月份，孩子们观察雨蛙。有一天，我们在一个偏僻的地方找到了一个狐狸洞。孩子们看到老狐狸怎么领着小狐狸出来散步，教它们跑，同它们玩。在森林的一个僻静的角落里，我们观察了海狸。

我们的"旅行"和观察丰富了思想，发展了想象力和语言。孩子们在途中和在参观中产生的问题越多，当上课时谈到大自然现象、劳动和遥远的异国时，求知欲和好奇心就表现得越明显。每当我观察孩子们到大自然"旅行"归来后的情绪，我就更进一步地相信下面这一古老谚语的正确性：思索始于惊异。

我极力促使对大自然奥秘所产生的惊讶心情和认识事物后的欢乐感受成为激发和活跃儿童思维的推动力。我们班上有几个学生（瓦利娅、佩特里克、尼娜），即使碰到一道并不复杂的习题，也要用很多时间才能弄懂。每种情况都有其原因，但结果是同样的：这些孩子的大脑半球皮层细胞处于一种受压抑的状态。这些孩子对教师向全班解释的东西漠不关心。

观察表明，这些孩子的思考过程存在着缺陷。其原因证实了大脑半球皮层细胞萎靡和迟钝的结论。毛病在这里：这些孩子在记忆中很难建立，尤其难以保持几种物体或现象之间的联系。例如，出一道关于苹果、篮子和孩子的习题。当他想到苹果和篮子时，就忘了孩子。向他提醒了孩子，他又忘了苹果和篮子。而从思想上深入周围世界的物体和现象之间的因果关系之中、小小的发现、对真相的诧异心情……凡此种种却激起了瓦利娅、佩特里克和尼娜极大的欢乐。他们感到情绪高涨，他们的眼中燃起欢乐激动的火花，冷漠的神气消失了，对学习对象产生了兴趣。如果能提出在孩子的意识中引起具有鲜明感情色彩的问题，那么孩子的头脑中就会发生一种难以抑制的过程，过去沉睡着的力量好似苏醒了。我高兴地确信，在智力发展上情况最复杂的儿童越来越振奋起来了：他们饶有兴趣地听讲了，能较好地理解习题的内容了。当然，我们还面临着细致的教育工作。我同有经验的低年级教师交流观察所得，我们把这一工作称为从情绪上激发理智。

观察儿童的脑力劳动，越来越使我相信，从大脑皮层下的神经中枢传至大脑皮层的情绪冲动（欢欣激动的情感、诧异惊讶的情感），好似在唤醒正在沉睡的大脑皮层细胞，使它积极活动起来。经验证明，幼小的孩子的智育应当通过发展他们求知的要求——求知欲、好奇心——来进行。

到大自然去“旅行”已成为小学各年级的传统。孩子们总是焦急地等待着到森林、野外、池塘去的时刻，事先就想好了做什么游戏。与克服困难结合的游戏、有童话中的人物和现实中的人物参加的游戏都成为孩子们心爱的游戏。我给孩子们（二年级时）讲鲁滨孙，于是开始了持续几个月的富有吸引力的游戏。在讲了斯巴达克的故事后，孩子们在高山上靠近深谷和峭壁的地方建立了一个起义奴隶的童话式的营地。关于在远古时代居住在我国边远地区的斯基台人——牧人、猎人、捕鱼人——的故事非常吸引孩子们，他们创造了一些游戏，重现了古代劳动者的生活和劳动。

教学应当与应用智力和体力的多方面的游戏紧密地结合起来，使这种游戏能激起鲜明和激动人心的感情，而使周围世界像一本引人入胜的书一样展现在孩子们面前。除了到大自然去“旅行”和游戏之外，体力劳动也提供了发展智力和体力的广阔天地。没有充满欢乐和激情的劳动，就难以想象有真正的和幸福的童年。经验使我深信，体力劳动对幼小的儿童来说，不仅是一定的技能和技巧的获得，不仅是德育，而且是无边无际和无比丰富的思想世界。这一世界能激起道德方面的、智力方面的和审美方面的情感，没有这些情感，就不可能认识世界，也就是说不可能进行教学。与学习交叉进行的体力劳动在我看来是孩子到幻想和创作世界中去的引人入胜的旅行。正是在体力劳动过程中我的学生们形成了最为重要的智能方面的品质：好奇心、求知欲、思想的灵活性、鲜明的想象力。

如果孩子的生活中有被高尚思想所鼓舞的体力劳动，那么课内的脑力劳动就成为心爱的和具有吸引力的活动，就能发展和充实孩子。早在二年级时，我们一周就进行一小时心爱的劳动，孩子们干一些从思想上和感情上愿意干的活儿。到了三、四年级，一周进行两小时心爱的劳动。

心爱的劳动，这可不是说教师应当消极地等待孩子产生兴趣。在劳动教育中，也像在其他教育工作中一样，什么都不能放任自流。儿童周围的气氛应当是爱劳动的气氛。我的学生的周围，男女青少年都劳动。全校学生对好几十种活计深感兴趣。他们培育树木和庄稼，制作各种机器和机械的模型，调配土壤，照料各种动物，盖新的暖房或学校小工厂，安装水管……

探索精神、好奇心和求知欲——正是这些品质激发着孩子们对劳动的兴趣。劳动不是最终目的，而是达到教育过程中属于各个方面——社会、思想、道德、智力、创造性、美学、情感——目的的一种手段，这始终是我的座右铭。

学习如果具有思想、感情、创造、美和游戏的鲜艳色彩，那它就能成为孩子们深感兴趣的和富有吸引力的事情。我对学习成绩的关注是从关心下面这些事情开始的：孩子吃得怎么样和睡得怎么样，他的自我感觉怎么样，他玩得怎么样，他一天有几个小时待在户外新鲜空气中，他读了哪些书和听了哪些故事，他画了什么画和如何在画中表达自己的思想和情感，大自然的音乐和人民的音乐家们创作的乐曲在他的心灵中激发了什么情感，孩子喜欢什么劳动，他对别人的欢乐和悲痛的敏感性如何，他为他人做了些什么并因此而产生了什么感情。

当知识与积极的活动紧密联系在一起的时候，学习才能成为孩子精神生活的一部分。很难做到使孩子自然而然地对乘法表或计算矩形面积的公式本身感兴趣。只有当知识成为达到创造性活动和劳动目的的手段时，知识才能成为儿童要求得到的东西。我极力设法使儿童在低年级时就对体力劳动产生兴趣，使劳动能给他们表现机敏性和发明才能的机会。学校最重要的任务之一就是教会学生运用知识。由于在低年级阶段，脑力劳动按其性质而言，主要是同不断获取新的技能和技巧联系在一起的，所以正是在这个阶段，有把知识变成一堆死东西的危险。如果只掌握这些技能和技巧而不在实际中应用它们，学习就逐渐脱离孩子精神生活的范畴，就不能吸引他和使他感兴趣了。教师想防止这种现象出现，就必须注意让每一个孩子创造性地应用自己的技能和技巧。

300页《大自然的书》

著名的德国数学家F. 克莱因把中学生比作一门炮，十年中不停往里面装知识，然后发射，发射后，炮膛里就空空荡荡了。我观察被迫死记并不理解，不能在意识中引起鲜明概念、形象和联想的知识的孩子的脑力劳动，就想起了这愁人的戏言。用记忆替代思考，用背诵替代对现象本质的清晰理解和观察是一大陋习，能使孩子变得迟钝，到头来会使他丧失学习的愿望。

我们都曾为学龄前儿童那种敏捷而又牢固的记忆力感到惊讶。一个五岁的幼儿跟着父母到森林或野外郊游归来，他脑中充满了对种种鲜明的形象、画面和现象的印象。一个月、一年过去了，父母又打算去郊游，儿子激动地等候着寂静的、阳光明媚的早晨，回想起从前，很久很久以前，他和爸爸妈妈到森林里去。孩子回忆中的好似闪光一般的栩栩如生的细节令父母感到吃惊：孩子居然还能回忆起有着两个不同颜色花瓣的那种奇异的花朵。父亲惊讶地听着儿子复述兄妹两人化作一朵花的那个美丽的传说，这个传说还是一年前父亲在林边讲给母亲听的。那时，儿子好像并没有在听爸爸讲，他在追逐一只蝴蝶。周围世界中这一看起来极其细小的特征怎么会保留在他记忆中呢？

问题就在于孩子对于鲜明的、闪烁着色彩和发出声响的形象感受十分深刻，并能将其牢牢地铭刻在记忆中。孩子在接受周围世界里的各种形象时，思想意识内产生的完全出乎意料的问题使成人大为吃惊。现在当孩子回忆起奇异的花朵时，他就问父亲："那哥哥和妹妹互相看得见吗？您说过，植物是活的。那就是说，它们能听得见也能看得见的喽？它俩也说话吧？我们能听见它们说话吗？"父亲面对这些思想不禁感到惊奇：为什么一年前儿子并没有问起这些？这朵花的鲜明形象以及这些难忘瞬间的感情色彩怎么能如此长久地保留在记忆中？父亲深信，孩子必然还能清楚地想起繁花似锦的林边空地、蔚蓝的天空和远处飞机隐约的隆隆声。

想到这儿，我反问自己：为什么有着活跃、鲜明的想象力、敏捷的记忆力，对周围世界里的各种现象具有敏感的情感反应的儿童，在学校学习了两三年后，却怎么也记不住语法规则？为什么他难以记住怎么正确书写草原这个词，记不住6乘9等于几？我得出的结论并不比德国数学家乐观多少：在学校学习期间，掌握知识的过程往往脱离学生的精神生活。儿童的记忆之所以敏捷和牢固，正是由于他们的记忆中汇入了鲜明的形象、图画、概念和印象的清澈的溪流。儿童的思维之所以能以精细入微、出人意料而具有哲理性的问题使我们感到吃惊，正是因为他们的思维受到了这条生机勃勃的小溪的滋润。不让学校大门把孩子的意识和周围世界隔开，这是何等重要的事。我力求做到在孩子整个童年时期内，使周围世界和大自然始终都以鲜明的形象、画面、概念和印象为其思想意识提供养料，使儿童能意识到思维的法则像一座齐齐整整的建筑物，其样式是由更为齐整的建筑物——大自然——所提供的。为了不把孩子变为知识的库房，真理、规则和公式的仓库，就应教他如何思索。儿童意识和记忆的天性本身就要求孩子一刻也不离开色彩鲜明的周围世界及其规律性。我深信，如果周围世界能成为孩子学习、思维、记忆和判断的环境，那么儿童入学后，其记忆的敏捷性和思想的明朗性不仅不会削弱，而且还会增强。

不能夸大大自然在智育中的作用。如果教师认为，只要孩子处于大自然中，这件事本身就蕴藏着促进智力发展的强大因素，那他就大错而特错了。大自然中并没有任何直接影响理智、情感和意志的魔力。只有当人认识大自然，从思想上深入因果关系的时候，大自然才能成为教育的强有力的渊源。过高评价直观性——这是把儿童思维的个别特点加以绝对化，这是把认识活动归结为感性的范畴。不能盲目崇拜儿童思维的特点，特别是儿童以形象、色彩和声音进行思维这一特点。这一特点是客观真理，K.Д. 乌申斯基极其令人信服地证实了这一客观真理的重要性。[①]然而孩子以形象、色彩和声音进行思维这一事实完全不能引申为不应当教他进行抽象思维。有经验的教育工作

① K.Д. 乌申斯基在《关于直观教学的建议书》中写道："可是孩子，是否可以说，是借助形状、颜色、声音而思维的？他们一般是使用感觉的。如果有谁企图让他以另一种方式去思维，那么他就会无谓地而又有害地强制改变幼儿的天性。"（K.Д. 乌申斯基. 乌申斯基选集：第6卷 [M]. 莫斯科：俄罗斯联邦教育科学院出版社，1949：281.）

者强调直观的重要性和大自然在智育中的巨大作用，是把这些因素视为发展抽象思维和进行有明确目标的教学工作的手段。

我通盘考虑了什么应当成为我的学生的思想源泉，规定了什么将在四年的学习过程中成为孩子每天观察的对象，周围什么现象将成为他们思想的源泉。就这样产生了这一部 300 页的《大自然的书》。这是 300 次观察，300 幅深深铭刻在孩子们意识中的鲜明图画。我们一周两次到大自然中去学习思索。不仅是观察，而且是学习思索。实际上，这是在上思维课。不是有趣的散步，而恰恰就是上课。但是上课也能非常引人入胜、非常生动有趣，这就在更大程度上丰富了孩子们的精神世界。

我提出了如下的目标：在孩子们的意识中留下对现实的鲜明景象的深刻印象。我极力使孩子们在生动、形象的概念的基础上进行思维，使孩子们在观察周围世界的时候，了解现象的因果关系、比较物体的性质和外形特征。观察证实了儿童智力发展的一条非常重要的规律：课内必须掌握的真理和抽象概括越多，这类脑力劳动越紧张，学生越应当经常求教于知识的直接来源——大自然，周围世界里的形象和图景应当在学生的意识中铭刻得更加鲜明。然而鲜明的形象并不是像反映到相机胶卷上那样反映到孩子的意识中去的。表象，不管它有多鲜明，不是教学目的本身，也不是教学的最终目标。智育从有理论思维的地方开始，生动的直觉并不是最终目标，而仅仅是手段。周围世界里的鲜明形象对教师来说是一个源泉，在它形形色色的多种表现形态中，隐藏着千百个问题。揭示这些问题的内容，教师就好像在翻揭《大自然的书》的书页。

这里是《大自然的书》的第一页，它被称为“有生命的东西和无生命的东西”。在早秋的一个温暖、明媚的中午，我们走到河边，在一块草地上坐下。我们面前是一片开满了秋季鲜花的草地，清澈见底的河里游着小鱼儿，蝴蝶在空中飞舞，燕子在蓝天飞翔。我们走向高峭的悬崖，那儿在旷日持久的岁月中裸露出土壤的剖面。孩子们饶有兴致地观察着各种颜色——黄色、红色、橙黄色、白色——的土层和沙层。这是薄薄一层白陶土，它下面是金黄色的沙子，再下面是美丽的晶体。

孩子们对比着土壤的表层，黑土和底层。

“我们在土壤的表层看到了些什么？”

“植物的根，”孩子们答道，“底层就没有根了。”

“孩子们，你们瞧长在悬崖边上那丛绿草和这一层金黄色的沙子。草和沙子有什么不同？”

“夏天草就长起来了，到了秋天就枯萎了，春天它又活了……”孩子们说道，“草结出小小的种子，把种子撒到泥里，就长出新的草儿来……”

“那沙子呢？”我要所有的孩子，特别是脑筋迟钝的孩子——佩特里克、瓦利娅、尼娜都来对比周围世界中的物体。班上还有两个孩子——米沙、萨什科，他们思想的进程可以比作水流徐缓、水势浩渺的大河。还有一个女孩子柳达，她的思维对我来说暂时还是一个隐藏得严严实实的秘密。一开始我想，无非是她的智力发展有些迟缓，其他孩子很容易明白的事物，她理解起来就困难。然而在小姑娘生气勃勃和敏感的双眸中，可以感觉出被某种内在力量抑制着的思想；她好像有意不急于说出她非常了解的东西……

“孩子们，你们瞧，这儿是金黄色的沙子，而这儿是绿色的草。还有更妙的，这儿是绿色的沙子和绿色的草。它们不相似的地方在哪儿，它们有什么不同之处？”

孩子们思索着，对绿色的草地和裸露的悬崖剖面进行观察。

柳达的目光中流露出沉思。佩特里克皱起眉，瓦利娅把沙子从一只手上倒到另一只手上。

“沙地上不长花，可草地上长花。”柳达说道。

“奶牛在草地上吃草，可在沙地上放牧，你倒去试试看！”佩特里克大声嚷道。

“下雨后，草就长起来了，”米沙沉思着说道，“可下雨后难道沙子会长吗？”

“沙子在地下很深的地方，而草在地面上……”尤拉说道。

但谢廖沙驳斥他说：“难道岸上没有沙子？草朝向太阳，而沙子在阳光下只不过被晒得发热……”

之后，我们又对比不知谁捡的小石头和绿色的槭树叶，红玻璃碎片和菊花，在池塘里游着的鱼和鹅毛，桥的铁栏杆和爬蔓在树上的啤酒花茎。孩子们思如潮涌，男孩子和女孩子发现了周围各种物件和现象间一眼就能看穿的相互联系，也发现了一下子注意不到的联系。孩子们的意识中，逐渐形成有关有生命的东西和无生命的东西的初步概念。一些东西有生命，另一些东西无生命，这一点孩子们通过无数事实业已看到，但当我问道："有生命的东西区别于无生命的东西的到底是什么？"他们就回答不出来。结论是一步步得出来的，在这一过程中，孩子们重又回想起亲眼看到的东西。孩子们不仅正确发现了一些特征，也做出一些错误的判断，于是当场就进行一些生动活泼的观察来纠正这些错误。当柯斯佳说"有生命的东西会移动，而无生命的东西不会移动"时，几乎全体同意了他的意见，但接下来的是沉默，孩子们环顾四周，又提出了反对的意见：

"木棍能移动，能浮在河面上，难道它是有生命的？"

"拖拉机能移动，可它不是无生命的吗？"

"蜘蛛网在空中飘动，难道蜘蛛网是有生命的东西？"

"旧屋顶上的青苔不会移动，可它不是有生命的吗？还是说青苔是无生命的东西？"

"沙子——它也会移动。我们曾经去过采沙场，看到过沙子像溪水似的流动。"

不，看来问题不在能不能移动。到底有生命的东西与无生命的东西区别何在？孩子们一次又一次地对比周围的东西。舒拉高兴地喊了起来：

"有生命的东西会长，而无生命的东西不会长！"

孩子们思索着这话，他们的目光又转向周围的东西。他们在思考，口中自言自语：草——有生命的东西，会长；树——有生命的东西，会长；野蔷薇丛——有生命的东西，会长；石头——无生命的东西，不会长；沙子——无生命的东西，因此不会长。就是这么回事——一切有生命的东西都会长，一切无生命的东西都不会长。米沙望着远处在思索着什么。他听见伙伴们的话了吗？当孩子们历数了他们周围全部有生命和无生命的东西之后，这个男孩子说道：

“有生命的东西不能没有太阳。”他用手指指森林、草地、田野。

这话又一次使我深信，思想来得慢的人时常具有巨大的洞察力、注意力和观察力。米沙的话使孩子们恍然大悟。“我过去怎么没有想到这一点呢？”男孩子和女孩子暗暗自问。紧抓不放的思想似乎重又在探索周围的东西，孩子们又念念有词地在思索：不管是草、花、树，还是麦子，没有太阳就活不了。人没有太阳也活不了……，也许人没有太阳能活？不，难道能想象人在深深的地底下的某个地方生活吗？我们都很熟悉，在枝叶茂密的树荫下，草就蔫了。爸爸是这么说的：“雨后要有太阳一晒，冬青马上就返青了，要是没有太阳，那就糟了……”而石头，无论是在阳光下，还是在地窖里，都一样。不，也不一样，石头在地窖里会长一层霉，那霉是有生命的呢，还是无生命的呢？太阳不仅能造福于人，如果久旱无雨，它也能晒死禾苗。这么说，一切有生命之物不仅喜欢太阳，还喜欢水。

孩子们的思想就这样，像条条小溪似的向四处流去，然后，这些溪流汇合到一起，孩子们就更加清楚了，在有生命的东西中，发生着某些他们不了解的现象，而这些现象同太阳、水以及我们周围大自然中的一切有关。孩子们阅读着《大自然的书》第一页上的头几行，他们懂得了，整个世界是由两大类自然物——有生命的和无生命的组成。在对有生命的东西和无生命的东西的概念的初步认识过程中，他们又产生了无数的问题。孩子们在回家途中，注意观察平时习以为常的东西，看到了以往看不到的东西，而他们发现的东西越多，产生的问题也就越多：为什么从橡实中冒出来的幼芽能长成一棵壮实的大橡树？粗大的树干、树枝和树叶都是从哪儿来的？为什么秋天树叶就落了？树在冬季是在长呢还是不长？不可能立即回答所有这些问题，而且也不能提出这样的任务。好就好在孩子们产生了这些问题；好就好在孩子们思索的时候，学着向知识和思想的源头——周围世界去求教；好就好在孩子能用确切和正确的词来表达自己的思想。思想清晰这个最重要的思维特征来自直接同周围世界接触的过程。

孩子用形象、色彩和声音来思维，但这并不意味着他应当停留在具体思维上。形象思维是转向用概念进行思维的必要阶段。我力求使孩子们逐步使用这样一些概念，如现象、原因、结果、事件、制约性、依赖性、区别、共同性、相似性、并存性、不相容性、可能性、不可能性等。多年的经验使我深信，这些概念在抽象思维的形成中起着巨大的作用。不考察生动活泼的事实和现象，不理解亲眼见到的东西，不逐渐将具体的物体、事实和现象转化为抽象的概括，那就不可能掌握这些概念。孩子们在学习大自然的过程中产生的问题，正好可以促进这一转化。我教我的学生观察大自然的具体现象，寻找其因果关系。孩子们由于把思维同具体形象紧密结合，因此获得了逐步使用抽象概念的技能。当然，这是一个需要好几年时间的漫长过程。

阅读《大自然的书》使孩子们产生极大的兴趣。但这种兴趣不是目的本身。苏维埃教育学反对在教学中过分强调孩子自发的兴趣，也反对把孩子的活动当作教学进程的最终目标。K. Д. 乌申斯基早就写道："教孩子不仅习惯于做他感兴趣的事，还要习惯于做他不感兴趣的事——为了乐于履行自己的义务而去做。你们在让孩子做好进入生活的准备，可在生活中并非所有的义务都是令人向往的。"[①] 苏联的教育科学与资本主义学者从满足学生个人要求的观点来对待教学的内容、形式和方法的倾向有着深刻的分歧。当代"最新的"教学论概念的代表人物，美国教育家戈登・梅尔文认为，教师在教学中只应选择学生喜欢的内容，"正是那些学生决心要做的东西，构成了他同意学习的条件"[②]。资产阶级教育家把学校教学建筑在"自发的兴趣"上，实际上就是摒弃科学知识的系统性。苏维埃教育学把孩子个人的兴趣看成是达到学校的教养和教育任务——获得一定范围内的科学知识，形成辩证唯物主义信念的一种手段。我并不把阅读《大自然的书》当成趣味盎然的消遣、引人入胜的游戏，而把它看成是导入科学知识世界的一条渠道。孩子们渐渐认识的是周围那些能揭示大自然规律和本质的现象。教师并不是从满足每个孩子个人的

① K. Д. 乌申斯基. 乌申斯基选集：第 6 卷 [M]. 莫斯科：俄罗斯联邦教育科学院出版社，1949：252.

② 戈登・梅尔文. 普通教学法 [M]. 纽约：麦克劳希尔公司，1952：135.

兴趣，而是从科学地认识世界的辩证法出发来规定《大自然的书》的内容的。苏联教育理论对学生活动目的的看法与实用主义者的著名论点“活动授予知识”的原则性区别就在于此。

苏维埃教育学中的活动并不取代系统的科学教育，而是达到教养和教育目的的一种手段。当然，凡是有助于掌握知识的活动，总是能引起学生的兴趣的。苏维埃教育学把兴趣看成是学生在理解和考察过程中发挥创造性的精神力量。随着学生正在掌握的真理不断成为他个人的信念，学生对于学习和认识的对象的兴趣就不断得到深化。根据苏联教育理论，兴趣同思想教育和科学唯物主义教育是紧密联系在一起的。

我们一页接着一页地阅读《大自然的书》，学习思考。孩子们看到的第二页题为《无生命的东西同有生命的东西有联系》。我们到暖房去观察高年级同学怎样在那从深深的地底下取来的金色沙子上和在碎石上栽种黄瓜、西红柿、大麦和燕麦。小孩子们在这儿看到高年级的同学怎样把沙子和碎石铺入金属制的和木制的箱内，给这种混合物浇上化学物质的溶液。黄瓜和西红柿的根，从这个培养基中摄取生长和结果的养分。没有生命的碎石块，溶于水的白色粉末……似乎这些就是生命必不可少的一切。而就在扁平的容器内，大麦的绿苗甚至不需要沙子和碎石就长起来了：它的根从白色粉末的溶液中汲取营养物。然而，等孩子们仔细观察开花和结果的情况后，他们就看到，无生命的东西只有在有太阳和水的地方，才能成为有生命的东西的培养基。没有光照、温度和水是不可能有生命的。今天是阴天，于是暖房里开了电灯。户外早晨有点凉，而暖房里的暖气使屋里变得很温暖。

教师说道：“孩子们，细细观察你们看到的东西，并且考虑一下，有生命的东西如果没有无生命的东西能否存在？现在摆在你们面前的是一只大箱子和好几只小箱子：这里放的是各种各样的化肥。你们瞧，高年级的同学们从不同的箱子里取出白色的、黄色的和灰色的粉末，搅拌在一起，它们溶解在水里。肥沃的土壤是这么来的：把粗粒沙子同腐殖质掺合在一起。你们看见了吗？从这种混合物中，长出了多么鲜亮的西红柿。植物从什么东西里面吸取了叶子、茎和果实发育成长所需的东西？从无生命的东西里面。无生命的东西——这是有生命的东西的培养基。”这些真理在孩子们的心灵中激起了对大自然奥秘的惊异感。

又想起了据说是出自亚里士多德之口的那句古老的名言：思维始于惊异。对揭示出来的大自然奥秘所感到的真正的惊异是促使孩子们的思想如滔滔急流的动力。当孩子们见到在化学物质的溶液中长出迥然不同的植物——西红柿、黄瓜、大麦，他们就纷纷向我提出问题：“透明的溶液怎么能变成粗壮的茎，变成有蜜蜂在上面飞来飞去的鲜艳的花，变成多汁的果实？”“有生命的东西是从哪儿来的？太阳并不能给植物丁点儿绿色的东西，它只不过照着植物，把植物照热，不是吗？”“为什么用同一种溶液却能长出绿色的黄瓜和红色的西红柿？”“为什么黄瓜是绿的而西红柿是红的？它们不是并排长的吗？”“这些颜色不同的粉末里头有什么东西？”“为什么掺到土壤中去的腐殖质能使植物泛绿？”

关于有生命的东西与无生命的东西之间的联系的初步直观印象，对孩子智力进一步的发展是多么重要啊！孩子思考这样一些问题：“有生命的东西是从哪儿来的？”“太阳怎么把无生命的东西‘变成’有生命的东西？”——他准备去阅读那本有关生命的大书，去认识复杂过程中的奥秘。

我把阅读《大自然的书》看成是培养智力的一种手段。概念、画面、形象……这些只不过是积极的思维活动的开端。A. 第斯多惠写道：“如果教学生习惯简单地去感知或被动地接受，那么所用的任何方法都是坏的方法，能激发孩子主动性的方法才是好方法。”[①] 我力求避免使阅读《大自然的书》的活动成为对大自然的画面和形象的简单感知，而极力使它成为积极思维和从理论上认识世界的开端，成为获取系统科学知识的开端。

“最好的内容，”苏联著名心理学家 Г. 科斯秋克写道，“只有当它被纳入学生自己的活动中去的时候，它才能为学生所意识。”不是为活动而活动，为满足个人兴趣而活动，活动是揭示科学知识的内容，这就是苏维埃教育学关于积极性和科学性一致性的本质所在。

① A. 第斯多惠 . 教育论文选 [M]. 莫斯科：教育出版社，1956：128.

“大自然中的一切都在变化”，这是《大自然的书》下一页的标题。我们好几次重温这一页书。秋日晴朗的中午，全班都到果园去。苹果树和梨树的枝条被累累果实压弯了。“回忆一下，孩子们，”教师说道，“我们的果园冬天是个什么样子？树枝光秃秃的，蒙上了一层霜，树身上满是雪……。而现在，枝叶茂密，苹果和梨都熟了。”

过了两个月，我们又来到果园。园子变成什么样儿啦？枯黄的树叶像柔软的地毯似的铺盖着大地，树枝已半秃了。就在满是窟窿的老苹果树旁边有一颗小小的野苹果树。我们的祖辈种了这颗老苹果树。它有一半的树枝已经干枯。只有不多的几枝是翠绿的，上面还结着硕大、多汁的果实。老苹果树再在阳光下挺立那么一两年也就该锯了。野苹果树细细的树干上长着绿色的嫩芽，这是学生从老苹果树上嫁接过来的幼芽。再过几年，嫩芽就会变成树，苹果树就会开花，结出金黄色的果实。

“注意观察四周，孩子们，有没有一种植物一年四季总是一个样子的？”

孩子们的生活经验还不丰富，然而他们从小生活在劳动和大自然的环境中，所以他们知道，植物总是长出来，然后开花、结果……。他们会讲述，地里怎么冒出一根嫩苗来，它怎么变成一个粗壮的植物的茎秆；树上的幼芽怎么长出来，又怎么长出叶子来……。生物界那种跳跃般的迅速的变化使孩子感到惊异。昨天我们曾在桃园里看到了黑色的幼芽和光秃秃的树枝。今天清晨来到这里，我们眼前展开了一幅崭新的画面：枝头布满了朵朵玫瑰色的小花……。为什么一夜之间，幼芽这么快就冒了出来，而小树就开起花来了？夜里树睡不睡觉？一般说来，树木睡不睡觉？当剪枝的时候，树觉不觉得疼？为什么树会衰老和死去？……对于这些问题，我不得不久久苦思，以寻找答案。但答案又会引起一连串新的问题。

这一页《大自然的书》我们在池塘边读过，在小灌木丛中读过，也在田野里读过。在浅水洼里游着小蝌蚪，孩子们知道，它们会变成青蛙。但这一过程是如何进行的？为什么鱼缸里最小的鱼已经是鱼的样子，蝌蚪却完全不像青蛙的样子？我们观察集体农庄的庄员们如何喂养蚕。从罂粟籽那么小的卵中变出一条条贪吃的小蚕。它只吃桑叶——为什么？小蚕变成大蚕，它好几次“蜕皮”——好像脱去旧皮似的——为什么？瞧，它在自己身子周围吐丝结网，藏身于金色的小屋——蚕茧——之中，它在里面发生了什么变化？我们拿了几个蚕茧，放在窗台上，过些时候就能看到出现了漂亮的大蛾子。蛾子产卵……，上面这个过程又开始重复进行。蚕怎么会吐出细细的丝线来？为什么它吃这么多的桑叶后才结茧呢？

参与与积极认识大自然相联系的活动越多，对周围世界的观察也就越深刻、越自觉。孩子们每个月都能在自己周围发现很多过去不曾注意的现象。这样，他们就能看到完全不同于他们一向熟悉的那些生命形态：在阴暗、潮湿的地窖里，马铃薯块茎上冒出了白丝，这是什么玩意儿，是根还是未来的茎？树干朝北的阴面长出绿苔，为什么绿苔躲着太阳？为什么绿苔没有种子？它怎么繁殖呢？所有的植物都开花，然而绿苔不开花。这是什么样的植物呢？

《大自然的书》中的几行文字告诉孩子们，不只是有生命的东西才不断变化。我们来到岸边的峭壁旁。孩子们仔细观察灰色的石块，就发现里面有细细的裂缝。从石头上砸下的薄薄一片，在手掌里就散成碎块了。这么说来，就是石头，也不永远是石头啦？孩子们想起，在几个月前，他们还曾说过：“石头无论在太阳底下还是在地窖里总是一个样。”白天，石头发烫，而夜里就变凉了，出现了进水的裂缝。原来，就是石头也不是恒久不变的。

分析阅读《大自然中的一切都在变化》这一页的思考课，我得出一个信念，孩子知道得越多，越能经常发现在日常生活中不曾注意到的规律，渴求了解的愿望就越强烈，理解周围世界各种现象的感觉器官就越敏锐，感知器官同思维的联系就越细致。苏联人类学家 M. Φ. 涅斯图尔赫教授在他的著作中有一些话，我认为是阐明孩子智力发展过程的一把钥匙：人在童年时代连续不断地接触大量新材料，正是在这个年龄，他开始有日益增长的求知欲望。

信息流是智力充分发展的最重要的条件。因某种原因，信息量减少了而又未加补充时会出现什么情况呢？孩子自己看到的东西，还不是信息流。人类的教育工作就是成人向孩子传授自己拥有的关于周围世界的知识，并以自己的思维能量不断提供能影响孩子的信息流。

我开始留心考察每个孩子的家庭环境——从出生一直到入学，发现了一些有意义的规律。如果在学龄前期，孩子无人照管，如果成人不为孩子提供人的正常环境不可或缺的大量信息，那么孩子的大脑就处于消极的状态：好奇心和求知欲就会消失，会出现漠不关心的状态。日益增长的求知欲望是不是决定孩子智力发展的最重要的思维能量呢？看来是的。

佩特里克小时候无人照管。妈妈和爷爷一早就上班，孩子一个人待在家里。他被安置在棚檐下或围着栅栏的绿色草坪上，不时由女邻居来探视一下，看他是否安然无恙。佩特里克从两岁到五岁，受的就是这样的“教养”。这是一种“毫无精神活动”的教养。孩子的吃穿都很好，就是缺少最主要的东西——周围没有人照管。佩特里克从五岁起就同孩子们，主要是和同年龄的儿童在街上嬉耍。他入学的时候，连最简单的俄语单词的含义都不知道。他那掠过周围各种物件的冷漠目光，使我觉得好像是一个小老头儿的目光。这就是说，孩子生气勃勃的思维体——大脑半球皮层细胞处于消极状态，因为在神经系统形成的最重要阶段——大脑的幼年时期，孩子缺乏来自周围世界的源源不绝的信息流。所以，阅读《大自然的书》应当在教育这孩子的过程中起到重大的作用。

……我们揭开下一页书——《生命的种子》。孩子们在秋天收集了梨、苹果、桃、李子种子供创建果树苗圃用。他们根据经验已经知道，种子能长出植物来。春夏季节，草原上、森林里、小树林里生机盎然，植物的种子在成熟，传宗接代的过程在进行。我们去郊游。春风刮走了杨树和蒲公英的白絮，孩子们在轻盈的绒絮中找到了细小的种子。他们感到诧异：大自然多么关怀这些植物的种子，在土壤干燥的表层，绒絮挂不住，只要泥土含有水分，绒絮就被粘住了，就“下锚停泊”了，于是细小的种子就发出芽来。孩子们深感兴趣地一行一行读《大自然的书》这一页，他们看到，不少植物能把种子“射”出去，而生命的种子就飞向四面八方；他们看到，一些成熟得早的种子，从在风中摇摆的花茎头的“小窗户”中飞出来。我们透过放大镜观察很多种子用以附着在人们衣服上和动物皮毛上的“狡猾的”小钩子、小爪子和“小脚”。我们收集了粮食的种子标本。孩子们思索起来：从小小的种子里怎么会长出巨大的植物来呢？种子是有生命的东西还是无生命的东西？这一页书上有趣的几行，孩子们是在冬天读的：有些植物把自己的种子撒在雪里，种子必须在雪里待上几个星期，然后才能发芽。

认识的欲望越强烈，孩子们工作得越有兴趣，劳动的研究性质也显得越深刻。当亲手操作有助于思维的时候，当孩子期望在劳动中找到使他激动的问题的答案、揭开闷葫芦、确定暂时还只是推测的事情是否属实的时候，来自周围世界的大量信息就能成为促进认识的特别强烈的因素。当孩子真正出于自愿而不是被迫成为一个从事劳动的人时，他就变成一个真正的思想家了。儿童愿意劳动的出发点，首先是愿意了解。假如这个愿望能不断发展，孩子对劳动的兴趣就会巩固起来。在教育工作实践中被称为热爱劳动的东西，就是求知欲、好奇心和孩子个人自尊感的混合物。

阅读《大自然的书》中最激动人心的一页——《太阳——生命的源泉》时所做的“旅行”，在儿童的意识和情感记忆中，留下了深刻的印象。在酷暑炎热的日子里，我们来到田野、花园和葡萄园。我们眼前是种着麦子、向日葵的田野，串串的葡萄、黄澄澄的梨和成熟中的西红柿。孩子们在累累果实中看到了太阳的光和热。靠着太阳，大地才能给人以全部需要的东西。通过无数次的观察、对比和因果关系的确立而得出的这一结论，使孩子们产生一种惊异感，从而进一步推动思想的飞跃。孩子们仔细观察周围世界，思索每一物件的起源；当他们确认，太阳是生命唯一的起源时，他们心中的惊异感就更加剧了。

粮食、土豆、向日葵……无一能缺少太阳。肉类、牛奶、黄油也是如此，因为动物的饲料是靠太阳的光和热才能生长的。吃惊的孩子们问道：“太阳到底是什么东西？太阳向我们放出的热是从哪里来的？为什么冬天的太阳照在大地上不怎么热？它会不会熄灭？要是太阳熄灭了，那会发生什么事？”

阅读《大自然的书》时产生问题，成为活跃的思想飞向知识顶峰的开端。几年后，他们从这个顶峰上便可发现生命奥秘的全部复杂性。我竭力使孩子们成为渴求了解世界的考察者和发现者，使他们眼前的真理不是教师告诉他们的现成结论，而是一幅怀着激动心情领略过的有关周围世界的色彩鲜明的图画。一项发现如果能使孩子感到激动，真理就能成为他终生珍惜的个人信念。理智感、求知的欢乐感、对大自然的宏伟和大自然规律的严密性的惊异心情……都是牢固记忆的源泉。

我把理智感看成是发展和巩固个别儿童记忆力的主要手段。瓦利娅的记忆力很差，似乎一切都会从她头脑中“消失”。应当尽力使这个女孩子的心因周围世界里的景象感到惊讶而颤动。一连好几天，我们相继来到田野、森林、河边、花园和养蜂场，阅读《大自然的书》中题为《一切有生命的东西都得适应周围环境》这一页。我引导孩子们注意有些花在炎热的时候合上自己的花瓣，而到傍晚凉快的时候又张开花瓣；指给他们看，早春开花的植物那纤细的茎如何像箭一般冲破又厚又密的一层包叶；蜜蜂如何建造蜂巢，并用蜜填满蜂房；葡萄藤的根如何深入土下三米，以便汲取水分；柳树的枝杈插入软泥后如何长出根来，并长成一棵小树……。这些发现使这个女孩子的心充满欢乐的激情。她那冷漠的眸子里出现了兴致勃勃的动人神情。沉默寡言的瓦利娅开口了，她问：“蜜蜂怎么知道朝哪儿飞才能飞回家去？它怎么能找到自己的蜂巢？早春开花的植物不觉得冷吗？这时树下还积着雪呢。”有问题，就有思想，而有思想，就能记住周围世界里的景象和大自然的规律。

这里就是我们一页接着一页阅读的《大自然的书》内的标题：《植物世界和动物世界》《一滴水的旅行》《人利用自然力》《春天唤醒大自然》《最长的夏日》《森林里、田野中和草地上春天开的花》《夏天的花》《铃兰和紫罗兰》《菊花——秋天的孩子》《池塘里的生物》《初秋的最后几天》《大自然期待着冬天》《第一个冬天的早晨》《冬季森林中鸟的生活》《麦穗》《蜜蜂家族的生活》《燕子筑巢》《雷雨快来了》《秋季的连阴天》《冬季花的世界》《森林能保持水分》《鹳飞来了》《鸟准备飞向暖和的地方》《夏季雨后的太阳》《河上的虹》《秋播和春播的粮食作物》《向日葵开花了》《天空的星星》《土壤的生命》《绿叶——太阳的贮藏室》《蘑菇和青苔》《从橡实里怎么长出橡树来》等。

“一个拙劣的教师把真理送到人面前，一个优秀的教师教人寻找真理。”

A. 第斯多惠写道。[①]

在我们这个时代，以考察的态度对待周围世界里的各种现象，具有特别重大的意义。非常重要的一点是使学生以考察和探索作为思维的基础，使他们通过积累、分析、对照和比较事实去认识科学真理。孩子在观察大自然现象和景象的时候就逐渐掌握思维的方式和进程，不断丰富概念，每一个概念都充满着由富于探索精神的观察者用犀利的目光发现的因果关系的实际含义。孩子的思维有一个明显的特点：孩子在使用抽象概念时，思想上就会回顾作为抽象概念基础的那些印象、形象和景象。

当我那些在童年时代阅读过《大自然的书》的学生成为少年，然后又成为青年的时候，我特别关心的是，对周围世界的积极认识如何反映于他们一般的智力发展、脑力劳动的性质和方式与志趣的多面性上。结果使我确信，学生们具有巨大的求知欲。他们关注一切事物，周围的一切都能触动他们的思想和感情。我的学生在少年时代和青年早期，精神生活有一个特点，那就是善于从相互关系的角度观察现象和物体。凡是不清楚和不明白的事物，他们都力求在书本中得到解答。书成为他们知识和精神需求的源泉。

从物的世界到社会——东西从哪里来

大自然是养育人的天赐宝地。但认识大自然，仅仅是智慧、感情、观点和信念形成的开始。人生活在社会之中，而且实质上，人的全部生活就是他与其他人结成的关系。我极力使孩子们在小学学习的四年内，逐渐明白一条重要的真理：一个人靠周围成千上万的人来满足他物质上和精神上的需求才得以生存；不为成千上万的人创造物质和精神财富，也就不可能在社会上生存。一个人的道德面貌、精神素养、对生活的观点和世界观，都是在与人发生相互关系的过程中和在劳动中形成的。教师的一项重大教育任务就是让孩子从内心深处懂得和感觉到：在我们的社会里，人对待人的态度、公民的社

① A. 第斯多惠 . 教育论文选 [M]. 莫斯科：教育出版社，1956：158.

会面貌，是通过创造物质财富和精神财富表现出来的。

经验使我深信，一个幼小的孩子是从对物体的理解，特别是从他思索和好似发现“各种物体是哪儿来的”这一条非常重要的真理，逐渐走向对社会关系的理解的。

我们在学校食堂进了午餐并洗了餐具。等一下，孩子们，先别忙着走，让我们在桌子旁再坐上半个小时。我们来想一想，我们今天使用过的东西都是从哪儿来的？这儿，食堂给我们提供的一切，都是从哪儿来的？孩子们点着他们吃过的东西：面包、肉、土豆、牛奶、牛油、鸡蛋……食物是在不久前砌炉匠用新砖砌成的炉子上煮熟的。用煤生炉子，煤是从矿上运来的。我们坐在桌子旁的椅子上。而不论桌子还是椅子，都是用金属管和塑料制成的……

“完了？”我问道。

“完了。”孩子们答道。

“再仔细看看，有东西被遗漏了……”

屋角里放着冰箱，它没有电是无法起作用的。墙上安着半圆形的灯罩，灯罩里亮着电灯。孩子们会注意到这些东西吗？

他们注意到了。他们惊奇地发现了一条真理，那就是如若没有电，那就麻烦了，哎呀，在家里生活和在学校里学习该多麻烦呀。

我们生活中必不可少的东西是从哪儿来的？

从这一问题起，我们开始了走向社会生产、走向劳动关系的复杂天地的“旅行”。我们的每一步都是一次新发现。从中，孩子们感到了对劳动者的深切敬意，因为他们发现了一条真理：为了我们的桌上能摆上大面包，几乎需要全体家长的劳动。而且这还不够，还需要制造拖拉机、犁、康拜因的工人的劳动，没有机器，种不出粮食。需要矿工的劳动，没有煤，冶炼不出生产机器所必需的金属。

在进一步了解其他物体时，等待着我们的是同样令人惊奇的发现。千百个从事各种不同职业的人们，在我们祖国的城市和乡村里，都在为把煤从地下开采出来运到我们学校的厨房而劳动。为了冶炼金属，并用金属制成桌子，用沙和泥土制成砖，必须有千百个人从事劳动。

在这之后，我们以同样的方式开始迈入社会生产、迈入劳动关系的世界，了解我们的衣服是哪儿来的，纸张的来历，谁为我们准备好了书籍、电影，谁创作了音乐。一周接着一周，一月接着一月，我们渐渐明白了社会关系的错综复杂。我们通过物的世界对人逐渐有了认识。物体、物质和精神财富，帮助我们感觉到、看到和懂得人。当我们在面包工人斯捷潘·马克西莫维奇的工作岗位上同他会晤时，在孩子们的心目中，他不仅是一个以自己平凡的劳动挣得自己的口粮、衣服和其他很多东西的人，而且还是一个生活的创造者，没有他，成千上万的人就无法生活。每周，我们都要同为成千上万人生产物质财富的劳动者——康拜因手和拖拉机手、钳工和车工——会晤。在三年级结业后的一个春日，我们乘车去克列明楚格水力发电站，看到了怎么发电，同动力职工们见了面。

孩子们遇到的人们对待劳动的态度，对孩子的道德面貌形成，有着非常重要的意义。那些为别人创造如面包、肉、牛奶、白糖之类，乍看极其平凡、极其普通的物质财富的人，为自己的劳动感到自豪，把自己的劳动看成是为社会服务，这对孩子的心灵有强大的影响。劳动使人高尚，给人带来无限的幸福，这一真理对孩子们来说已不是某种抽象的东西，而是生活本质的东西了。人在童年时代就深信不疑，他可以施展自己的力量和创造能力的最重要的场所，就是为社会的福利所进行的勤恳的劳动。

活的习题集中的1000道题

学校的重要任务是培养学生成为具有好奇的、创造性的和不断探求的人。我把童年时代当作思维的学校，而把教师视为对自己学生的身体和精神世界成长关怀备至的人。关怀儿童大脑的成长和健壮，使这面反映世界的镜子始终反应灵敏、易于感受，这是教育工作者的主要职责之一。如同肌肉因身体的操练和不断克服困难而得以发育和强壮一样，劳动和紧张对大脑的发育和发展也是必不可少的。

孩子的大脑是在建立周围各种物体和现象之间的多方面联系——因果联系、时间联系、功能联系的过程中得以发育和强壮的。我认为自己的任务是帮助孩子们理解周围各种现象之间的这些联系，培育、巩固和发展他们好学、敏捷和善于观察的才智。

解答培养想象力和敏捷性的习题就是激发大脑内在力量和活跃智能的练习。这些习题就产生于周围的物体和现象之中。我引导孩子们注意某个现象，务必使孩子能看到隐藏着的、暂时他还不明白的联系，务必使他产生找出这些联系的本质、弄懂真理的意愿。一个人积极的活动和劳动，往往是解题的关键。孩子集中智力，力求在物体和现象之间建立联系的同时就在进行一定的工作。周围世界蕴藏着千万道习题。人们想出了这些习题，这些习题以有趣的故事性谜语的形式存在于民间创作之中。

下面是孩子们在休息的时候解的头一批习题中的一个：

需要把狼、山羊和白菜从河的这一边运到那一边去。狼和山羊、山羊和白菜既不能同时运，又不能一起留在岸边。只有狼和白菜可以一起运，或者每个“乘客”单独过河。渡河的趟数不限。怎么运送狼、山羊和白菜才能平安无事呢？

民间教育学有千百道类似的谜语式的习题。孩子们对这类习题极感兴趣。这一下，所有的男孩子和女孩子都思索起来了：到底怎么运送这些“乘客”才不致让狼把山羊吃掉，也不致让山羊把白菜吃掉？我们坐在池塘边。孩子们在沙地上画了一条“河”，找来一些小石子。很可能并不是所有的孩子都能解答这道习题，但孩子们紧张地思索着，这件事本身就是发展智力的绝妙手段。

解这类谜语式的习题很像下棋时的脑力劳动：解题和下棋都得预先想好几步。开学不久，我就让一年级七岁的孩子解这道题。过了约莫十来分钟，三个孩子——舒拉、谢廖沙和尤拉解出来了。这几个孩子飞快向前奔跑的思路与牢固、敏捷的记忆力紧密配合。过了十五分钟，绝大多数的孩子都解完了这道题，但瓦利娅、尼娜、佩特里克和斯拉瓦毫无结果。我发现，这几个孩子意识中的思路似乎不时中断。他们明白习题的意思，对涉及的物体和现象有鲜明的概念，但刚做了几个初步的假设，他们意识中本来十分鲜明的概念突然模糊不清了，换句话说，孩子把明明记得的东西忘掉了。

我从民间教育学丰富的宝库中挑选了一批又一批的新习题，首先指望能使我这几个思想迟钝的学生对谜语式的习题的内容和情节产生兴趣。过了几天，我出了这么一道民间谜语式的习题："一小队士兵走到了河边，他们要渡河。桥坏了，河又很深。怎么办？忽然，一个军官发现有两个小男孩乘着一只小舢板在岸边玩。但是舢板极小，一次只能乘一个士兵或两个孩子，不能多乘。然而所有的士兵还是乘了这只小舢板过了河。他们用了什么办法？"

我又观察孩子们如何进行思索。他们在沙地上画图，极力想在脑子中记住"几步棋"。我又看到尼娜、斯拉瓦和佩特里克被折磨得十分苦恼。瓦利娅的眸子欢乐地闪着光：她解开了这道题。

我开始给思想迟钝的孩子个别补课。我给他们出比较简单的民间谜语式的习题，旨在让他们深入理解自然数列，在脑海中建立数与数之间的相互依赖关系。下面是五道这一类型的谜语式习题。

1. 鹰和橡树：飞来了几只鹰，落在橡树上。如果一棵橡树上落一只鹰，那么剩下一只鹰无处可落；如果一棵橡树上落两只鹰，那么剩下一棵橡树没有鹰。一共有几只鹰和几棵橡树？

2. 牧场上：两个男孩子在牧羊。如果第一个孩子给第二个孩子一只羊，那么他们两人的羊数相等。如果第二个孩子给第一个孩子一只羊，那么第一个孩子的羊比第二个孩子的羊多一倍。第一个孩子和第二个孩子各有多少只羊？

3. 多少雁：一群雁在飞，迎面又飞来一只雁。

"你们好，100 只雁！"它说道。

"不，我们不是 100 只。"这群雁答道，"如果我们这些雁再加上这么多，再加上 1/2，再加上 1/4，再加上你，只有这样，才能有 100 只雁。"

这群飞着的雁一共有多少?

4. 头和脚：院子里母鸡在踱步，兔子在跳，一共有 10 个头和 24 只脚。问，有几只兔子、几只母鸡?

5. 几个球：布袋里有 10 个黄色的球、10 个红色的球、5 个绿色的球和 5 个黑色的球。闭上眼睛取出尽量少的球来，但其中必须有 7 个同一颜色的球。

这类谜语式的习题是训练智力极好的手段。解答每一道习题，都得记住前后两至四步“棋”。这一工作进行半年后，瓦利娅和斯拉瓦已能解答这一类的习题了，但佩特里克和尼娜还是毫无结果。他俩记不住为走下一步“棋”所必须记住的东西。

怎么解释这一现象呢？看来由于某些孩子还没有掌握瞬间把思想从一个对象转向另一个对象的能力，依我的看法，这是记住一道习题所有的组成部分、思想上抓住好几步“棋”的能力。为什么大脑半球皮层细胞未能锻炼出这种能力则是另一个问题。这种能力并不总是由思维物质天赋的特性所决定的，但也不能忽视这一原因。观察证明：如果思路骤然中断，如果在同一瞬间，孩子不能从思想上同时抓住眼前出现的和不久之前出现过的东西，那他就不能思索，他很难在好几个物件和现象之间建立起联系。

我研究了孩子们的思维，特别是像瓦利娅、佩特里克、尼娜这样一些思想迟钝的孩子们的思维，并不是为了某些理论上的目的，而是为了减轻他们的脑力劳动，教会他们怎样学习。观察证明，首先应当教会孩子们从思想上一下子抓住一系列的物体、现象和事件，理解它们之间的联系。孩子应当逐渐从对一件物体的本质和内在规律进行深入观察，转向对一系列物体仿佛从远处、在一定距离之外进行观察。我越研究思想迟钝的孩子的思维，就越深信，不善于理解习题，是因不善于从具体事物得出抽象概念、从具体转向抽象所致。应当教会孩子用抽象的概念进行思维，不让瓦利娅在自己的想象中描绘狼的具体形象，不让她的思想停留在山羊怎样探头去吃白菜上。对孩子来说，所有这些形象都应当是抽象的概念。然而通向抽象的路一定得经过对具体事物的深刻理解。要教会孩子用抽象概念思维。要培养他的思考能力，否则孩子就会拼命记忆、死记硬背，这会使他的思想更加迟钝。

开学后，一月月地过去，我越来越认识到，学龄前儿童家长在教育学方面的修养是多么重要。正是在孩子还未入学的时候，应当多多与父母谈谈教育的问题。为了关怀未来的小学生，我们成立了家长学校，请 2—6 岁的儿童的父母来学习。我们拟订了学习大纲，其中包括诸如儿童的体力、心理、智力、道德和美感方面的发展，以及家长在思维教育方面对未来小学生的关怀等问题。现在这一学校已长期办下去了。

当父母是孩子唯一的教养人员的时期，也就是在孩子的学龄前时期，家长的教育学知识显得尤为重要。在 2—6 岁这一段时间内，儿童的智力发展和精神生活主要取决于父母的教育学基本素养，它表现在明智地理解这个正在发展中的人的最为复杂的内心活动。我们极力使家长具备一定的知识和技能。在家长学校的教学中，特别注意了如何教孩子思索、用什么方法发展他的智力这个问题。在多年工作经验的基础上，我们提出了 1000 道关于周围世界的问题，这是孩子们最爱向家长们提出的问题。我们向他们说明，当孩子提问的时候，应当如何回答，应当如何发展孩子的求知欲和好奇心。我们与家长们一起拟订了一个领学龄前儿童到大自然中去散步的大纲，预先定出应当成为观察对象的事物。特别注意到使每一个有学龄前儿童的家庭里都要有重视书籍的浓厚气氛。

多年的观察证明，也存在着能引起智育发展困难的遗传性因素。父母酗酒是儿童机体可怕的敌人，其对娇嫩的思维物质的危害性则尤为严重。

每当出现对解答锻炼大脑的习题有利的条件时，我总是把思索缓慢、记忆困难的孩子安排到靠近自己的位置。往往要想出多种多样的谜语性的习题和趣味性的习题，才好不容易使尼娜的思维活动区之间产生联系周围概念和形象的最初的通路。

记得在一个冬日，我们坐在鱼缸旁。孩子们数着缸里的鱼，有的数多了，有的数少了。于是我说了一道趣味性的习题。

哥哥看到鱼缸里有 2 条大鱼和 4 条小鱼，妹妹看到有 2 条大鱼和 3 条小鱼，妈妈看到有 3 条大鱼和 5 条小鱼。妈妈看到了鱼缸里所有的鱼。鱼缸里到底有几条鱼？

这道题对很多孩子来说没有困难，可是尼娜久久思索着。最后，她高兴地一拍手说道："原来哥哥和妹妹没有看到全部的鱼，而妈妈全都看到了。鱼缸里有 3 条大鱼和 5 条小鱼。有的鱼藏在水草里，所以没看见，可妈妈看见了。"

无论瓦利娅还是佩特里克，也开始能解类似的、甚至比这更难的题目了。

我开始逐步给这几个孩子更为困难的习题，以巩固已有的成绩。到了第三学年，当我们在集体农庄果园中收苹果的时候，尼娜解出了这么一道谜语性的习题：

三兄弟在草地上割草。中午，他们躺在橡树下休息，一会儿就睡着了。妹妹来给他们送午饭，有汤、面包和一人几个苹果。她没有叫醒他们，把装着午饭的包裹放下就回家了。大哥醒来，看到苹果。他把苹果分成三份，但并未把自己的那份全吃完，留了一个给最心爱的弟弟——最小的弟弟。他躺下又睡着了。二哥醒来，他不知道大哥已经吃了几个苹果。他又把苹果分成三份，但他也没有把自己的那份吃完，留了一个给弟弟——最小的弟弟是爱吃美食的小家伙，他躺下又睡着了。最后，最小的弟弟醒来了。他看到有 7 个苹果在包裹里。他想：怎么才能分成三份呢？想了很久，怎么也想不出办法来，一直想到哥哥们醒来，于是一切都搞清楚了。妹妹给三兄弟一共带来了几个苹果？

在我们的习题集里，有很多关于孩子们非常熟悉的劳动的习题。孩子们在解这些习题时，一次又一次地观察大人如何耕地和筛选种子、植树和施肥、收割庄稼和贮藏食品、盖房和修路。建立生活中的这些联系就加强了概念之间的联系。思维和记忆是在不可分割的相互联系中发展的。孩子们采用图画或制作有关物体的简易模型来解答绝大多数的习题。孩子们把谜语性习题、逗乐性习题和益智游戏发表在从三年级下学期开始出版的墙报上。解题成为坚毅顽强、埋头苦干和热爱劳动等品质的一种特殊的竞赛。在三年级的时候，我们首次进行了全班性的数学比赛，发给孩子们难度不同的习题——考虑到使每一个孩子都能取得成绩。数学比赛逐渐引起了其他小学班的注意，于是成为全校性的了。

在童年时代解《周围世界习题集》中的习题，能引起思考，学会思索。如果孩子们不学会思索，如果思维过程不能增强大脑机能，那就谈不上获得数学或其他学科的扎实的知识。

列夫·托尔斯泰建议道："避免一切算术方面的定义和规则，促使他们尽可能多地从事活动，而纠正他们的活动并不是由于没按规则去做，而是由于所做的事没有意义。"[①] 这一建议完全不是反对理论概括——定义和规则，对托尔斯泰的"自由教育"抱有成见的读者一听就可能这么看。正相反，这一建议的宗旨是要学生深入理解定义和原理的本质，并且不把原理看成是某种茫然不解的、不知来自何方的真理，而是出自物体本性的规律。教师这样来对待真理，孩子就好像自己"发现"了定义。这种发现带来的欢乐是对思维能量发展起巨大作用的强有力的情感动机。还不能忘却，托尔斯泰的建议只涉及年幼的儿童。

不能把解答《周围世界习题集》中的习题看成是提高算术成绩的唯一手段。这样解题有助于发展思维，但毕竟只起辅助性的作用，并服从课内教学——教育过程的要求。这一手段只有与智育、德育、美育和劳动教育的种种方式和方法相结合，才可能产生效果。形象地说，我把它看成是达到小学主要目的——授予孩子严格规定范围的牢固知识和实际技能的小桥。在数学教学方面，要求与目标的明确性和绝对性起着特别重要的作用。每一学年，我都规定清楚，哪些东西学生应当深入学习并牢固地铭刻在脑海中。有关自

① 列夫·托尔斯泰．教育论文集 [M]. 莫斯科：教育出版社，1953：339.

然数列原则的知识是决定今后数学教育巩固程度的数学知识的基础。我极力做到一年级的时候，每个学生就能不假思索地迅速回答任何与百以内的加减法有关的问题。为了达到这一目的，我编了一套分析数字组合的练习。没有关于乘法表的巩固知识，我简直不能想象学生会在小学和以后的学习中进行创造性的工作。牢记一个必不可少的范围内的知识，是创造性思维的重要手段之一。

记忆力差的孩子很难思索和想象。如何提高孩子的记忆力，如何以经常可能用作思维工具的概念、真理和概括来丰富记忆力，这是早就挂在我心上的一个问题。“算术箱”成了增强记忆力的手段之一。这是一种直观教具，孩子们用它来检查自己算术方面的知识。检查表现为饶有兴味地构筑数学正方形：用木块组成正方形的各边；在每一木块上标明数字，组成各边的木块上数字的总和必须完全相等。在“算术箱”里有复习乘法表的专门练习题。

算术微电子器——使用电路转动的仪器是增强和巩固记忆的绝妙手段。每个学生都在这一仪器上复习乘法表和自然数列的组成。早在三年级的时候，我们就开始制作算术微电子器，到四年级结业前，我们已经有四台仪器。在进行这一工作的过程中，我再一次确信，思维和动手相结合对学生的智力发展是多么重要。孩子由于参与制作直观教具，原来不稳固的记忆就得以巩固（当然，这得与其他影响思维过程的手段相结合才能取得一定的效果）。

下棋对提高思维水平起着重大的作用。早在“快乐学校”时期，舒拉、加利娅、谢廖沙、尤拉、万尼亚、米沙和其他孩子就学会了下棋。男生和女生经常久久地身不离棋盘。下棋使思维条理化，促使思想集中。但这儿最主要的是增强记忆力。我在观察小棋手们时，发现孩子是如何在思想上重视方才的情景，并想象未来的情景的。我真希望瓦利娅、尼娜和佩特里克能坐下来下棋。我教他们怎么下，而他们则思考怎么走下一步。棋盘帮助我发现柳芭和帕维尔的数学思维。在下棋之前（这两个孩子在三年级开始下棋），我并没有发现他俩思维的灵敏性和倔强性。

不下棋就不可能充分增强智力和记忆力。下棋应当作为智育的因素之一列入小学生活。这讲的正是小学，在小学阶段，智育占着一个特殊的地位，要求专门的工作方式和方法。

我们的环球“旅行”

小学各年级的教师应当力求使孩子的视野逐渐从故乡的田野、森林扩大到祖国与全球的大自然和生活图景。

在一年级的时候，我的学生就已经了解得很清楚，地球是一个巨大的球体，时而以这一面，时而以那一面转向太阳；知道在同一个时候，地球的不同角落里，有的是盛夏，有的是严冬，有的是白天，有的是黑夜。从二年级起，我们开始进行环球“旅行”。孩子们坐在“绿色教室”里，他们的面前是一个被人造“太阳”照射着的巨大的地球仪；“地球”围着“太阳”转，“月亮”围着“地球”转。我对孩子们说：“孩子们，这是我们幅员辽阔的祖国。我们居住在离祖国西部边界不远的地方，让我们向东去做一次长途的‘旅行’，访问城市和乡村，看一看那儿的人怎么生活。”接着，我就讲述我们一路上碰到的田野、河流、居民点。一边讲，一边展示图片和幻灯片。

暮色已经降临，两小时的“旅行”已不知不觉地过去了，可我们还没有走出 100 千米。孩子们焦急地等着他们继续“旅行”的那一天。

……又出现了城市和乡村、森林和河流、建筑物和古迹，但“旅行”并不显得单调，因为在我们祖国的每一个角落里，孩子们都能看到一些新奇的、富有特色的东西。几天的“旅行”过去了，我们已临近伏尔加河了，看到了水电站，碰到了伏尔加河流域辽阔草原上的牧人。孩子们屏息静气地听着伟大的斯大林格勒战役的故事，这一战役关系着人类的命运。若是没有千万名英雄在这儿殊死守卫，猛烈地反击残酷而又强大的敌人，打断敌人的脊梁骨，那我们今天就不会静坐在这间舒适的教室里了。应当从小就把孩子领进一个充满人类各种遭遇、操劳和忧虑的巨大世界中去。要让孩子感觉到，就是目前，地球上还存在着打算发动新的血腥战争的势力。要让对破坏和平的敌人的仇恨感深深地扎根在孩子的心中，要让孩子从祖父辈和曾祖父辈的丰功伟绩中汲取信念：人并不是命运旋涡中的一粒微尘，而是强大的力量。

孩子们越来越深入祖国内地，在他们面前展现出新奇的图景：富饶的乌拉尔山脉和它取之不竭的矿藏，神秘莫测的原始森林，汹涌的西伯利亚河流……。一连好几天，我们与地质学家——大自然财富的探寻者一起“旅行”，到盛产乌拉尔宝石的美好的地方。我们坐上轮船，在贝加尔湖上航行，我们欣赏着高山峻岭，我们在篝火旁露宿……。我们再朝前走，远东丰富的资源展现在孩子们眼前，而再向前，那就是大海了。我们坐上海轮，向萨哈林岛进发，然后上千岛群岛——我们祖国的白昼就是从这儿开始的。我们“旅行”了将近 3 个月，平均日行 100 千米，与 40 个以上民族的代表见了面，认识了一些出色的人物——农民、建筑人员、矿工、渔民、地质人员。他们全都为我们能够美好地生活而劳动着。孩子们心中产生了自豪感：瞧，咱们的国家多么辽阔、富饶和团结。

我们又进行了好几次到祖国各地去的“旅行”。我们来到北方，面前是一片寒冷和美丽的冻土地带、雄伟辽阔的北冰洋；我们见到了北极地带勘察人员、养鹿人、伐木工人。在西部，我们了解了我们的兄弟古楚尔人的生活，欣赏了山地牧场的美景。在南方，我们在高加索的山间和中亚细亚的平原上“旅行”。

整整一年我们都在旅途中。“祖国”这个词，以其足以激发对苏维埃人英勇劳动的自豪感的鲜明画面充实了孩子们的意识。其他小学班的老师也开始仿照我们的样子在祖国大地上“旅行”。我们极力使孩子把一切以昂贵的代价取得的和苏联人民珍惜的东西纳入“祖国”这个概念之中。

我们到苏联各加盟共和国去“旅行”，从教育的角度讲，这是最有意思的了。我们沿着第聂伯河——俄罗斯、乌克兰和白俄罗斯这三个兄弟共和国的河——开始了这一次的“旅行”。沿着这条伟大的河航行，我们了解了很多城市和乡村，了解了兄弟民族英勇的过去和当前的情况。斯摩棱斯克和洛耶夫，基辅和卡涅夫，切尔卡瑟和克列缅楚格，扎波罗热和卡霍夫卡——哪一个城市都使孩子们记起各民族在国内战争和伟大的卫国战争年代中，为同奴役者做斗争，争取不受剥削，争取自由和独立而用鲜血结下的伟大兄弟情谊。在沿着第聂伯河“旅行”的时候，孩子们聆听乌克兰、俄罗斯和白俄罗斯歌颂故乡河流的美丽和雄伟、歌颂各民族的兄弟情谊的歌曲。讲述在整个苏维埃政权的年代里，我们的共和国有哪些建树，能在孩子们心中激起对社会主义祖国深切的自豪感。

用了几天时间到纪念友谊的地方去“旅行”。我们从乌克兰人民表示要同俄罗斯人民永远联合的佩列亚斯拉夫－赫梅利尼茨基开始这一旅行。我们在想象中经过了几百座乌克兰人和俄罗斯人为争取祖国的自由和独立，为粉碎白匪和法西斯侵略者而共同斗争过的城市。

在俄罗斯苏维埃联邦社会主义共和国内进行的几天“旅行”，给孩子们留下了难忘的印象。在我们面前，呈现出举世无双的多民族的伟大友谊——在俄罗斯土地上居住着一百多个民族。孩子们了解了伏尔加河流域、北高加索、乌拉尔、西伯利亚、远东和极北地区各民族的生活和劳动。

我们在祖国地图上进行了几次访问列宁居住过的地方的“旅行”。乌里扬诺夫斯克、古比雪夫、喀山、列宁格勒（今圣彼得堡）、莫斯科、舒申斯科耶——地图上每一个这样的点都能在孩子的心目中勾画出鲜明的图画：我讲述弗拉基米尔·伊里奇·列宁——共产党和苏维埃国家的缔造者的童年、青年和成年时期。

到白俄罗斯和摩尔达维亚、中亚细亚、波罗的海沿岸和外高加索各苏维埃加盟共和国去“旅行”，使孩子们看到一幅又一幅崭新的描述各民族伟大友谊的图画。由于当时我们班已经与俄罗斯和白俄罗斯的小学生们通信，所以我们想象中的旅行就显得更加生动和有趣。

我们还到国外去“旅行”。我的目标是向孩子们展示地球不同角落里大自然的万千变化和天然美景，向他们讲述世界各国人民生活和劳动中一切美好的东西，引起他们对语言不同的人们的文化、艺术、现在和过去的兴趣，向他们展示整个地球上善与恶的斗争。比起在祖国大地上的“旅行”来，在这些“旅行”中，直观性起的作用要更大些：应当形成对遥远的地区和在我们这儿见不到的大自然的概念。

一开始，我们到四季如夏的国度去。日复一日，孩子们了解了埃及、印度、斯里兰卡、印度尼西亚的大自然、人们的日常生活、劳动和文化——他们听有关这些国家的故事，看有关这些国家的电影。他们好似在挺拔的棕榈树下走过，感觉到热带阳光灼人的暑气和暴雨后的凉爽。他们考察劳动人民的生活。到金字塔之国埃及去“旅行”是引人入胜的。

然后我们又到邻近的国家去“旅行”。我们去了波罗的海沿岸的国家、斯堪的纳维亚国家、中欧诸国、土耳其、伊朗和阿富汗、日本。以同样方式，我们完成了去非洲和南美洲、加拿大和美国、澳洲和南极洲的“旅行”。

地球不同角落里人们劳动的情景，给孩子们留下了深刻的印象。不管人住在什么地方，不管他的肤色如何，也不管他讲的是什么语言，他都在劳动、教育孩子和向往幸福。我极力做到尽可能鲜明地向孩子们展示我们的兄弟国家——社会主义友好国家人民的劳动和生活，激发孩子们对德国土地上第一个社会主义国家——德意志民主共和国的劳动人民的友好感情。

鲜明的例子使孩子们认识到法西斯和德国人民并非一回事，德国工人阶级的优秀儿女在希特勒反动统治的阴暗日子里献出自己的生命来反对纳粹主义——苏联人民与之共同的敌人。

孩子们在环球“旅行”中看到，并不是所有的人都能幸福地生活：世界上存在着人压迫人和到处是贫困和饥饿的国家。孩子们的意识中形成了有关这种罪孽的根源——不公道的社会制度的概念。孩子们逐渐认识到，世上的剥削者与被剥削者在进行着尖锐的、不可调和的斗争。我极力使我的学生从心底深处体会至今还受剥削者奴役的劳动人民的痛苦，至今仍处于奴隶地位的人民的痛苦。当我们到阿拉伯诸国去“旅行”的时候，我放映了电影，其中的画面使孩子们大为震惊：在某些国家，例如在沙特阿拉伯，他们的同龄人，男孩子和女孩子，戴着镣铐被卖身为奴，被逼赶着去服苦役。奴隶市场的旁边耸立着这个国家统治者童话般的宫殿。孩子们看了感到十分难受。他们开始以另一种目光看待祖国公民的自由劳动了，感到为祖国的福利、为自己的家庭和自己的人民劳动是莫大的幸福。

只要世界上还存在着人剥削人的现象，就不能培养对全人类的爱，因为没有抽象的人类，有的是阶级兄弟——被剥削者和他们不可调和的敌人——

剥削者。使每个孩子从小就懂得并打心底里感觉到什么是革命的、共产主义的思想，这是非常重要的。稍加回顾我们祖国不久前的历史，讲一讲祖国人民为自由和独立进行的浴血战斗，用鲜明的例子指出，今天殖民地国家和资本主义国家的劳动人民如何捍卫自己的权利，我一步一步地引导孩子们得出信念，人们为了思想而赴汤蹈火，在思想斗争中，阶级对抗的本质表现得最为鲜明。非常重要的一点是，要使那些为崇高的思想献出自己生命的人成为我们学生的典范。反之，毫无怨言地屈从压迫的那些人，理应受到人们的鄙视。正因为如此，首先展现给幼小儿童的必须是一个人们为幸福的未来而斗争、劳动和生活的世界。

我逐步把孩子从对共产主义思想的理解导向对共产党概念的理解。我通过讲述我们祖国的过去，用鲜明的例子展现了工人阶级的优秀代表人物为了不再有人剥削人、为了劳动人民能过上幸福的生活、为了财富能属于创造财富的人所有而进行的奋不顾身的斗争。谈话中，我绘声绘色地给孩子们讲述列宁和共产党如何发动工人阶级和农民阶级起来推翻专制制度和建立苏维埃政权。我用伟大的列宁的战友、共产党员们的忘我斗争的生动实例说明，为我国各族人民铺平了通向自由和幸福的光明大道和向资本主义国家受奴役的人民指出独立道路的伟大十月社会主义革命，是在何等艰苦卓绝和英勇顽强的斗争中完成的。

在祖国各地的“旅行”中，我给孩子们讲述了在苏维埃政权时期，我们的祖国已改变得令人无法辨认，何等巨大的工厂在它辽阔的土地上建立起来，何等美好的集体农庄点缀着它的大地，苏联人民的文化和生活是如何朝前发展的。我在讲述中着重谈了我们儿童的生活，我们的人民都在保卫着孩子们的幸福童年。

资本主义国家的艰苦生活同苏维埃国家繁荣昌盛的生活形成对比。

在日本的“旅行”中，孩子们知道了广岛原子弹爆炸后得了放射病的千万名居民，知道了重病卧床的小姑娘佐佐木贞子。孩子们深深体验着自己远方的同龄人的悲痛。他们愿意帮助有病的小姑娘，可用什么帮助，又怎么帮助呢？到日本“旅行”之后，过了几个星期，我给孩子们念了一小段报纸上的报道，里面提到佐佐木贞子给自己提出了一个目标：做 1000 只纸鹤（按日本民间习俗，亲手做 1000 只纸鹤，就会永远幸福）。我们也有类似的说法：热爱孩子的妈妈给生病的孩子用纸做很多银色的云雀，它们就能给孩子带来健康。于是男生和女生都去做纸鹤，把它们寄到那遥远的日出之国……。过了几年，我的学生都成了小伙子和大姑娘了，他们仍然以沉痛的心情听着关于佐佐木贞子身体情况的每一个消息。远方朋友去世的悲痛消息就像个人沉痛的不幸似的镂刻在年轻的心灵之中。

世界的范围在孩子面前扩大了。这世界已不仅仅是海和洋、陆地和岛屿、珍奇的植物和动物、北极地带的北极光和热带的终年酷暑，而首先是人、人为幸福的未来所进行的劳动和斗争、人类对幸福和正义的世代想望，而在消灭了人压迫人的那些国家里，这种愿望已成为现实。孩子们不能作为一个冷眼旁观的人，只知道在什么地方发生了什么事情，能讲讲这些事情，而要作为能为人类的命运分担忧虑的人进入这个世界。

在祖国各地和国外地区“旅行”的过程中，切不可忽视一种危险性——知识和印象“过量”的危险性。托尔斯泰向幼儿教师提出建议：“避免过分沉湎于（特别在供小学使用的外国书籍中）告诉儿童类似地球有多重，太阳有多重，太阳由哪些物质构成，树木和人如何由细胞组成，人们发明了哪些奇特的机器等科学方面取得的不寻常的成就。”① 单纯的结论会对学生产生有害的影响，并使他习惯于听信字面上的东西——这位伟大的作家兼教育家这么解释自己的建议。从他写下这些话起，已过去了几十年，世界已变得不可辨认，科学取得了巨大的成就，幼小儿童的视野也不同以往了。但托尔斯泰的建议即使在今天也仍未失去其价值，不能向孩子们讲述过多的令人惊愕的材料。

什么是帝国主义

我认为一项重要的教育任务是向儿童揭示一条决定我们当代各国人民命

① 列夫·托尔斯泰．教育论文集 [M]. 莫斯科：教育出版社，1953：339-340.

运的真理：帝国主义和殖民主义是地球上20亿劳动人民残酷无情的敌人；对一部分人拥有巨额财富，而另一部分人则死于饥馑的不平等的社会制度持彻底的反对态度。在资本主义和社会主义残酷的阶级斗争和思想斗争条件下，培育这一道德品质乃是学校的思想核心。

您不可能用概括性语句和科学定义向幼儿讲清楚帝国主义和殖民主义。教师应当用鲜明的、带有客观的感情色彩的事实和形象使他意识到这个问题，并使他义愤填膺，毫不妥协地反对与我们相敌对的制度和思想。

我们在想象中到拉丁美洲去"旅行"。我曾经去过地球这一角落的一些国家，我关于墨西哥、巴西、巴拉圭、智利、阿根廷和哥伦比亚的讲述，使孩子们在思想意识中形成了关于拉丁美洲各国人民独具一格的文化、拉丁美洲奇妙的大自然和勤劳的人民的概念。但当我解释道，为什么在半殖民地的拉丁美洲每分钟要饿死4个人、每天要饿死5500人、每年要饿死200万人时，孩子们大为震惊，在他们面前殖民主义露出了真面目。对于殖民主义来说，人的生命、血液和汗水，千百万儿童的眼泪和痛苦是微不足道的；对于殖民主义来说，富人的利润加利润就是一切。

在孩子的意识中，怎么也不能一下"装进"这样的事实：工厂、铁路、轮船、飞机都可以归一个人所有。然而事实毕竟是事实，当我讲到离富翁洛克菲勒高级别墅一公里的地方，有成千上万失业的人居住在破棚子里，他们就满怀对不公平的社会制度的愤懑、愤怒和不可调和的仇恨，绝不该这样！

资本主义国家报刊上每天登载的一些消息，给孩子们留下了深刻的印象。我给他们看了英国报纸上刊登的一张少年的照片，他在商店里偷了一个小面包，他在法庭上供认道："我偷，是为了能被抓进监狱里关上一年，监狱会给我东西吃，而在外面我就会饿死。"而就在同一天，商店女主人玛尔黛朱莉·考尔琪科特小姐（伍尔弗汉普顿市）举行了一个招待会，有250位客人参加，招待会共花费了女主人1000英镑（2500卢布）。一次豪华的交际聚会，悼念过了16年温饱日子后死了的女主人心爱的公猫钦卡……，这就是人奴役人。

从南非报纸《兰德每日邮报》上，孩子们了解到约翰内斯堡市有一个名叫米阿的黑人居民病重。他被送到市中心医院，但白人医院的门是不向黑人开放的。他死了。

斯德哥尔摩的税务局雇用了一个会模仿犬吠的年轻妇女。她的职责是在全城溜达，装出各种犬吠声。听到这种犬吠声，那些被主人向税务机关隐瞒起来没经登记的狗就会对她吠叫。请看，对饿死的恐惧心能把一个人置于何等地步——她什么都肯干，即使践踏自己的尊严也干。巴西警察局夜间在首都里约热内卢[①]对乞丐进行了一次围捕，把他们抓起来，运送到海边，身上捆上石头，绑住手脚，沉入海底……

土耳其《新闻报》报道说，有一个青年妇女杀死了自己的3个孩子。法庭讯问，是什么动机促使她犯下这种可怕的罪行，她答道："我不忍看着自己的孩子们受罪。家里没有一颗粮食，孩子们被冻得发青。于是我下了决心，不如马上夺去孩子们的生命，免得眼睁睁看着他们慢慢地饿死。"

亚丁报纸《阿拉伯半岛少女报》报道说，沙特阿拉伯政府规定了奴隶的新价格：男奴每个250英镑，女奴每个350英镑。

意大利煤矿主决定停止煤的开采，因为售卖美国石油比开采意大利的燃料更为有利。停止矿上的生产，就有500个工人受到失业和饿死的威胁。他们下到矿井里并宣布绝食，声明如矿主不撤销停止开采的决定，他们就不出矿井。矿工们在井下静坐了7天，最终取得了胜利。但他们付出了昂贵的代价才获得劳动的权利：在绝食期间，5人死于井下。

光把这些事实告诉孩子们是不够的，还要讲明道理。例如，孩子们很难理解，为什么资本主义世界的工人有失业的威胁。不要用抽象的话来解释，而要用具体事实做例子，说明什么是私有财产，什么是人剥削人。

孩子们懂得了帝国主义的本质，也就获得了一种最重要的道德品质——阶级鉴别力，就会对奴役压迫的制度有自己的态度，下定为巩固各国人民之间的友谊和为保卫我国社会主义革命成果而斗争的决心。

---

① 巴西首都现在是巴西利亚市。

让孩子体验脑力劳动的快乐和取得学习成绩的快乐

学生的脑力劳动、学习中的成功和失败，是他的精神生活、他的内心世界，忽视这一点会导致可悲的结局。孩子不仅仅在认识和掌握材料，而且还会对自己的劳动有所感受，对自己的成功和失败发表个人的看法。

对幼小的孩子来说，教师是公正的生动体现。请看得了一个不及格分数的一年级学生的眼睛，这个孩子不仅觉得自己是一个倒霉鬼，而且还对教师持怨恨的、有时甚至是敌视的态度。教师实际上不过由于孩子不明白某一点而打了一个 2 分，可在孩子心目中，他却成了一个不公正的人。

在一所学校里发生过这么一件事。一个学生怎么也弄不明白，植物是如何汲取养分和进行呼吸的，幼芽如何长成叶子，花如何结成果实，等等。教师经常提问这个男生，而且每次都这么说："难道你就不能理解这些简单的、本来你能理解的东西吗？"一次上课时，教师说道："过几天，栗子树就要发芽了，我们全班都上咱们的栗树林荫道去，到了那个时候，如果阿廖沙还讲不出大家都懂得的那个道理，那么就无可救药了。"教师非常喜爱自己的宠儿——他亲手在路两旁栽种了小栗子树的林荫道。上课前夕，他同几个学生一块儿又一次来到林荫道上欣赏点缀在每一棵树的枝头上的幼芽。可是到了第二天，当全班来到栗树林荫道来上课时，教师惊骇不已：树上所有的幼芽都被掐掉了。孩子们站在那儿神情沮丧。教师看到阿廖沙的眼睛里炽燃着幸灾乐祸的火花。

这一行为的背后，隐藏着孩子精神上的大发作、大爆发，隐藏着他内心深处的痛苦。这个男生对不相信他的力量表示了抗议。但在教育实践中往往还有这样的情况：孩子一连得了几个 2 分之后，就似乎同自己的命运妥协了，觉得什么都无所谓了。有时，孩子对自己分数所持的无所谓的态度会成为小朋友们口中的笑柄，渐渐，所有的孩子都习以为常了，大家习惯于瓦尼娅和佩佳只能得 2 分，不可能得别的分数。这是一个正在形成中的人的精神生活中可能发生的最可怕的事。如果一个人从童年时代起就缺乏自尊心，那对他来说还有什么可指望的呢？

最重要的教育任务之一就是使每个孩子在掌握知识的过程中体验到人的自尊心和自豪感。教师不仅应向学生展示世界，而且还应确认孩子是周围世界中一个会为自己的成绩感到自豪的积极的创造者。教学是在集体中进行的，但孩子是独立地在认识的道路上迈出自己的每一步的；脑力劳动是一个极为个性化的过程，这个过程不仅取决于孩子的能力，而且还取决于孩子的性格和其他很多经常不被觉察的条件。

孩子总是抱着坦率的胸怀和好好学习的真诚愿望进学校的。孩子甚至不敢想别人会把他看成懒汉或倒霉鬼。好好学习是人类美好的愿望，依我看，这是照亮儿童生活的全部意义和儿童欢乐世界的明亮火花。这一火花是微弱的和无所防卫的，孩子以无限信赖的心情把它交给您这位教师，而要是您没有觉察儿童的愿望，那就是说您还没有意识到为自己学生的今天和明天所担负的令人激动的责任。粗心大意地接触儿童的心灵——令人感到委屈的生硬的话语或漠不关心的态度——足以使这一火花就此熄灭。只有孩子在学习中获得成绩，只有他自豪地意识并感受到自己在沿着陡峭的认识小径迈步前进、向上攀登，才能给渴求知识的微弱火花提供合宜的空气。

徒劳无功、毫无结果的劳动，即使成人也会感到厌烦、迷惘和兴味索然，何况我们是在同孩子打交道。如果孩子看不到自己劳动的成绩，渴求知识的火花就会熄灭，儿童心中会结起冰块，在火花没有重新点燃之前（而再一次点燃它是多么困难呀！）用任何办法也难以融化这冰块。孩子失去了对自己力量的信心后，形象地说，他就扣上全身的扣子，戒心十足，一触即发，对老师的建议和批评就会采取粗暴的态度；或者更糟，他丧失自尊心后，觉得自己干什么都不行。当您看到这么一个漫不经心、毫不在意地准备耐心听老师整小时的训斥，毫不在乎地任凭小朋友说他是落后生、会留级的孩子时，您的心就会充满愤懑。还有什么能比扼杀一个人的自尊心更为不道德呢！

学生在童年和少年时代如何对待自己，他在劳动世界中把自己看成一个什么样的人，在很大程度上决定着他的道德面貌。乌申斯基写道，孩子生来不懒惰，他爱独立做事，愿意什么都自己来干。[①]应当教会孩子劳动，教会他思考、观察、理解什么是脑力劳动，怎么才算好好劳动；只有在这之后，才能给他的成绩打分。一个从来不知道学习、劳动快乐的孩子，一个从来没体验过克服困难后的自豪感的孩子，是一个不幸的人。不幸的人是我们社会的大灾祸，而不幸的孩子则是大一百倍的大灾祸。我绝不姑息童年时代孩子就十分懒惰；我不安的是早在童年时代，人往往已成为懒汉，他厌恶劳动，甚至轻视要竭尽全力劳动的思想。但为什么孩子会成为懒汉呢？亲爱的老师同志们，这是因为他不知道劳动的幸福。请赋予他这种幸福，教会他珍惜这种幸福，那时他就会珍惜自己的人格，就会爱劳动了。

给儿童以劳动的快乐、取得学习成绩的快乐，在他们的心中激发自豪感、自尊心，这是教育工作的头一条金科玉律。在我们的学校里，不应当有不幸的儿童——那种被什么也干不了的思想折磨着心灵的孩子。学习取得成绩乃是孩子产生克服困难的动力和学习愿望的内在力量的唯一源泉。

如果孩子没有了学习的愿望，那么我们的全部计划、探索和理论就都会化为灰烬，化为死气沉沉的木乃伊。儿童学习的愿望只能同学习成绩一起产生。似乎得出了这么一种似是而非的议论：为了孩子取得成绩，就要让他不在成绩上落后。然而这并非似是而非的议论，而是脑力劳动进程的辩证统一。只有在掌握知识的过程中因取得成绩而产生欢欣鼓舞的心情时，才能产生学习的兴趣；没有欢欣鼓舞的心情，学习就成为孩子的沉重负担。我倒是很想把埋头苦干称作欢欣鼓舞乘以孩子认为他一定能取得成绩的信心。

乍看起来，给学生评分是如此简单的事，然而这却是教师能够正确对待每一个孩子的能力，是保护孩子心灵中渴求知识的火花的能力。在小学四年的教学过程中，我从未给学生打过一个不及格的分数，不管是书面作业，还是口头回答。孩子们学习读、写和解题。一个孩子在自己的脑力劳动中取得

---

① K. Д. 乌申斯基在这方面着重指出："孩子生来就没有精神怠惰。这在我们观察时便可察觉，他不仅喜欢活动，这可以用充沛的体力做解释，而且他还那么喜欢活动的独立性，他什么都愿意自己去做……"（K. Д. 乌申斯基 . 乌申斯基选集：第 9 卷 [M]. 莫斯科：俄罗斯联邦教育科学院出版社，1950：536.）

了良好的成绩，另一个暂时还没有。一个孩子已经学会了教师正想教给他的东西，另一个还不会，但这并不意味着后者不愿意学习。我只在孩子脑力劳动取得良好成绩的情况下打分。如果学生还没有取得他在脑力劳动过程中力求达到的成绩，我就什么分都不给他打。他应当专心致志地想一想，把自己的作业重新再做一遍。

一年级时，我是在学年开始四个月后才打了第一批分数的。这儿重要的首先是让孩子们懂得刻苦、勤勉的劳动是什么。孩子的作业完成得不好并不是由于他不愿意，而是由于他还没有什么是好、什么是坏的概念，那么凭什么给他打分数呢？我极力让孩子把同一作业做上好几遍，使他以亲身的体验深信，他可以做得比一开始的时候好得多。这有着很大的教育意义：学生好似发现了自己的创造力；他看到自己的进步会感到高兴，就会努力做得比这更好。孩子把自己做得较好的作业与差一些的作业进行比较，就会体验到欢欣鼓舞的心情。

考察一年级的作业，我发现孩子们想法不一样，对自己劳动的评价也各不相同。譬如他们写“oca”（黄蜂）这个词。莉达、谢廖沙、卡佳、萨尼娅、帕维尔字母写得很漂亮、很整齐。尤拉的字母就越出了横格，写得歪歪斜斜；柯利亚和托利亚不是在写，而是在画，他们的字母就同他们在图画本里写头儿篇关于大自然的作文一样。在佩特里克的练习本里则是一些小钩子。我没有忙着进行下面的练习，孩子们又把这个词写了好几遍。每重复写一次，孩子们就好像登上了更高的一级，不管是写得差的还是写得好的，都是这样。孩子们眼见他们的事情进展得比开始时好，会感到高兴和幸福。

正是在这种快乐之中产生自豪感和自尊心。多次体验过这种感情的孩子不会去寻找捷径，不会去抄袭旁人的作业。只是当孩子学会了重做自己的作业，并由此产生快乐感和自尊感时，我才开始给他们打分数。当然，只给成绩好的打分。有些孩子在开学四个月后就得了分数，有些则六个月后才开始得分数。佩特里克和米沙在第二学年开始时才第一次得到分数。我给他俩补了课，让他们哪怕今天做得比昨天稍稍好一些，不让他们失去自信心。

教学并不是机械地把知识从教师那儿传授到孩子那儿，它首先是人与人之间的关系。儿童对知识和学习的态度，在很大程度上取决于他对教师的态度。如果学生觉得教师不公正，他会大为震惊。而幼小的儿童往往把不及格的分数看成是不公正的，并为此深感痛苦，因为几乎从来没有过孩子不愿学习的情况。他愿意学习，只是他不会，他还没有能力集中注意力，没有能力迫使自己工作。

如果一个孩子今天、明天，乃至整年都感到教师对自己不公正，那他的神经系统一开始会兴奋，继而就会出现抑制——抑郁、消极和冷漠。兴奋和抑制的剧变会导致孩子得病。乍一看，这是一些奇怪的毛病，即学校神经官能症。离奇的是这种病通常只在学校，在人道主义应当成为师生关系中最重要特征的这个神圣场所发生。学校神经官能症是不公正的产物。家长或教师对待孩子的不公正态度千差万别。首先是冷淡。对孩子的道德和意志力的形成说来，没有比教师对学生的成绩漠不关心更为危险的了。其次是斥责、吓唬、恼怒。而不懂教育学理论的人，甚至还会表现出幸灾乐祸的神气：好，你不知道，那把记分册拿来，我给你打一个 2 分，好让你爹妈瞧瞧，他们的儿子到底是个怎么样的孩子……

我研究学校神经官能症好几年了。因教师的不公正引起神经系统方面的病态反应多种多样，有的孩子表现为紧张，有的表现为由于不公正的欺凌而万分躁怒，有的表现为怨恨，有的表现为故意装成（假装）无忧无虑的样子，有的表现为漠不关心、极端抑郁，有的表现为对处分、对教师和对学校感到害怕，有的表现为装腔作势、扭捏作态，还有的表现为冷酷无情，有时带有病态的表现（这极罕见，但不能忽略）。预防学校神经官能症要靠家长和教师的教育学素养。教育学素养最主要的表现应当是理解每个孩子的精神世界，能给每个孩子以必要的关心，并付出一定的精力，使孩子感到大人没有忘记他，并能分担他的伤心、委屈和痛苦。

对孩子来说，来自教师方面的最大不公平是他确实认为教师给他评不及格的分数是不公平的，还企图让家长为此而处罚他。当孩子看到教师一定要把 2 分的事通知家长时，他就会变得冷酷无情，与教师和学校对立。脑力劳动就会成为他所仇恨的事。粗鲁的情感还会转移到其他人身上去，首先是转向家长。

很难想象还有什么比由于不公正而产生的情感上的麻木更能摧残儿童心灵。孩子一旦感受到了别人对他漠不关心的态度，他就失去了对善与恶的敏感性。他分辨不出周围人干的哪些是好事，哪些是坏事。他心里便产生对人的怀疑和不信任，而这就是怨恨的最主要的来源。

现在在教育界可以经常听到关于奖励的议论。诱人的理论像那短命的蛾子一样迅速地出现，又迅速地消失……。可在教育工作中最主要的奖励和最重（但不见得总是有效）的惩罚是评分。这是最锋利的一种工具，使用这工具要求有很高的技巧和素养。

要取得使用这一工具的权利，首先得热爱孩子，不是在口头上对他说自己多么爱他，而要在对他的关怀中表达自己的爱心。列夫·托尔斯泰写道："如果教师只爱事业，那他会成为一个好教师。如果教师只像父母那样爱学生，那他会比那种通晓书本，但既不热爱事业又不爱学生的教师好。如果教师既热爱事业又爱学生，那他是一个完美的教师。"①

发自内心的同情心是不可能单靠教学取得的一种品质，而教师的富有人道精神的同情心是建立在智力、道德、美学和情感诸方面修养有机结合的基础上的，这种结合不仅要靠他的学识，也要靠他在集体道德关系中的社会阅历。教师应当意识到和感受到每一个孩子的命运都由他负责，学校正在培养的人的理智、健康和幸福，都取决于他的精神素养和他思想的完美性。

……二年级的语法课。在学习了语法规则和分析了练习后，孩子们做独立作业，目的是加深认识，同时也是检查。作业是要评分的。检查了作业本后，我发现米沙和佩特里克的作业完成得不好。如果我打一个 2 分，那么全心全意想好好学习的孩子会把这个 2 分当作一种批评：你们的同学都进了一步，而你们却止步不前。我批改了错误，把字写得漂漂亮亮，作为范例，却并没有给米沙和佩特里克打什么分数。发作业本子时，我对孩子们说：

"米沙和佩特里克还没有争取到分数。孩子们，你们得好好干。独立地完

① 列夫·托尔斯泰．教育论文集 [M]. 莫斯科：教育出版社，1953：342.

成另外的练习，努力拿到分数。”

孩子们已经习惯于作业完成得不合格就得不到分数。在他们的思想意识中逐渐形成一种信念：完成了的作业并不是以教师的最后“判决”作为结束的。在孩子们面前，通向进步的道路并没有堵死：他未能做成的事，将来他会做成的，说不定今天或者明天就能行。米沙和佩特里克并没感受到那种通常孩子在拿到了一个不及格的分数后，似乎觉得比自己的同学落后了一步的死路一条的感觉。就在课内，他俩提出要求：“请给我们练习。”我给了练习。在学习日中，他们挤出时间完成了作业（我们的学习日是这么规定的：每天每个学生有半个小时归自己支配，以便完成他认为必须首先完成的事）。两个孩子竭尽全力想取得分数，证明他们并不比别人差。我检查了作业——几乎同通常在这种情况下发生的完全一样，作业得到了好分数。

当作业要求创造性的智力活动、深入思考和探索研究时，细心用分数作为激起劳动愿望的促进因素就尤为重要。一个孩子的思维进程迅速、敏捷，另一个孩子的则缓慢一些，但这不是说一个孩子比另一个孩子更聪明，或比另一个孩子劳动得更多些。小学的算术课中，解题是教育工作第一条金科玉律——让孩子体验在脑力劳动中取得成绩的快乐，激发他的自尊心和自豪感——的试金石，而且要极力做到使最初遇到的那些困难不致成为孩子的绊脚石。在孩子们尚未学会独立思考、弄清习题的要求和找出解题的途径前，换言之，在孩子们尚未感受到在脑力劳动中取得成绩的快乐前，我不给数学作业打分。这里特别不能允许千篇一律地对待孩子，一个月内，一个孩子可能得到三次算术分数，而另一个孩子一次也没有，然而这并不是说后者什么也没有干，一点进步也没有。他在学习理解习题，而第一道由他独立解答的比较复杂的算术题则是孩子发展过程中重要的一步。

我已多年注意观察数学成绩不佳的学生，并由此证明，在普通学校低年级和中年级，成绩落后的学生从来都不独立解题。他们好似跟在浪头后面游泳，好似把脚伸到小朋友们已经站着的地方：从黑板上或同桌那里抄现成的，实际上根本不知道什么是独立地完成作业。

探寻某种改进教学技巧的方法是不能根除这一恶习的。数学课上的脑力劳动是思维的试金石。这一恶习的根源在于孩子没有学会思考；周围世界连同一切物体、现象、依赖关系和相互联系对他来说都没有成为思想的源泉。经验证明，如果在童年的早期，到大自然中的“旅行”就已成为脑力劳动真正的训练场所，那么班上就不会有一个数学不及格的孩子。物体应当能教孩子去思索——这是使全部正常的儿童都能成为聪明的、富有想象力的、求知欲旺盛的和好学的人的一个极其重要的条件。我向教师们建议：如果有什么东西学生弄不明白，如果他的思想犹如笼中的鸟一样徒劳地在挣扎，那就仔细审查一下自己的工作：您这个学生的思想意识是否已成为同永恒的、兴趣盎然的思想源头——大自然中物体和现象的世界——隔绝的干涸的小湖？请您把这一小湖同大自然、物体和周围世界的大海洋连接到一起，那您就能看到，生动活泼的思想如何像泉水一般喷涌而出。

然而，认为周围世界本身就能教会学生思考，是错误的。没有理论思维，事物与儿童眼睛之间仍被一道看不透的墙隔开。只有当孩子能脱离他周围的具体物体做抽象思维的时候，大自然才能成为脑力劳动的学校。要使孩子学会把相互作用看成是周围世界的重要特征，现实中的鲜明形象是必不可少的。恩格斯在强调黑格尔关于相互作用是全部存在物的 causa finalis[①] 这一思想的正确性的时候写道：“我们不能比对这种相互作用的认识追溯得更远了，因为在这之后没有什么要认识的东西了。”将认识相互作用作为抽象思维的直接准备，是发展数学思维的重要条件。习题解答得对不对，取决于孩子是否学会了看到物体与现象之间的相互作用。

在解题过程中进行的独立的脑力劳动要取得成果还需要孩子在记忆中经常和牢固地保留有概括性的概念，没有这种概括性的概念，思维是不可能进行的（乘法表、自然数列的组成）。

佩特里克长时间不能理解算术题的意思（条件），我没有急于去做解释，主要是要让这个孩子以自己紧张的智力活动去理解物体和现象之间相互依赖关系的本质。然而孩子如若没有理论思维的锻炼，不会进行比较和分析，那

① 终极原因。——作者

么活跃的思想是不会迸发出来的。我带孩子们到大自然中去，教他们一次又一次地进行观察，对比各种物体、性质和现象，教他们发现它们之间的相互作用。我让佩特里克注意观察周围世界中能在儿童意识中形成关于大小和数量等物质最重要性质的概念的一些现象。我极力使这个孩子懂得数字的依赖关系，深信数字并不是某个人臆想出来的，而是实际存在着的。这里最重要的不是要这个学生马上学会算数、运用数字，而是他应当理解依赖关系的最本质之处。

现在我们坐在瓜园的棚子里观察康拜因如何收割小麦。汽车不时载满麦粒离开康拜因飞驰而去。康拜因的谷箱经过几分钟就满了？孩子们饶有兴味地看着表，原来需要十七分钟。人们如何计算好工作时间，才不致使康拜因停工？离谷箱满只剩下五分钟、四分钟、三分钟了……。孩子们焦躁不安：看来，康拜因终究要停工了。只剩下二分钟了，正好一辆汽车从树林后面开了出来。它开到收购站要整整走一个小时。这么说来，人们估计好了距离和时间的相互关系。安排好运粮工作的车辆数正好使康拜因不停工。若是汽车开到收购站不是走一小时而是两小时，那么安排到运粮工作上的车辆要比现在多还是少？

“当然要比现在多，”佩特里克说道，他的眸子快乐地放着光。“现在经常在路上的有三辆车，还有一辆在装，一辆在收购站卸。如果路程比现在长了，那么在路上的车辆就要增多。”

这孩子在紧张地进行智力活动，我看到他已经在考虑，要是路程增长一倍，将需要多少辆汽车。但现在主要的还不是这件事。主要的是他明白了，习题并非无所事事的人们的臆造。习题存在于周围世界之中，因为存在着运动、生活和人类劳动。

佩特里克已升入三年级，然而在习题方面，他暂时仍然没有进展。他还不曾独立地——没有同学或教师的帮助——解过一道题，这使我十分不安。不过我还是相信这个孩子能学会思考。我不仅仅只通过分析作为算术习题基础的那些现象来训练他进行抽象思维，不会计算的思考者掌握不了知识。极其重要的一点是要使佩特里克逐渐在记忆中巩固那些进行思维必不可少的基本的东西。这个孩子经常坐在“算术盒”旁边做练习，并自我检查答数。我注意不让他思索 12-8，19+13，41-19 等于几（如果三年级的学生思索这些，那他就不能理解习题）。

生活告诉我，有时学生对数学束手无策仅仅是由于没理解自然数列的组成，由于对数列的理解没有达到不用再思索基本东西而只把自己全部的智力用于抽象思维这样的程度。正如孩子不把构成词的音节念上千万次，他的阅读就不可能成为半自动化的过程一样，如果他不记住几十个、几百个人们日常生活中由于答数已永远忘不了而无须再加思索的例题，抽象数学思维对他来说依然是百思而不得其解的天书。我力求使思维迟钝的孩子，首先是佩特里克，能尽可能多地掌握数学思维最简单的工具——加、减、乘、除的例题。

我们到大自然中去，我使这个孩子注意大量人们在劳动过程中经常需要解答的习题。这一天终于来到了，这一天我坚信佩特里克完全独立地解答了习题。孩子的两眼发光，他开始说明习题的含义，他的说明虽然前后并不连贯，但我看得出，孩子眼前那一层荫翳终于拨开了。佩特里克感到高兴，我也松了一口气，好不容易等到了这一天。孩子等不及放学，就要跑回家去与妈妈分享快乐。妈妈不在家，他高兴地告诉祖父：“我自己解了习题。”佩特里克为自己的进步感到骄傲，而纯洁高尚的自豪是人的自尊心的源泉。没有对自己劳动的自豪感，就没有真正的人。

这一件事曾是我们教师集体思考的对象。我们从另一种角度看到了那些学习困难的孩子。任何时候都不能急于做最后的绝对的结论：这个孩子无可救药了，他命该如此。一年，两年，三年……，他可能却没有结果，但到了时候，就有结果了。思想像一朵花，它逐步地贮存生命的琼浆。我们给花的根提供汁液，使花得到阳光，花就开了。我们要教孩子思索，给他指出思想的源泉——周围世界，赋予他人类最大的快乐——认识的快乐。

我们这些小学班的老师傍晚不止一次地集合在一起，专为研究一个尖锐和困难的教育方面的问题：如何把学生的思维从物体的具体计算、从现象间明显和直观的依赖关系，引向抽象的概括——定则、公式。В. П. 诺维茨卡娅、М. Н. 维尔霍维尼娜、Е. М. 扎连科几位老师讲到了一些有趣的事实，这些事实说明，这个过渡并不是在所有的孩子身上都能进行得顺利和毫无困难的。有的学生计算技巧很出色，能迅速地运算，但难以理解习题的内容（条件）。一部分靠鲜明、具体和直观的形象思考的孩子，离开了构成习题的具体数字，就有一定的困难。B. П. 诺维茨卡娅说到一个女孩子，她念了习题后，马上就想找出答数：她开始计算，但不明白计算的是什么和为了什么而计算。

我们每一个人都碰到过这样的孩子。我们商量通过什么途径，才能把他们从具体思维引向抽象思维。我们得出结论，必须在习题上花一段时间以讨论习题的条件，不用数字、不用运算解题。我们开始组织算术观摩课，其特定目的是：看看儿童如何讨论习题，如何不用运算进行解题。我们相互听课，寻找个别孩子智力发展的途径。

决不允许分数成为束缚儿童思想的枷锁。我总是让最差的学生，看起来最没有指望的思想迟钝的学生有机会思考一下他还不明白的东西。孩子们从来都没有对学习失去兴趣。我通过激发孩子们的自豪感、荣誉感和自尊心，使他们能努力去独立工作。

要让孩子想一想，这远不是初看之下感觉的那么简单的一件事。请仔细观察一下一至四年级学生的脑力劳动，您就会看到，在绝大多数情况下（几乎总是如此），孩子回答不出您的问题（或者完成不了作业）不过是由于他还没有来得及想一想和集中一下注意力（通常是问题来得很突然，孩子有点茫然若失）。我们这些小学班的老师曾专门集合在一起，商量如何让孩子有机会想一想。我们得出结论：任何时候都不能急于做出结论——这个孩子知道或者不知道。经常有这样的情况，教师对孩子说："你不知道，坐下！"孩子刚坐下，忽然脑子"清醒"了，原来他都知道……，他很生教师的气。为什么会这样？为什么我们不能立即找到这个问题的答案？需要观察、观察、再观察，应当研究大量的事实。

孩子达到集中意志力和思想的目的之后，就会厌恶偷偷提示、带小抄和抄袭。我与孩子之间一向都保持着相互信任和相互关怀的关系。学生从不害怕坦率地告诉我说，尽管他苦苦思索，但还是没有完成作业。孩子们的一切疑虑、快乐和痛苦都向老师诉说。我从来不是孩子们的报忧者，一个不及格的分数对孩子说来是一个重大的忧患。一个教师几乎每天都要对孩子说“你得了2分”，孩子的精神该多痛苦呀。微不足道的痛苦，就足以使孩子感到自己很不幸。孩子一旦习惯自己的痛苦，就会对周围一切抱漠不关心的态度，心肠变硬了，到了这时候，悲剧就进一步发展了。一副铁石心肠，是残酷的肥沃土壤。如果班内有不幸的孩子，而同学们又不设法减轻他们的厄运，那就永远不会有良好的、友爱的和相互关怀的集体。

然而也不允许用分数来娇纵学生，遗憾的是，这正好经常在学校中发生。只要孩子说出了一个词，马上就给他打一个5分。往往还有这样的情况：用同一个问题提问好几个学生，而每个学生都得了分数。其结果是形成了孩子对学习的轻率态度。孩子始终应当意识到分数是在智力上做出努力的结果。

学生应当深信，智力活动是一种劳动，要求巨大的努力、集中意志力、善于迫使自己舍弃很多娱乐。正是在劳动的气氛中，才能形成顽强性和意志力。学生如果学会了批判地对待取得的成绩，对自己的工作感到不满，并力求做得更好些，他永远不会成为一个游手好闲的人。

孩子亲身体验到脑力劳动如何取得成绩，就会习惯于自我监督。顽强工作、争取优异成绩的习惯，使孩子对粗心大意完成的工作、无所事事和懈怠懒散不能容忍。

当劳动的欢乐和学习的成绩已成为激发孩子学习的主要动力时，班内就不会有偷懒的学生了。真正的教育大师很少去同个别偷懒的学生进行斗争，他们同作为智能冬眠的后果的懒惰进行斗争。

只给脑力劳动优良的成绩评分的制度渐渐被低年级班、中年级班和高年级班全体教师所采用。读者可能会产生问题：在学季末或学年末，若是有的学生某门学科没有成绩，那该怎么办呢？问题就在于对孩子来说，没有成绩是比2分还要大得多的灾祸。学生在意识里确立了这样一种思想：如果我还没有分数，这说明我还没有好好地下功夫。因此我们几乎没有学年即将终了而学生还没有成绩的情况。4年间，我有6次在学季结束时没有给孩子打分。家长知道，如果儿子或女儿的记分册里没有成绩，说明并不是一切顺遂。他们也知道，没有成绩不是孩子的过失，而是孩子的不幸。而有了不幸，就应当帮助。于是我们一起来帮助学生。我说服家长们，要他们切勿要求孩子取得最高的分数，不要把不及格的分数看成是懒惰、懈怠和不够用心的标志。

个别教师轻率地使用分数这一细致的教育工具。在很多学校里已形成一种看法，3 分似乎是一种该受指责的东西。“我们在学习中要消灭 3 分！”——这种口号响彻少先队的集会。这种口号在儿童报刊上也可以见到。教师鼓励这样来对待中等的学习成绩，实际上是在挖自己的墙脚：造成孩子不求甚解、粗枝大叶。

二年级开学后过了几个星期，孩子们就登记记分册，把课内得到的分数记入册子。孩子企图向家长隐瞒分数的事，一次也没有发生过。如果分数反映进步的快乐，根本就不可能隐瞒分数。教师不需要在记分册里签什么名，签名是旧学校连同它师生之间互不信任和相互怀疑的气氛的残余。如果班内没有相互信任，如果孩子企图欺骗教师，如果分数成为成人用来驱赶孩子的鞭子，正确教育的基础本身也就被毁坏了。

学校中最大的一种不幸——孩子不诚实，既欺骗教师又欺骗父母——就始于不公正地打一个 2 分。孩子为了向父母隐瞒自己在学校得的坏分数，向教师隐瞒自己的懈怠，他什么诡计使不出来呀。你越不信任学生，孩子就越在欺骗的花样上翻新，懒惰懈怠的土壤就越肥沃。懒惰是不信任的产物。我教的孩子，他们首先是活生生的人，是活蹦乱跳的孩子，其次才是学生。我给他打的分，不只是他知识的测量器，首先代表的是我对他这个人的态度。

我向全体教师建议：请你们珍惜孩子好奇心、求知欲和渴求知识的火花。点燃这一火花的唯一能源就是劳动中取得成绩的快乐和身为劳动者的自豪感。要用恰如其分的分数奖励每一次取得的进步和每一次困难的克服，但不能滥用分数。别忘记，你们教学技巧的基础就在孩子本身，就在他对知识和对待您、对待教师的态度之中。这就是学习的愿望、激奋的精神、克服困难的决心。要关怀备至地加强这个基础，没有它就没有学校。

“童话室”

童话、游戏和幻想，是儿童思维活动、高尚情操和志向的生机勃勃的源泉。长年的经验令人信服地说明，因受童话形象影响而在孩子心灵中产生的美感、道德感和理智感使思维活跃，从而推动大脑积极工作，并使活动的思维区之间产生活跃的联系。通过童话形象，语言连同其最细微的含义就进入了儿童的意识；它成为孩子精神生活的一个领域及表达思想和情感的手段，也就是思维的生动体现。在童话形象激起的感情的影响下，孩子学习用语言思索。没有童话——生动、鲜明而又触动儿童意识和情感的童话，就不可能想象有儿童思维和作为人的思维和语言的一定阶段的儿童语言。

儿童深感满意的是他们的思想能翱翔于童话世界之中。孩子能够五次、十次地重述同一个童话，而每一次都能发现一些新东西。借助童话形象，孩子们迈出了从鲜明、生动和具体的事物到抽象事物的第一步。如果童话在我的学生的精神生活中不占据很长一个阶段的话，那他们就不会掌握抽象思维的能力。孩子清楚地知道，人世间并不存在妖婆、青蛙公主和长生不老的卡谢依，但是他在这些形象中感受着善与恶，每当他重复讲述同一个童话时，总会表达他个人对好与坏的态度。

童话与美是分不开的，并有助于美感的培育，没有美感，就不可能有高尚的心灵和对他人的不幸、悲伤和痛苦的真诚的同情心。借助于童话，孩子不仅用智力，而且也用心灵认识世界。同时，不仅认识，而且对周围世界的事件和现象做出反响，并表达自己对善与恶的态度。孩子关于正义和非正义的最初观念是从童话中汲取的，最初的思想教育也是借助童话进行的。只有当思想体现在鲜明的形象中时，儿童才能理解它。

童话是爱国主义教育的丰富而不可替代的源泉。童话内容中深深蕴藏着爱国主义思想，人民塑造的、千百年流传着的童话形象把劳动人民强有力的创造精神以及他们对生活、理想和向往的看法传至孩子的头脑和心灵。童话之所以能培育对祖国、故乡的热爱，就因为它是人民的创作。当我们欣赏基辅圣索菲亚教堂令人惊叹的壁画时，我们领悟到这些壁画是人民生活的一部分，是人民巨大智慧的产物，因而在我们的心灵中激起了对人民的创造精神、匠心和技艺的自豪感。民间童话对孩子的心灵也起着同样的作用。童话看起来只是以纯粹的“日常”生活为题材的：爷爷和奶奶种了个萝卜，……爷爷决定骗骗狼，于是用草扎了一头小公牛……。但是这个童话的每一句话就像不朽的壁画上最精细的线条，每一句话和每一个童话人物身上都饱含富有人民精神的创造力。童话是人民的精神财富，孩子了解童话，也就了解了自己的人民。

“快乐学校”开办三个月以后，我们布置了“童话室”。在高年级同学的帮助下，我们创造了一个环境，孩子们置身其中感到犹如置身童话人物的世界。我们花费了巨大的劳动使周围的一切都能唤起孩子对妈妈以前讲过的童话的回忆和对黄昏和壁炉中欢乐的火光的回忆。瞧，这就是凶恶的妖婆住的地方——支在鸡腿上的神奇小屋，周围是高大的树木和一些树桩，小屋旁是一些童话人物：狡猾的狐狸、大灰狼和聪明的猫头鹰。一个角落是老公公和老婆婆的小屋；空中，天鹅在飞翔，翅膀上坐着一个小男孩，他就是乌克兰民间童话的主人公伊瓦西克－捷列西克。另一个角落是一片蔚蓝色的海洋，岸上是善良的老爷爷和贪心的老太婆那破败的小屋，门口放着一个旧木盆，老头儿和老太婆一起坐在土堆上，而大海中小金鱼在遨游。还有一个角落是隆冬的森林、雪堆，一个小女孩在雪堆里蹒跚而行，她的脚深深地陷进积雪，她就是那个被后母逼着在寒冷的冬季去采摘野果的小姑娘……，小山羊从一所小房子的窗口探出头来。这里是那只大手套，里面住着一只老鼠，几个不速之客正冲着它走来。一个用胶合板制成的大树桩上坐着几个玩偶——小不点儿姑娘、小灰兔、狐狸妹妹、狗熊、狼、山羊、草扎的小公牛，还有“小红帽”姑娘。

这些都是我们自己陆续做出来的。我动手剪、画、贴，孩子们帮我的忙。布置孩子们听故事的环境时，我很注重周围的美学特点。每一幅画、每一个形象都要使孩子接受艺术语言的能力变得更加敏锐，要使童话的思想得到更深刻的揭示。甚至“童话室”的照明也起着很大的作用。当讲青蛙公主的故事时，丛林里便亮起一个个小灯泡，暗淡的绿光笼罩全室，把故事发生的环境很好地烘托了出来。

我并不经常把孩子带到“童话室”去，一周一次，有时两周一次。任何时候都不应以饱和的程度来满足美学方面的需求。一达到饱和程度，就开始出现虚情假意、庸俗的不满、乏味、“消磨”时光……。我们在秋季和冬季的傍晚到这儿来，在这种时刻讲故事非比寻常，孩子们听起来，感觉就不同于在一个晴朗的白天讲故事。外面天色渐渐暗淡下来，我们不开灯，在昏暗中静坐着。忽然，童话故事中的小屋子的窗口亮起灯火，天空闪烁起星星，月亮从树林后面升起。室内朦朦胧胧，角落里的光线更暗。我就给孩子们讲关于妖婆瘦骨嶙峋的脚的民间故事。乍听起来，我讲的内容，孩子们全知道，但他们的眼睛闪着兴奋的光芒。孩子们对故事主人公的命运感同身受，他们憎恨凶恶的东西，热烈地同情善良的东西。凶狠的妖婆、轻信的小姑娘阿莲卡和善良的天鹅等玩偶在孩子们的意识中获得了生命，变成了有头脑、有感情的人物。童话对年幼的儿童来说，不只是幻想性的故事；这是一个完整的世界，孩子在这个世界中生活、斗争，并以自己的善良意志对抗邪恶。故事的语言成了表达孩子精神力量的实际形式，同游戏中的动作、音乐中的旋律所起的作用一样。孩子不仅想听故事，而且也想自己讲故事，正如孩子不仅想听歌曲，而且也想自己唱，不仅想观看别人游戏，而且也想自己参加游戏一样。

过了几天，孩子们问道：“我们什么时候去‘童话室’？”对快乐的时刻的期待激动着孩子们，于是我们再次在一个黄昏时刻集合，再次由我来讲童话故事，然后由孩子们自己讲。在这种时候，最腼腆的孩子也变得大胆和坚决了。在另一些情况下说话前后不连贯、缺乏条理的孩子，这时也会说得生动流畅、娓娓动听。在语言和思维发展上有困难的孩子，如尼娜、佩特里克、柳达、斯拉瓦和瓦利娅也都讲了故事。

每次我们去“童话室”时，孩子们总想玩一会儿。不管是男生还是女生，大伙儿都能找到心爱的玩偶或玩具。游戏变为创造性的活动：孩子们成了童话中的角色，而玩偶在他们手中则帮助他们更好地表达思想和感情。一个孩子抓起了一个玩具——草扎的小公牛（著名乌克兰童话中的一个主人公），一个拿起了老婆婆这个玩偶，另一个拿起了老公公这个玩偶。这时孩子们就已经生活在童话世界里了。他们不仅重复角色的原话，而且把自己的想象带进童话来做游戏，他们在进行创造。有些女孩子只是想玩一玩娃娃，于是一个孩子把娃娃放在沙发椅上，用动人的嗓音向它说着温柔和关切的话；另一个女孩子的娃娃病了，她正在给它治病。

男女生玩娃娃一连玩上几年，这并不使我担忧。这不像一些教师有时想的那样是什么“幼稚病”，这还是那个童话，还是贯穿编和听童话的创造过程的那个有生命的人物的化身。娃娃是有灵性的形象，按照法国作家圣埃克苏佩里的说法，它正是孩子想“亲近”的那个形象。[①] 每一个孩子都愿意有一些挚爱至深和无比亲切的东西。我非常留意地观察过孩子和他们心爱的玩偶之间形成的精神上的关系。我为男生能同玩偶长时间地友好相处而高兴。瞧，柯斯佳有一个毫不起眼的玩偶——一个拿着钓鱼竿的老渔翁。这个玩偶有好几次断了腿，最后，柯斯佳给它安上了一小块木头，此外，还削了一根带丫的拐杖，老渔翁拄着它就可以去河边了。这个男孩喜欢同自己的老朋友聊天，告诉他哪儿有鲫鱼和鳊鱼……。拉丽萨心爱的玩偶是奶奶和小孙孙。这个女生给奶奶做了一副眼镜，脚下垫了一块保暖的小地毯，肩上披了披肩。瓦利娅也有两个玩偶——一只小猫和一只小老鼠。小姑娘每周都在小猫的脖子上系一个新的蝴蝶结，而不知为什么给小老鼠带来了一条绿色的小毯子。

孩子们在“童话室”里的幻想是无穷无尽的。只要孩子看到一件新鲜东西，就会在意识中把它同别的事物联系起来，产生幻想，孩子的想象便活跃起来，思绪激荡，双眸发光，语言流畅而又滔滔不绝。考虑到这一点，我就有意使“童话室”的各个角落尽可能有多种多样会相互产生某种现实的或幻想性联系的东西展现在孩子们的眼前。我希望孩子能幻想、创造和编撰新的童话。那里有一只单腿站立的白鹭，旁边是一只惊恐的小猫——儿童以想象

① 显然，苏霍姆林斯基指的是儿童竭力要做“受亲近者”这一难以摆脱的愿望。这在圣埃克苏佩里的作品《小王子》中以独特方式做了描述。作品中特别讲到玫瑰花跟小王子的谈话和小王子回忆起玫瑰花，看来是玫瑰花“业已亲近”了小王子。

力创造了几则以白鹭和小猫为主人公的有趣的童话。这儿有一只带桨的小船，旁边有一只青蛙，这场景本身就在提示人去编撰童话。熊窝里探头探脑的小狗熊、蚊子和苍蝇——同小狗熊相比，蚊子和苍蝇的个头大得出奇（但在童话中这是情有可原的），小猪仔和放着一块肥皂的洗脸池……，这一切不仅能引起孩子们的微笑，而且使他们产生幻想。

如果我使一个在思维发展上遇到较大困难的孩子想出一个童话故事来，并在想象中把周围的几件事物联系起来，那我就能满怀信心地说，这个孩子已学会了思索。上面我已说过，我曾花费了好大的力气去激发瓦利娅的思维和巩固她的记忆。激发她思维的方法之一就是把周围事物和现象的联系骤然揭示出来，使她产生惊奇的感觉。另外一个也很重要的办法就是童话。瓦利娅很长时间都未能独自编出一个故事，这使我焦虑不安。直到第三学年，这个小姑娘终于编了一个关于青蛙、小船和小鱼的故事。下面就是故事的内容。

青蛙看到一只小船泊在河边。打鱼的老爷爷把船留在那里，自己进村取吃的去了。小青蛙想划一划船。它爬出小水洼，跳进小船，操起了桨。就在这时候，小鱼游过来说道：“你这是想干什么？你只会在水洼里游，可船喜欢深水。”青蛙没有听小鱼的劝告，把船划向了水洼。当划近的时候，船也说话了：“小青蛙，小青蛙，你把我往哪儿划呀？”青蛙回答说：“我划你到我居住的水洼里去，让我们所有的青蛙瞧瞧，我是怎么划船的。”小船微笑了一下想道：“等老爷爷来了，看他怎么教你划船。”青蛙吃力地把船划进了水洼。船陷入了污泥，再也不能朝前移动了。青蛙呼哧呼哧地直喘气，可是船还是纹丝不动。青蛙们都已从水洼中爬了出来，把什么都看得一清二楚，因为小青蛙早冲着水洼喊过：“看哪，我划船划得多好啊！”小青蛙害起臊来，一下子跳进水里，烂泥四处飞溅。青蛙们大笑起来。打鱼的老爷爷来了，把小船从污泥中拖了出来。青蛙们被惊动了，它们藏进厚厚的绿藻里。晚上，它们大着胆子爬出来，咯咯地笑了起来。从此以后，每晚它们都咯咯地笑——从晚上到天明，水洼里响彻青蛙的叫声。这是它们在笑爱说大话的小青蛙。

创作童话故事对孩子们来说是一种最有趣的和富有诗意的创造性活动。同时，这也是发展智力的重要手段。

如果您想要让孩子能创作和塑造艺术形象，那你就要把自己的创作火花中的火星播种到孩子的意识中去，哪怕一颗也好。如果你不善于创作，或者你认为俯就儿童的趣味世界是一种无聊的消遣，那你将一事无成。

季娜在“童话室”里有自己心爱的娃娃——一个冶金工人形象的娃娃，它长着一张被铁水照亮的脸。小女孩记得在冶炼车间同冶金工人的会见，而现在，时过三年，她编了这么一个关于火红的铁水的有趣的童话。

在一个大火炉旁站着一个巨人。他在化铁。铁水沸腾，翻滚作响。巨人走近炉子，打开炉门，于是火红的铁水奔流而下。铁水一边流，一边说：“人们啊，别错过机会，快取走通红的铁水，把它做成一切需要的东西。”聪明的工匠来到火红的铁水旁，把铁水取出来，翻砂浇铸，用铁水做成人们需要的种种物件。

在儿童的意识中产生了现代巨人——苏维埃祖国保卫者的形象。反法西斯的战争和苏联人民的英勇战绩，在我国人民的记忆中和整个精神生活中留下了不可磨灭的痕迹。捍卫祖国的英雄在儿童心目中是神话般的巨人，他们编了鲜明动人的故事来讲述这些巨人的事迹。孩子们创作的所有关于我们人民中的巨人的故事，都有苏维埃人的英勇、不屈和高尚的品质贯穿其中。下面是丹卡创作的故事：

母亲送儿子去参军。她说道：“儿子啊，取走一把故乡的土吧。记住，你是它的保卫者！”儿子抓起一把故乡的土，放进了红色的小绸袋中，并且永远没有让它离身。敌人发动了侵犯我们祖国的战争。儿子在边境上遭遇了敌军的士兵，他用机枪扫射他们，敌人跌进河里。儿子一步也没有后退。但突然敌人的子弹打伤了他的头部，血流进了眼睛，两手软弱无力。敌人靠近了，他们想：我们活捉他。儿子想起了那一把故乡的土。他的手触到红色的袋子，马上增添了巨大的力量。年轻的勇士又开始射击，敌人都淹死在河里，而在这时，援兵到了——有高速飞机和强大的坦克。

我记下了孩子们在黄昏时刻创作的故事。这些故事对我来说是宝贵的，因为它们是我在孩子们身上点燃的明亮的思想火花。如果不进行创作，不编童话故事，很多孩子的语言将会是前后不连贯和缺乏条理的，而思维也将会是混乱的。我确信，儿童的美感和词汇量之间有着直接的联系。美使语言具有了感情色彩。童话越有趣，儿童置身其中的环境越不寻常，儿童的想象力就越活跃，孩子们创作的形象也就越出乎意料。我的学生在傍晚时分编述的几十个童话故事都收在手抄的集子里，题名为《黄昏的童话》。

《黄昏的童话》里收着饶有兴味的关于飞禽走兽和花草树木的故事。编述关于花卉的故事，给孩子们和我带来的喜悦尤其多。我给男女学生们讲了人的感情生活，讲了在描写花的歌曲和传奇故事中寄托着的感情。我给童话故事开个头，孩子们就用幻想创造出鲜明的形象。

我们每隔两三个月改换一次“童话室”各个角落的布置——用胶合板镂刻新的人物形象、树木、灌木丛，搭盖小房子、童话式的宫殿、渔夫的茅舍和窝棚。孩子们学会了用纸浆板制作童话中的人物，这就丰富了童话世界。就这样，我们给很多故事做了“插图”：有《伊瓦西克－捷列西克》（乌克兰民间童话）、B. 茹科夫斯基的《十二个睡美人》、C. 阿克萨科夫的《小红花》、B. 达利的《尖牙齿的老鼠和阔气的麻雀》、B. 加尔申的《青蛙旅行家》、安徒生的《白雪皇后》、格林兄弟的《不来梅的乐师》、Ш. 彼罗的《睡美人》、《美丽的长辫玛丽娅和瓦纽什卡》（俄罗斯民间故事）、《自己家里的钉子》（瑞典民间故事）、《夏伯阳的故事》和《驼背的麻雀》（日本民间故事）。这些童话就像给我们带来幸福、为我们所喜爱的人的形象永存在我们意识中一样，就此进入了孩子们的精神世界。孩子们将终生逐字逐句地记得他们曾听到过的故事，虽然从来谁也没有要求他们这样做。当语言以其独特的美激动着孩子时，它就永远被铭记在心。这样的记忆不仅不会使记忆力感到负担过重，相反，还会使之更加敏锐。

第一次讲述一个新的童话，这在儿童生活中是一件大事。我永远忘不了我们是怀着何等激动的心情为安徒生的童话《白雪皇后》布置环境的。那是第二学年的事。初冬的暮色笼罩着大地，孩子们来到“童话室”。故事发生的环境——尖顶的房子、高耸的山岩中奇异的宫殿、快腿鹿和雪堆——都是孩子们自己动手做的。但当时并不是所有的人都听过这个童话。转瞬间，小房子里亮起灯火，空中飘起雪花来，薄暮降临。孩子们屏息静气地听着教师讲。故事结束了，孩子们请求再讲一遍。对我来说，对语言这样入迷是十分珍贵的。孩子们请求讲多少遍，我就讲多少遍。孩子们一次又一次地想听白雪皇后的故事并不是因为他们一定要记住其中的话，而是因为这些话听来像是奇妙的音乐。

教师时常在想，怎样才能使孩子深入地掌握祖国的语言，使祖国语言进入他们的精神生活，变成锐利而准确的刻刀、色彩缤纷的调色板和认识真理的精巧工具。语言是思想的具体表现，只有领会祖国语言含义的同时也能领略祖国语言的鲜明感情色彩和动人的音乐韵律，孩子们才能掌握祖国语言。孩子领略不到语言的美，也就琢磨不透语言含义的奥妙。孩子不去幻想，不亲自去创作那被称为童话的作品，就谈不上美的领略。童话是积极的美的创作，包括孩子精神生活的各个领域：智力、感情、想象和意志。创作始于讲述，其最高阶段是表演。

在我们的“童话室”里成立了一个木偶戏剧团和一个话剧小组。在这里，孩子们第一次表演了一个名叫《大手套》的乌克兰民间童话，在这只大手套里，居住着许多勇敢的走兽。随后，他们又兴致勃勃地排演了《青蛙公主》和日本童话《驼背的麻雀》。到了第四学年，他们集体编写了《蜻蜓音乐家》的童话，并扮演了其中的角色。

在“童话室”里，我第一次给孩子们朗读了《鲁滨孙漂流记》这部中篇小说，朗读了《缪高津历险记》《格列佛游记》《萨尔坦王的故事》和短篇小说《小音乐家扬科》。孩子们将永志不忘那几个严冬傍晚的魅力，当时窗外风雪大作，他们却同乘船罹难的鲁滨孙一起登上了杳无人烟的荒岛，同他一起经受同大自然进行严酷搏斗的苦难。在“童话室”里，我们读完了安徒生、托尔斯泰、乌申斯基、格林兄弟、楚科夫斯基以及马尔夏克等作家写的所有的童话故事。多年的经验证明，如果童年时代读过关于善与恶、真理与谬误、诚实与虚伪的作品，那么这些作品中的道德观念就会成为这个人的财富。童话与童年有着不解之缘。

我们的朗读有自己的特色。这里提到的那些童话和故事，我都能背诵出来。我把书带来只是为了向孩子们展示插图。如同讲故事一样，朗读也是培养理智和善良的人道主义情感的有力工具。

可以毫不夸张地说，童年时代的朗读，首先是对心灵的哺育，是人的高尚品质对儿童灵魂深处的触动。那些揭示高尚思想的故事总是一点一滴地将人性倾注到儿童的心里，构筑善良的心地。

我们的“奇异海岛”——童话续编

吸引着孩子的总是一些异乎寻常的东西，如旅行和探险的浪漫情调、同大自然自发现象的斗争等。当我最初给孩子们讲《鲁滨孙漂流记》时，他们就想扮演旅行家，聆听海浪的声响和瀑布的轰鸣。孩子们决定建造一个自己的“奇异海岛”——一个能使孩子们生活在游乐世界中的神奇场所。这个“岛”，我们建在乌荆和洋槐的树丛中：造了鲁滨孙的住房，设置了防备野兽的围栏，搭起了我们小说主人公使用的那种炉灶；开了一个小小的窗子，从这儿可以瞭望一望无际的“大海”；挖了小小的田畦，播种了几十颗小麦和大麦的种子。柯利亚还从家里牵来了一头小山羊——因为在鲁滨孙的家业中就有山羊。我们搬来了旧木桶、绳子、砖头，用铁箍做成刀子，还编织了渔网准备捕鱼，还像原始的猎人那样用两块干木块摩擦取火——因为很可能鲁滨孙除此而外并无其他办法取火。

下雨天，我们取土造房时挖的那个坑里积满了雨水，变成了一个池塘。孩子们在里面嬉水玩乐，想象把他们带进了无边的海洋。既然有海洋，那就得有海船：孩子们找到了一方柳木，开始用它来造一只小船。这可不是一件轻而易举的活计，但终于胜利完成了，船上装了风帆，它已经可以出航了。

在小土丘的背后——在孩子们的想象中那是一座大山——我们创建了“小人国”。用胶合板和芦苇建造了城市——“小人国”的首都；用泥塑造了马、牛、羊，还塑造了叙事诗中的勇士伊利亚·穆罗梅茨和他的敌人、强盗索洛韦伊的形象。这些泥塑就摆在灌木丛中。这是古俄罗斯茂密的森林。在夏季寂静的傍晚，我们来到这里，每个人都想在这里讲一个关于勇敢和坚毅的勇士的故事。

当我们深入不易通行的灌木丛时，我们在沟壑的斜坡上找到一个不大的坑，这是凶狠的长生不老的卡谢依的洞穴，就在这儿，在神秘莫测的深处，美丽的公主受着折磨。

天气暖和的时候，如果我们不能到较远的地方去旅行，我们就在休假日到“奇异海岛”来。我们在鲁滨孙住房的附近搭起了窝棚。这是我们喜爱的地方，幻想的翅膀把我们从这儿带进童话世界。童话故事的主人公近在咫尺，当夜幕降临大地时，我们好像听到强盗索洛韦伊的口哨声、长生不老的卡谢依哼哼唧唧的声音和穿着皮靴的猫那小心翼翼的脚步声。在这儿，儿童幻想的火焰燃烧得特别旺盛。尤拉、加利娅、季娜和维佳在这个地方创作了美妙的童话故事。环境本身就激发人去想象。思绪潮涌，畅流不止，孩子们能找出表达自己感情的贴切词语。下面是谢廖沙编的关于金色彩虹的故事。

一天傍晚，魁梧的铁匠们来到太阳跟前说道：“太阳啊，太阳，我们的铁锤已经敲坏了。不久我们就没有锻造银线的材料了。铁砧也破旧了。放我们到地球上去吧，我们去取一些铁来。”太阳答应了铁匠。魁梧的铁匠们开始走向人间，可是乌云挡住了他们的去路。铁匠们透过乌云遥望大地，很高很高的，这怎么下去啊？他们又回到太阳那里说道：“太阳啊，太阳，我们怎么下到地上去呢？造一座桥吧。”太阳放射出自己的光芒，穿过乌云，一座太阳桥闪现在空中。而在地上的人们看来那是一条金色的彩虹。铁匠们下到大地上，从人们那儿取了铁，通过太阳桥又回到了太阳那里。当太阳一看到铁匠的白胡子，就收起了金色的光芒，彩虹就消失了。从此以后，当天空一出现乌云，太阳就派魁梧的铁匠到地球上来取铁。冬天没有金色的彩虹，因为白天太短，魁梧的铁匠难得用锤打铁。

我非常高兴的是每个孩子都在这里编了自己的童话。静悄悄的夏日傍晚将永远留在记忆中：太阳落山了，天空变成了灰色。每年盛夏时，都有几天这样的傍晚。好像天空本身放射着暗淡的光芒，黄昏比通常要长些，天空久久不闪现星斗……。孩子们默默无言，沉醉在大自然的美景之中。在这种时刻，幻想的火花，炽燃得特别明亮。下面就是我们听到的尼娜编的一个童话：

太阳到自己神奇的花园中去休息了。它躺下休息，可是忘了闭上眼睛。于是魁梧的铁匠以为还是白天。他们打呀打，锻造着银线。银线散开了，化为粉末。银色的粉末在天空中四处飞扬，闪闪发光。

当听到这篇美妙的童话时，我的心就剧烈地跳动起来。大自然的魅力、童话故事的神奇形象——这一切打开了儿童意识中思维的源泉——怎能不使人高兴呢。不知道为什么，在最最漫长的六月的傍晚，灰色的苍穹像一个神秘的罩子，在这种时刻，孩子们的想象异常活跃。

三年级结业之后，孩子们很想在“奇异海岛”上建立一个“游击队司令部”。“司令部”按常规设立在窑洞里，这是高年级同学帮我们挖好和布置的。一个引人入胜的、持续好几个月的游戏开始了。孩子们想在夜里玩，这是难以劝阻的。他们出去侦察，学会了使用指南针。他们制作了木制的“自动步枪”和“机枪”，在出发执行战斗任务之前还发布命令。

最后一学年中，孩子们被俄国童话作家 П. 巴若夫的作品《孔雀石箱》迷住了。当我读到奇异的乌拉尔宝石、贮藏着善良的“铜山女主人”无数财宝的岩洞的惊人美景和孔雀石的碎片时，孩子们眼中闪烁着快乐的火花。在这些日子里，孩子们想创造出一些美丽的、神秘的和浪漫主义的东西来。有人便想出建造地下翡翠王国的主意来。我们就开始收集绿色、蓝色、浅蓝色、橘黄色、绛红色和嫣紫色的玻璃片，把它们镶在我们窑洞的墙壁上。当窑洞中点起一盏小小的灯，而四壁辉映出五彩霞光时，孩子们被美景激起的欣喜和赞叹的神情是难以用言语形容的。在这里诞生了新的童话故事。也是在这里，我进一步证实，美感在培养、发展和巩固智力方面，其力量是多么巨大。我眼看着瓦利娅、佩特里克和尼娜的思维能力发生了新的、急剧的飞跃：他们各自创作了童话故事，其想象力之丰富使我惊叹。柳达在这里也创作了童话。我深信，这个女孩子的沉默寡言并不是因为智力迟钝，而是因为她富于梦幻，好沉思。

歌曲为孩子们展现了美的世界

在学校的低年级阶段，也和“快乐学校”阶段一样，我们常常倾听大自然的音乐，这是语言感情色彩最重要的源泉，是理解和感受旋律之美的钥匙。孩子们聆听大自然的音乐，也就从感情上为合唱做好了准备。我极力使孩子们能在大自然中辨认出与我们将要学习的歌曲相协调的音乐。

离学校不远有一个优美的地方。这里，傍晚的天空映照在水波不兴、平静似镜的池塘里，草地上传来鸟的啼啭声；蝈蝈清脆的歌声给苍茫暮色送来了凉意。我们在学习乌克兰作曲家Я.斯捷波沃夫的歌曲《我的晚霞》之前，多次在这里聆听大自然的音乐。这一支歌出色地表达了对晚霞之美的感受。在它的旋律中，孩子们捕捉着夏日寂静夜晚中迷人的音乐。正是在这个地方，我们学会了这支歌曲。孩子们想唱歌。后来，经过了几个星期，孩子们在音乐、歌曲和民族器乐室里演唱了这首歌。歌声唤起了他们对美丽晚霞的回忆，孩子们的面庞上流露出喜悦的神情。

在森林中我们倾听阳光明媚的中午的音乐。在参天的大树上，叶子轻轻地沙沙作响，啄木鸟叩击着树干，野斑鸠不知在什么地方啼鸣，布谷鸟“布谷、布谷”的叫声依稀可闻。孩子们感受了这种音乐之后，就能领会A.阿连斯基的歌曲《布谷鸟》的优美之处了。

孩子们非常喜欢合唱莫扎特的《摇篮曲》、捷克民歌《喜鹊》、柴可夫斯基的《儿歌》、H. 什别耶尔的《长着角的山羊在行进》、Д. 瓦西里耶夫·布格莱的《秋之歌》、波兰歌曲《百鸟争鸣》、H. 雷森科的《小狐狸之歌》、M. 约尔旦斯基的《凤头麦鸡之歌》、M. 韦里科夫斯基的《沃洛佳·乌里扬诺夫的肖像》、B. 罗日杰斯特文斯基的少先队歌曲《少先队鼓手》和《列宁之歌》、A. 费里宾科的《歌唱祖国》。通常我们的合唱没有伴奏。我十分高兴的是大家都喜欢唱歌。孩子们有了心爱的歌曲：И. 杜纳耶夫斯基的《飞吧，鸽子，飞吧》，莫扎特的《摇篮曲》，O. 桑德列尔的《歌唱妈妈》，乌克兰民歌《大河奔流》《哎，山上收割忙》《波多良姑娘》《吹吧，风，吹遍乌克兰》，俄罗斯民歌《少女林中走》《啊，宽阔的大街》和《花园》，白俄罗斯民歌《哎呀，飞过了两只鸽子》，捷克民歌《牧童》，C. 杰什金的《生起篝火，蓝蓝的夜》，A. 什托加连科的《纵队在行进》，M. 克拉谢夫的《歌唱列宁》，И. 基什科的《我们爱祖国》和 C. 博古斯拉夫斯基的《边防军之歌》。

孩子们已经有了集合在一起唱歌的要求。唱歌进入他们的精神生活，赋予他们的思想以鲜明的感情色彩，激发着热爱祖国和周围世界美好景色的情感。

乌克兰民歌《哎，山上的亚麻》给孩子们留下了深刻的印象。它鲜明地再现了我们民族遥远的过去和他们反对入侵者的英勇斗争。歌曲的旋律好像把孩子们带进了为祖国独立而斗争的严峻境地，呈现在孩子们眼前的景象与几个世纪前我们祖先见到的一样。瞧，田地里大家在收割麦子，男男女女都忐忑不安地不时向远处眺望，那里随时都可能出现敌人，到那时，就得放下镰刀，拿起马刀，保卫家园和躺在麦垛下阴凉处的婴儿。只有歌曲和富有魅力的旋律能够把这些场景传递给人的意识和心灵。只有歌曲才能展示人民心灵的美。祖国歌曲的旋律和歌词具有潜移默化的强大力量，它把人民的理想和愿望展现在儿童面前。

有这样一种人的品质——细腻和富有感情的天性。这种天性表现在环境能使他的感受能力更加敏锐。天性细腻和富有感情的人不会忘记别人的悲伤、痛苦和不幸，良知要求他去给予援助。音乐和歌曲能培育这种品质。

感情丰富是受过德育和美育的人所特有的品性，这一品性表现在他的心灵易于领会善意的话语、教导、忠告和赠言。如果您想使语言能够教人生活，想使您的学生渴求善良，那您就要把幼小的心灵培育得细腻和富有感情。在众多的作用于幼小心灵的因素中，音乐当居重要的地位。音乐与品德是一个尚待深入研究和探讨的课题。

歌曲能够使人富有诗意地观察世界。我记得有一次唱完一支人民寄寓了深情的歌曲之后，我们来到草原。展现在我们面前的是一望无际的小麦的海洋，地平线上古老的山岗若隐若现，小路像一条狭窄的绸带蜿蜒在金黄色的田野中间，云雀在蔚蓝的天空中歌唱。孩子们停下脚步来，就好像他们头一次见到故乡的这块地方。“这简直就是那支歌唱割麦人的歌。”敏捷而细致的瓦利娅说道。我感到，在这一瞬间，每一个孩子的心灵中都回荡着心爱的歌曲的词句。歌曲好像使人张开了眼睛欣赏故乡的美丽景色，而她的美也就变得更为亲切、更为珍贵。

民族的歌曲向孩子们指出，民族语言是人民珍贵的精神财富。通过歌曲，孩子们领略到语言音韵的细微之处。

最初一个阶段，我们器乐作品的唱片还很少，可是我认为听唱片是必要的，同朗读托尔斯泰、契诃夫、高尔基、柯罗连科、盖达尔、丘科夫斯基、Г. 辛凯维奇和杰克·伦敦的短篇小说，普希金和谢甫琴科的诗，安徒生和格林兄弟的童话一样必要。人不去聆听音乐，在儿童时代没有心爱的乐曲，这种教育对我说来是不可思议的。当我们的“快乐学校”刚刚开办时，教学人员收集了一些音乐作品的录音带和唱片。我们把这看成是一份很丰富的财富，而这份财富未能使孩子对人类的精神财富形成一个完整的概念确实使我们感到很遗憾。到这批学生的第一学年临近结束时，我们已经有了二十七种音乐作品的唱片和录音带，其中七种是歌曲，二十种是器乐曲。我们一周两次专门到音乐室去听音乐。某些乐曲和歌曲对孩子们并不陌生，当他们还在“快乐学校”时，这些东西已进入他们的精神生活。孩子们多次听柴可夫斯基的《云雀之歌》和《迎春花》，莫扎特的《摇篮曲》，舒曼的《勇敢的骑士》，Э. 格里格的《在山魔王的宫殿里》，Н. 雷森科的儿童歌剧《山羊和灌木》中的《小狐狸之歌》《山羊之歌》《小狼之歌》，乌克兰歌曲《我张望天空》《咆哮吧，宽阔的第聂伯河》《太阳落山，山岭黯》。

同孩子们在一起的四年间，我们的音乐资料差不多增加了一倍。这不算多，但我关注的不是数量，而首先是让人类音乐宝库（首先是乌克兰和俄罗斯人民的音乐）的一切精华进入儿童的精神生活，并且使他们在聆听同一个作品时都能得到美的享受，使音乐在思维和感情生活中留下痕迹。

即使孩子在一个月中只听到一支新的乐曲也不要紧，只要这一支乐曲能成为他终生精神享受的源泉。我避免接二连三地给孩子听过多的音乐作品，使音乐成为消遣，而不能在心灵中留下任何痕迹。

除了上面提到的作品之外，我的学生们在四年中还听了如下作品：M. 格林卡的歌剧《鲁斯兰与柳德米拉》中的《黑魔王进行曲》，Ш. 古诺的歌剧《浮士德》中的进行曲，Э. 格里格的《挪威舞曲》《爱尔菲舞》《霍尔贝格组曲》，柴可夫斯基的芭蕾舞剧《胡桃夹子》中的《小草绿茵茵》《牧童之舞》《糖果仙子舞曲》，芭蕾舞剧《天鹅湖》中的《小木兵进行曲》《古老的法国歌曲》《玩偶的病》《意大利歌曲》《儿歌》《喀马林歌曲》《小天鹅舞》，H. 里姆斯基－科萨科夫的歌剧《苏丹王的故事》中的《三件怪事》选曲片段和《野蜂飞舞》，舒曼的《快乐的农夫》，舒伯特的《苏格兰舞曲》，И. 杜纳耶夫斯基的《椋鸟飞来了》，K. 斯捷岑科的歌剧《小狐狸、小猫和小公鸡》片段，H. 雷森科的歌剧《冬天和春天》片段，贝多芬的《土拨鼠》，瑞士歌曲《布谷鸟》，波兰歌曲《百鸟争鸣》，乌克兰民歌《邻居》《嗨，山上收割忙》《高高一座山》《吹吧，风，吹遍乌克兰》，匈牙利民歌《夜莺》，俄罗斯民歌《原野上一棵白桦亭亭玉立》，Д. 卡巴列夫斯基的《欢乐的铃声》，A. 奥斯特洛夫斯基的《少先队员》，B. 穆拉杰利的《少先队的篝火》、《同志们，勇敢地齐步向前进》（Г. 洛巴切夫改编的古老革命歌曲）、《受着苦役的折磨》（列宁喜爱的歌曲）。

在听音乐之前，我讲述了表现在音乐形象中的真实的或幻想性的情景。这种讲解有巨大意义：它可以为孩子接受作品酝酿情绪，如在听《糖果仙子舞曲》之前，我讲了霍夫曼古老的童话，作曲家以这一题材为基础创作了芭蕾舞剧[①]。我尽量用鲜明和富有表现力的语言在孩子的想象中塑造一个善良仙女的形象——她轻盈、飘逸和高雅。“你们会听到小小的水晶铃铛的叮当声。”我对孩子们说。“这段音乐描绘出了美丽的仙女周围的环境。我想象得出瑰丽的宫殿中轻巧、雅致的圆柱，周围灯火辉煌。”孩子们先听音乐，然后谈他们想象中的仙女宫殿。他们的想象中浮现出水池、喷泉、一片绿荫的小树林和神秘的山洞。幻想中的形象激起了再听一遍音乐的愿望。

对音乐作品，特别是对孩子们不熟悉的作品的讲解，要求极有分寸和具有很高的教育素养。任何时候都不能忘记，音乐语言是感情的语言，即使一支民歌，虽然歌词朴实，有时甚至很简单，但是因为配上了音乐旋律，领略起来就成为艺术品了。为了解释音乐作品中艺术形象的本质，教师必须了解作曲家塑造形象的手法和特点。讲解应当是孩子从教师口中听到的一篇具有特色的、有头有尾的和富有艺术性的故事。这篇故事本身就应该能激发感情，引起感触，并在学生想象中描绘出一幅幅栩栩如生的图景。

我深信，音乐的美是思维的丰富源泉。在音乐旋律的影响下产生在儿童想象中的鲜明形象能活跃思维，如同把思维中无数的溪流汇集成一条河道。孩子们极力要把他们想象出来的和感受到的都用语言描述出来。对于智力发育迟缓的孩子来说，听音乐确实可以使思维丰富发展。我尽量做到让孩子在听完音乐作品之后，能无拘无束地谈一谈自己的印象。

在音乐室里，我们吹奏木笛，练习喜爱的曲子。二年级时，木笛爱好者小组中有我们班的九个学生和别的班的四个学生。孩子们自己制造乐器。谢廖沙、尤拉、季娜和莉达真是制造木笛的能手。他们到小树林中选取合适的材料，在树荫下检验砍下的树枝，调试乐器的音响，使音色纯正、悦耳。到了三年级，我们有了两只手风琴和三把小提琴。尤拉、谢廖沙、菲佳、莉达、科利亚、季娜、拉丽萨、萨尼娅和舒拉都学会了拉手风琴和小提琴。在小学最后一学年时，十九个孩子家里有了乐器——手风琴和小提琴。但是孩子们没有忘了木笛。有些孩子显示出有音乐禀赋，但是我的主要目的不在于培养

① 很显然，作者说的是 E. 霍夫曼的童话《磕头虫》，或者译为《胡桃夹子和老鼠王》。

个别天才，而在于使所有的孩子都爱好音乐，使音乐成为所有孩子精神上的需要。

儿童时代错过了的东西，到了少年时期就无法弥补，到了成年时期就更加无望了。这一规律涉及孩子精神生活的各个领域，特别是美育。儿童时代对美的敏感性和接受能力比个性成长的以后几个时期都要强得多。小学教师主要的任务之一就是培养美的素养，这种素养在很大程度上决定孩子精神生活的整个结构及其在集体中的人际关系。美的素养奠定道德的美，使人对一切卑鄙和丑陋的东西持毫不调和和不可容忍的态度。

“手中拿着小提琴，人就不可能做坏事”，这是出自杰出的思想家格里高利·斯科沃洛杰之口的一句古老的乌克兰谚语。丑恶和真正的美是不能共处的。教育者重要的任务之一，形象地说，就是递给每一个孩子一把小提琴，使每个孩子都能感受音乐是如何产生的。在我们这个时代，既然记录和传播音乐的技术手段已如此多种多样，这一教育任务也就获得了特殊意义。不能允许年青一代只做美的享用者——这不仅是美育的问题，而且也是德育的问题。

书和儿童的精神生活

书在儿童精神生活中能起巨大的作用，但要到儿童能够很好地阅读时才能发挥。什么叫“很好地阅读”？首先要掌握起码的阅读能力——阅读技巧。我尽力使个人阅读成为孩子精神上的需求。在一年级和二年级时，学生每隔一两周就要从图书馆借走一本书，并进行朗诵。没有这一点，就不可能培养扎实、稳固的迅速阅读和理解的能力。

二年级时，每个学生都已经有了笔记本——“词汇匣”，里面记着孩子们认为有意思的词汇或不懂的词（以后我给他们讲解词的意思和感情色彩）。到了三、四年级，“词汇匣”里除了记单词外，还记孩子们喜欢的短语和各种句子。

作为丰富精神世界的源泉的阅读，不能仅仅归结为掌握阅读能力，这种能力仅仅是一个开端。可能孩子已能迅速和准确地阅读，但是（正如经常发生的那样）书并未成为引导他攀登智育、德育和美育顶峰的小径。会阅读，意味着对语言的含义和优美之处、对其极其细腻的文采已很敏感。只有当语言在学生的意识中浮现、萦绕并变幻着周围世界的色彩和旋律时，他才称得上是在“阅读”。阅读是孩子借以观察和认识世界和自我的小窗子。要想使这一窗子为孩子敞开，必须随着阅读或与阅读同时甚至在第一次开卷阅读之前，就要在包罗儿童积极活动和精神生活的各个方面的语言上做细致的工作，这些方面包括：劳动、游戏、接触大自然、音乐和创作。没有产生美的创造性劳动，没有童话和幻想、游戏和音乐，就不能想象阅读能成为孩子精神生活的一个方面。到活生生的思维发源地去“旅行”、感知语言的魅力才能领会到词句的感情和美学色彩，以及蕴藏在书籍中的艺术财富。凡此种种都是发展语言和思维的基础。

在首次开卷阅读之前，孩子应当听到老师和父母朗读，领会艺术形象的美。不能把到大自然中去“旅行”看成是与书本脱节的活动。如果孩子不能领略所读书籍中词句的美，他就看不到周围环境的绚丽多彩。通向孩子心灵和意识的道路来自两个方面，乍看起来似乎是相反的两个方面：从书本、从读过的语句到口头语言，从活生生的、已进入孩子精神世界的语言到书本、阅读和书写。为读和写在情感和美学上做准备是孩子学会读和写最重要的条件，而学会读和写并不是为了去得分数，而是因为读和写是精神生活所必需的，不会读和写，他就会失去许多乐趣。

我的学生早在“快乐学校”阶段就通过绘画和富有表现力的标题来表达他们对周围美景的思想和感情，这就是从情感和美学上为读和写做准备的结果。到大自然中去“旅行”在我们的教育体系中并不是目的本身，而是通过语言发展孩子智力的一种手段。如果没有语言，没有智育，没有教育最主要的目的，即教会孩子思考，使之察觉事物、现象间的相互作用，对自然界、对直观形象和观念加以概括和抽象，那儿童就会对大自然的美、色彩和音乐的变幻和生活中无穷尽的变化无动于衷。

一年级时，我就力求使阅读成为孩子们的精神需求，而不只是以培养快速感知词义、掌握发音技巧为目的的练习。只有符合学生的发展水平——智力、感情和审美水平，同时符合其进一步发展要求的东西，才能进入他的精神世界。对读物的正确选择是教育工作者特别重要的任务。令人惋惜的是阅读课本中缺少好多适合儿童阅读理解的艺术珍品。学年开始三个月之后，我们就开始读没有收入阅读课本中的富有趣味的童话和故事。

我把《乌克兰和俄罗斯童话》发给孩子们。做好他们阅读乌克兰民间童话《草扎的小公牛》的准备工作——介绍它的内容，并用画片配合讲述。孩子们打开书本。第一个学生朗读了这个童话，接着第二个、第三个学生来朗读。同一个故事——但必须是孩子们觉得有趣的故事——不管朗读多少遍，他们也不会觉得厌烦，因为对每一个孩子来说，朗读并不是一种重复的练习，而完全是个人对生动形象的深刻体验；每一个孩子都要给原文加上自己的感受。孩子们听朗读是如此专心，就像他们一个接一个地在唱词、曲都十分动人的同一首歌曲一样。每个人的唱法各不相同，每个人的唱词各具自己的文采，以细腻表达各自的感受、理解和体会。语言在这种朗读中同音乐、同旋律一样动听。

在进行富有感情色彩的、生动的个人朗读准备中，特别重要的是孩子曾多次来过思维的源头，感受过语言的美。比如学生读到“小牛走进了阴暗的森林，遇到了一只大灰狼”这一句时，听到“阴暗的森林”这个词，孩子的脑海中立即出现了难以忘怀的景象：笼罩着森林的暮霭，夜间神秘莫测的簌簌声，暴风雨来临前树叶不安的喧闹声……。这一切都进入了他的精神世界，当他一听到“阴暗的森林”时，这一切就会绘声绘色地奏出大自然的乐曲。如果教师不知道通向活生生的语言和思维的源泉的途径，那他再讲如何读、如何发音、如何掌握语调等，也教不会学生如何富有感情地朗读。

我打从事学校工作的第一天起，就操心这样一件事：不使一本坏书落到孩子的手中，使孩子生活在已经成为本民族和全人类文化瑰宝的那些饶有兴味的作品之中。这是非常重要的任务，因为一个人一生之中阅读的书超不过两千本[①]，在儿童时代和少年的早期，必须细心选择读物。哪怕孩子读得不多，

① 这是作者的个人见解。社会学的现代文献中，有关这方面的见解各有不同，取决于读者、书的性质等。

可是要让每一本书在孩子的心灵和头脑中留下深刻的印象，使他多次反复阅读，不断从中发现新的精神财富。这里很重要的是要让孩子从表情朗读中得到满足和享受。语言的力量和美展现在他的声调之中，因此，要让语言的感情色彩通过表情朗读，也就是通过听觉去感知，这是十分重要的。

我们早在一年级时就建立了儿童图书室。它分为四个部分。第一部分是故事。依我看，这是对孩子的德育、智育和美育最有价值的一部分（每种书我们都买十五本，以便上朗读课时，每张课桌都能发到一本）。这一部分书可供小学四个学年使用。这一部分所选的故事都是通过鲜明的艺术形象体现能被孩子理解的深刻的人道主义思想的作品。它们是：Л. 托尔斯泰的《鲨鱼》《跳跃》《高加索的囚徒》，П. 叶尔绍夫的《驼背小马》，M. 柯秋宾斯基的《小松树》，B. 茹科夫斯基的《十二个睡美人》《独眼巨人洞历险记》，Д. 马明·西比利亚克的《多嘴的傻猎人》《冰天雪地里过冬的地方》《财主和小便帽》《养子》《小灰脖》，安徒生的《小不点儿》《丑小鸭》《皇帝的新装》，B. 雨果的《珂赛特》和《伽弗洛什》（选自《悲惨世界》），格林兄弟的《根泽利和格列捷利》《懒惰的甘斯》《三个幸运儿》，A. 普希金的《萨尔坦王的故事》《死皇后的故事》《驿站长》《安查尔树》《囚徒》《女保姆》《小鸟》《冬日的傍晚》，亚努什·科尔恰克的《如果我返老还童》，B. 柯罗连科的《地下的孩子》，H. 涅克拉索夫的《农民的孩子》《雅科夫叔叔》《马扎伊爷爷和兔子》，И. 屠格涅夫的《一只雌鹌鹑》，Д. 格里高洛维奇的《橡胶孩子》，B. 加尔申的《信号》，库普林的《椋鸟》，K. 斯坦纽科维奇的《马克西姆卡》《保姆》《逃亡》，A. 契诃夫的《醋栗》《小白花顶》《万卡》《逃亡者》《男孩子》《变色龙》，Г. 辛凯维奇的《乐师扬科》，杰克·伦敦的《基什的故事》，马克·吐温的《汤姆索亚历险记》，M. 高尔基的《贝贝》《帕尔马的孩子》《叶夫西卡的遭遇》《伊利的童年》《早晨》，A. 盖达尔的《丘克和盖克》《远方的国家》《铁木儿和他的伙伴们》，B. 邦奇·布鲁耶维奇的《列宁和孩子们》，A. 捷斯连科的《小学生》，帕纳斯·米尔内的《严寒》，И. 弗兰科的《格里采夫的学校生活》《铅笔》，A. 柯诺诺夫的《列宁的故事》，Л. 柯斯莫杰米扬斯卡雅的《卓娅和舒拉的故事》《少先队英雄的故事》，Д. 别德济克的《奥列格·柯歇伏依的童年》，B. 卡达耶夫的《团队之子》，A. 戈洛夫科的《皮利普科》《红手帕》。

阅读这些作品对孩子来说，不仅能认识世界，能进行有助于培养扎实的技能和技巧的练习，而且能培养感情和道德。每一本书都在孩子的心灵中留下深刻的印象。Д. 马明·西比利亚克的妙趣横生的《冰天雪地里过冬的地方》给孩子留下了很深的印象。这一作品讲述一个孤独的、被人遗忘的老人如何在荒无人烟的原始森林中的一个小屋里消磨余年。我看到，儿童读完这类作品之后，对周围世界各种现象的敏感性是怎样在加强的。

我们既在课堂上朗读故事，也用课外时间来读。我们图书室的这一部分可以同专供集体欣赏音乐用的音乐作品的收藏部分相媲美。

我们班图书室的第二部分是俄罗斯和乌克兰现代作家写的故事，它们描写我们今天的生活、苏维埃人的劳动、争取和平的斗争、伟大卫国战争年代英雄们的业绩和少年英雄们。我的学生以极大的兴趣读 C. 米哈尔科夫和 C. 马尔夏克的诗，A. 盖达尔、Л. 卡西利、H. 诺索夫、M. 普里列热耶娃、M. 特鲁布莱尼、Ю. 雅诺夫斯基、Ю. 兹巴纳茨基、M. 利尼科夫、O. 伊瓦年科、Л. 沃龙科娃、Б. 日特科夫和 Э. 亚历山德洛娃的故事。

第三部分是童话、诗歌和寓言。这些书只用作课外读物。每个孩子自己挑选他感兴趣的书来读（而兴趣是由优美的插图和看过这本书的教师或同学的叙述引起的）。

图书室的第四部分是古希腊的神话。这里收集了一些沥尽心血才找到的书籍，它们以孩子能够接受的形式叙述希腊神话。古代神话在儿童的智育和美育方面能起重要作用。它们不仅为孩子揭开人类文化辉煌的一页，而且激发想象，发展智力，培养对远古时代的兴趣。

从第一学年的中期起，我们就开始集体朗读。同一本书有好几册，我分发给孩子们，让他们在家里阅读。这是集体朗读的预习。难道到“童话室”去是为了朗读孩子们早已熟悉其内容的故事吗？孩子们怎么会有这样的愿望，这样做为的是什么，读一点新东西不是更好吗？

是的，新的、不熟悉的也要读，我们也读新书。可是只有当一个孩子想把激动了自己心灵的东西读给自己的同学们听时，想把自己的情感和体会用语言表达出来时，作品才能进入他的精神世界。第一部分图书中的每一本书，我们都朗读过不下十遍，但是兴趣并没有因为重复朗诵而稍减。一本书是在两三周前读的，但是孩子并没有忘记它，想再读一遍，并且专门为此目的来到学校。三四个月过去了，孩子们又想重读一遍心爱的书。于是它再次成为集体阅读的书籍。

可是只有孩子在学会阅读之前就能感觉出语言细腻的文采，作品的力量和优美之处才能感染他的心灵，激动他的理性。凡到活生生的思维源头去“旅行”仍领略不到语言魅力的人，永远也不会有把已经知道的作品听上两三遍，乃至十遍的兴致。

有的课我们是专门用来朗读心爱的故事的。孩子们怀着激动的心情为朗读做准备。每个孩子都读他最喜爱和最使他激动的段落。

朗诵诗歌在我们班里占有特殊的地位。那些已被列入人类文化宝库的优秀的诗歌典范作品——普希金、莱蒙托夫、B. 茹科夫斯基、涅克拉索夫、费特、谢甫琴科、廖夏·乌克兰英卡、И. 席勒、A. 密茨凯维奇、海涅、П. 别兰热以及其他一些诗人的诗，我都是给孩子们背诵的。孩子们产生了要学会背诵自己喜爱的诗歌的愿望。在四个学年中，学生背诵了很多诗。但是在他们尚未感受到诗句的美妙音韵之前，他们是绝对不会去背诵的。

优秀的诗作总是把语言、形象和音律之美融为一体。我极力使孩子们在幼年就能感觉到这种美学上的完美性和一致性：我背诵了俄罗斯和乌克兰诗人的诗歌。我们多次朗诵了普希金的诗《先知奥列格之歌》和谢甫琴科的长诗《女工》，这些作品几乎所有的孩子都能背诵（并没有专门下功夫去背）。孩子们也会背诵好多首篇幅不长的描绘大自然美的抒情诗。作品的连续朗读受到孩子们的欢迎。在“幻想角”里，我们接连几周朗读《汤姆索亚历险记》。周围的环境强化了孩子们从书中得到的印象。我们还用连续朗读的方式读了高尔基的《童年》、B. 卡达耶夫的《雾海孤帆》和 П. 巴若夫的《孔雀石箱》。

随着时间的推移，我们开始举办朗读晚会和晨会。每个愿意参加的人都为朗读自己喜爱的故事或诗歌做准备。许多别的班的学生也来参加这种晚会和晨会，于是这种朗读活动就逐渐成为全校性的活动了。

我们一年两度庆祝语文节，一次是在第一学期末尾，另一次是在学年末尾。这一节日的某些仪式已成为传统仪式。孩子们邀请村里的长者来参加，由他们来评定谁的故事或诗歌朗诵得最好。这是一种别具一格的创造性的竞赛，作为奖励优胜者会获得赠书。年长的农庄庄员——爱好和珍惜祖国语言的人——把奖品授予孩子。他们自己也讲童话和背诵诗。有时，学生和年长的庄员朗诵的是同一个作品。四年级的春季语文节举行了两天，希望朗诵故事、诗歌和寓言的真是大有人在。

同长辈，也就是同父亲、母亲、祖父和祖母们的经常接触产生了另一个有意思的传统：我们优秀的朗读者开始在家里读给父母听，成年人开始经常到学校来听孩子们朗诵，由此还产生了好几个语文爱好者和朗读者小组（小组由成年人，而且是很受尊敬的人组成）。孩子们如同是这些小组的组织者，这一点更增强了他们对书籍和阅读的兴趣。

全校性的图书节也成了传统。在开学的前夕，8 月 31 日，孩子和家长都到学校来。在这一天，大家互相赠书：孩子们互相赠，父母赠给孩子。集体农庄的管理委员会在这一天向语文爱好者小组的优秀领导人赠书也成为常规。

我尽力使每个孩子逐步补充自己的图书，使阅读成为孩子最大的精神需求。在孩子们上小学的头两年中我就已做到使每一个家庭都有了藏书。在一些家庭里，藏书超过了五百册，在另一些家庭里，要少一些，但每家的藏书都逐月增加。如果一个月之中家庭藏书连一本也没有增加的话，那我就认为这是一个令人不安的现象。

自我教育和个人的精神生活是从书本开始的。在教育过程中总有这么一个时刻，始终小心翼翼地拉着自己学生的手领着他前进的老师终于认为可以放开他的手对他说："你自己走吧，去学习如何生活。"决定走这一步，要有高超的教育学水平。为了培养一个人能在精神上独立生活，必须把他引进书的世界。书应该成为每一个学生的良师益友和明智的教导者。我认为使每一个学生在小学毕业时能向往单独与书相处——向往默想与沉思——是一项重要的教育使命。单独与书相处并不意味着孤僻。这是思维、情感、信念和观点的自我教育的开始。只有当书作为精神需要进入幼小者的生活时，这样一个开始才有可能。我通过个别谈话弄清什么书使某个男生或女生产生兴趣，这些幼小者在书中寻找哪些问题的答案。我之所以要知道这一切是为了给他们提出忠告，帮助他们找到自己要看的书。

只有当四种崇拜心理控制学校时，学校才能成为真正的文化中心，这四种心理是：对祖国的崇拜、对人的崇拜、对书的崇拜和对祖国语言的崇拜。

早在我还没有教这一班学生之前，我就听够了关于少年教育工作的难处。人们对我说："教育幼儿最容易。可一旦幼儿成为少年，他就变了，变得叫你认不出来。善良、同情心和腼腆消失了，代之而来的是粗鲁、生硬和冷漠。"后来，我确实认识到这些话是非常错误的。一切好的品质在少年时期"消失"必然有一个前提，即好的品质根本没有形成，教育工作者认为美德是儿童天生就有的。如果孩子从儿童时代起就没有养成对书籍的喜爱，如果阅读没有成为他一生的精神需要，那么到了少年时期，他的心灵就会空虚，似乎不知从哪儿来的坏东西就会蓦地出现在他身上。

祖国语言

对我们乌克兰人来说，乌克兰语是祖国语言。今天有 3600 万以上的人在用这种语言说话。然而乌克兰人民的历史遭遇使我们乌克兰人对兄弟的俄罗斯人民的语言感到十分亲切和珍贵。这两种同源的语言由千百条线交织在一起。这使得同时掌握祖国语言和俄罗斯语言既有方便之处，又有困难之处。千百个词，在两种语言中发音相同，但含义却不一样。在千百种情况下，同一个词在乌克兰语中是一种感情色彩，而在俄罗斯语中却是另一种。一个词在这种语言中听起来带有热情的色彩，在另一种语言中有时却具有讽刺的意味。两种语言文字的感情和美感色彩的细微之处和语气的变幻，是我们乌克兰学校教师精神财富的源泉，我们有责任将它传给后代。

语言是人们的精神财富。"我知道多少种语言，我就做了多少次人。"这是明哲的说法。然而一个人若是不掌握祖国语言，感觉不出它的美，那么体现在其他人民语言宝库中的财富对他来说就是遥不可及的。一个人对祖国语言的细致之处体验越深，他对祖国文字在语气上的变幻感受就越细致，就更多地具备掌握其他民族语言的才智，他的心就能更主动地去体验文字的美。

我极力使这一生机盎然的源泉——祖国语言的财富——从孩子们学校生活一开始就展示在他们面前。我的学生们在到活的思想和语言的源头去“旅行”的时候，同时在领略祖国语言和俄罗斯语言情感上、美学上和含义上的色调。我努力使他们感受语言的美，小心谨慎地使用语言，并注意语言的纯洁性。

一个人的语言修养是他精神修养的一面镜子。祖国语言的美好和伟大、力量和表现力是影响孩子并使他的感情、精神、思想和体验变得高尚的最重要的手段。小学阶段，孩子每当遇到周围环境中的新现象时，总是无限神往，因而这一手段在这个阶段的作用非常大。

我们到大自然中去，到森林、果园、田野、草地、河边去。语言在我手中成为武器，我借助于语言，使孩子们看到了周围世界的丰富多彩。孩子们感受到和体验到所看到和听到的东西的美，就能领会语言的细微色彩，而美则通过语言进入他们的心灵。到大自然去“旅行”是对创作的第一次推动，孩子们产生了表达自己感情与感受的愿望和反映美的愿望，于是编撰关于大自然的短文。这些短文是发展语言和思想的最重要的工作方式。每个孩子都编自己的短文，然后到教室里把它写下来。下面我引用几篇孩子们在一年级时口头编的，后来写入《我们祖国的语言》纪念册或个人纪念册中去的短文作为例子。

云雀之歌

（拉丽萨）

在蓝蓝的天空里颤动着一小团灰色的东西，这是一只云雀。我听它唱着奇妙的歌，怎么听也听不够。真好像用非常非常细的银弦在演奏。拉紧连着金色小麦和太阳的琴弦。麦穗在倾听它的歌。

太阳下山了

（谢廖沙）

太阳下山了，田野暗下来了。昏暗从峡谷伸向田野和草地，像河流一样向四处漫去。而杨树顶上闪烁着金色的小火花，这是太阳在发出它最后的问候。闪烁了一会儿就熄灭了。再见吧，太阳。

蜜蜂喝水

（加利娅）

我看见了蜜蜂怎样喝水。一小滴一小滴的水顺着细细的苇秆溜到光滑的柳树墩上。树墩湿润了。蜜蜂喜爱柳树的香味，它们扇动金色的小翅膀飞向树墩喝水。稍稍休息一会儿吧，蜜蜂，你们还有很远的路要飞呢。

荞麦开花

（瓦里娅）

荞麦开始开花啦。田野好像铺上了一条白色的地毯。不过这条地毯是活的，而且散发出这么好的香味。每一朵小花上都落着蜜蜂。地毯在嗡嗡响，这是蜜蜂在嗡嗡叫。一只毛茸茸的大野蜂落到了花上。麦秆颤动起来，弯了下去。野蜂没扒住，滑了下来，气呼呼地嗡嗡叫起来。

康拜因手

（尤拉）

我的叔叔是一个康拜因手。他开着一台大机器。他面前是一大片麦子。锋利的刀子割断麦秆，送进脱粒机。脱粒机给小麦脱粒。麦粒小股小股地流入谷箱。一辆汽车开来，把麦粒运到麦场上去。会有很多的白面包。

我们的脱粒机

（万尼亚）

我们学校里有一台小小的脱粒机，就是这么一台机器……。同学们在学校园地里收割完小麦，捆成 5 捆。小脱粒机开始嗡嗡响起来。它把小麦脱了粒。我们把麦粒装进口袋。我们将用它来播种。

苹果树开花

（帕夫洛）

啊，当苹果树开花的时候，果园里多美呀。白色的小花迎着阳光张开了花瓣。微风拂动小花，花就叮叮当当响，就像银铃一般。整个果园都在叮当响，朝着太阳微笑。而当风停了的时候，就听到蜜蜂嗡嗡叫。它们在树梢上飞来飞去，寻找着声音最响亮的小铃。果园还像 1000 根琴弦在弹唱。一只小蜜蜂落到花铃上，伸伸腿，抖抖翅膀。花铃上空像一小片云彩似的扬起了金色的花粉。

在达莎婶婶的奶牛场里

（柯利亚）

我们去过达莎婶婶的奶牛场。她给 30 头奶牛挤奶。好大好大的奶桶。牛奶被运到奶油厂去，在那儿人们把牛奶制成奶油。

傍晚雁鸣

（季娜）

太阳落山了。蔚蓝的天空中飞着大雁。大雁鸣叫道："你们好，绿色的草地，我们从温暖的海那边飞来。"树上的树枝颤动起来。绿草簌簌响起来。池塘发出声音："你们好，大雁，请你们说一说，你们在温暖的海那边看到了些什么？"

温柔的朦胧爷爷

（萨尼娅）

天空中星星在闪光。从峡谷中走出了温柔的朦胧爷爷，老态龙钟，头发蓬松，拄着拐杖。他走进村子，跨进屋子。他把孩子抱在柔软温暖的手里。于是孩子就想睡了。他们做上了好梦。

（萨尼娅还在“快乐学校”时期，就想出了一个关于朦胧爷爷的童话。而现在，这个童话重又在孩子的记忆中复活了。）

库济马叔叔

（费佳）

我们去过库济马叔叔那儿。他是一个建筑工人。他用砖砌墙。现在他在建造一家商店。库济马叔叔已造了 50 所房子。这些房子里住着好多人。他说：“我盖的房子能维持 200 年。很多人会回想起，库济马叔叔是多么好的一个建筑工人呀！”

报　春　花

（卡佳）

太阳唤醒了森林，融化了松树顶上的雪。融化了的雪水滴到雪地上，穿透了雪堆和枯叶。就在雪水滴落的地方，露出一根绿梗。而在绿梗上开出一朵蓝色的铃铛花。它望着雪地，感到惊讶：“我是不是醒得太早啦？”“不，不早，是时候啦，是时候啦。”小鸟一齐唱了起来。于是春天来了。

太阳和乌云

（托利亚）

金黄色的田野漂亮极了。太阳在每一簇麦穗上嬉戏。田野呀田野，你是多么美丽。但是向你飘来了一朵乌云，它遮住了太阳。麦穗上金色的火花熄灭了。田野变得阴沉沉的，就好像谁给大地盖上了一条灰色的大被。太阳，你快从乌云后面出来吧。麦穗在等着你。我们也在等着你，太阳。

陨　　星

（柳芭）

八月份常有星星从天空陨落下来。在黑压压的森林里有一块很大的空地。有一颗星从天空落到空地上，开了一朵紫红色的花朵。

我们的教室很暖和

（萨莎）

我们的教室暖和极了。暖气片滚烫滚烫的，有水在里面流动。地下室装着一个锅炉。大炉子里煤在燃烧。它是矿工从地下采来的，通过铁路运送，运到了我们这个地方。卸到地上。然后装上汽车，运到学校。我们觉得很暖和，是因为矿工和铁路员工们在劳动。

椋鸟过冬

（米沙）

去年冬天椋鸟没有飞到暖和的地方去。它们怎么会知道没有严寒呢？我看到傍晚椋鸟聚合成一大群，从一棵树飞到另一棵树。它们在寻找比较暖和的地方。它们惊慌地吱吱叫。在暴风雪的时候，它们飞进我们的棚子里。落在什么地方的都有，甚至落在母牛背上。而在阳光明媚的寒冷日子里，它们在雪中洗澡。啪的一声，一只椋鸟落到柔软的雪堆里，陷进雪里。然后，它又从雪堆里爬出来，欢乐地啾啾叫。

新年松树

（丹卡）

我和妈妈把一棵新年松树摆在桌子上，用各种玩具装饰它，下面放上冬老人。夜降临了，院子里月色皎洁。我想看一看，冬老人在做什么。他拿起了拐杖，离开了新年松树，在桌子上踱起步来。一边踱着步，一边嘎嘎叫几声。而白色的小雪花在枝头小声交谈些什么。小灰兔躲在树枝上，突然它跳下新年松树，跳进冬老人的口袋里。这下它就成了新年的礼物。

尤希姆爷爷

（柳达）

我的爷爷尤希姆是一个林业工人。他在集体农庄已工作了25年。村后有一片茂密的树林。这是他的橡树，是他栽的。爷爷说，他的橡树要活300年。我也要种我的小橡树。

凶恶的蜘蛛

（柯斯佳）

在小贮藏室阴暗的角落里，蜘蛛张开网。我瞧着它要干什么。蜘蛛躲在墙上，伸伸它的腿，好像在摇晃它的网。一只苍蝇飞来了，嗡嗡地叫。蜘蛛转身细听。苍蝇碰到了网上，被缠住了身子，嗡嗡声变得又尖又惊恐。而蜘蛛快步向苍蝇爬去。不，不让你杀害苍蝇，凶恶的蜘蛛。我扯破了蜘蛛网，放走了苍蝇。飞吧，可别再落进凶恶的蜘蛛的网里了。

西　红　柿

（斯拉瓦）

丛丛绿秧上长着红色的西红柿。清晨，西红柿上布满了露珠。金色的太阳在每一滴露珠上闪光。白色的蝴蝶落在红色的西红柿上。蜜蜂在嗡嗡叫。蜜蜂以为这是一朵大红花。它在西红柿上盘旋了一番就飞走了。

孩子们的作文是巨大劳动的结晶。应当带孩子们到活的思想和语言的源头去，努力使周围世界中物体和现象的概念通过语言，不仅深入他们的意识，而且也深入他们的内心和灵魂。语言在情感上和美学上的色彩及其细腻的色调，都是儿童创作的生机勃勃的源泉。语言以鲜明的形象存在于孩子的意识之中，因此，他们把自己的短文写进班上的文集时，常用图画来补充文字。

若期待孩子在周围美景的影响下马上写出作文来，那就太天真了。孩子可不是凭什么灵感就能创作的。应当教他们创作。只有当孩子从教师那儿听到关于大自然的描绘后他才能写出作文来。我给孩子们念的第一篇作文，是在一个静悄悄的傍晚时分，在池塘旁编的。我力求让孩子们懂得和感到，直观形象可以用语言表达出来。一开始，孩子们只是重复我编的作文，逐渐过渡到独立地描绘令他们激动的大自然图景，儿童个人创作的过程就开始了。在这一工作中，极其重要的是能领会语言的情感和美学的色调。只有当每个词对孩子说来就像一块预先留着砌放地方的现成砖块的时候，他才能学会编作文。孩子就会选取那块当时唯一合适的砖块来用。他们不可能去用那随意想到的头一个词，情感和审美上的敏锐感受不允许他们这样做。

编写作文成为我的学生们喜爱的活动。他们总想把他们所看到的和感受到的都讲出来。对孩子们来说，语言是表达他们对周围世界美好事物的态度的一种手段。到了二、三、四年级，孩子们写的是关于自己的长辈——集体农庄庄员和工人、关于苏维埃人的劳动、关于苹果树冒出的幼芽和凋萎的菊花、关于晴和的初秋时分银色的蜘蛛网和在集体农庄果园里摘采苹果的作文。在四年中，每个学生都写了四五十篇短文。下面是孩子们在二、三、四年级写的几篇小作文。

玻璃窗上的冰窗花是哪儿来的

（塔尼娅，四年级）

我问妈妈："玻璃窗上的冰窗花是哪儿来的？"妈妈说："冬老人的小孙子画的。他一到夜里就跟爷爷一起到各家去把玻璃窗画满花纹……"我想看看，他是怎么干这件事的。我躺下睡觉，但没有合上眼。大家都入睡了。窗外的树轧轧作响。一个小男孩走近了窗户。他一边用一支银色的笔在玻璃窗上画来画去，一边悄声唱着歌。我看到他画了一朵美极了的花，很宽很宽的叶子、小小的花瓣。清晨，太阳开始在窗上闪耀，这朵花栩栩如生。我不知道是我做了一个梦呢，还是我真的见到了。

冬季里花的世界

（加利娅，三年级）

秋天，暖房旁边菊花怒放。它们不畏寒霜。但从北方忽然来了寒流，桶里的水都被冻成了冰，得防止菊花受冻。我们把它们移到花盆里，放进暖房，剪了枝。菊花又开始发绿，然后又开花。早晨醒来，我看见院里都是雪。又是雪，又是太阳。我飞快地跑进暖房。菊花盛开了，白的、青蓝的、蔚蓝的。而玻璃窗外是雪。菊花朝着明媚的太阳微笑。

我们是怎样从野外归来的

（帕夫洛，二年级）

夏天，我和妈妈一起到野外去拉干草。妈妈装了一大车干草，用绳子捆好。马慢慢地走着。我们高高地坐在干草上。太阳落山啦，天上星星闪亮。我躺在干草上，仰望天空。这时，我们的大车不再是大车了，而是一只大船。我们在海上航行。我们的头顶上是星星。它们离得好近。你一伸手就能摘下一颗星星来。远处是绿色的海岸。那儿鹌鹑在歌唱，蛐蛐在演奏小提琴。我们的船停住了，星星在微微摇晃。船靠岸了。妈妈站起身来，可我还想躺一会儿。

阴沉的秋天

（舒拉，三年级）

白天变短了，黑夜却长了。一到清晨，河上飘着雾。太阳到哪儿去了？为什么它不驱散雾气？天空降下细细的秋雨。树枝耷拉着，树叶凋零了。树枝上挂着大颗的水珠。远处雾中一只鸥鸟在曼声啼啭。也许，它因未能飞向南方而在向人们诉苦。森林里静悄悄的。啄木鸟啄了几声，就不啄了。金色的橡实落到叶子上。整个世界都是一片白雾。

初　秋

（谢廖沙，四年级）

清晨，燕子惊恐不安地在村子上空盘旋。然后，它们汇合成一大群，一字长蛇地落到电话线上，唧唧地在轻声细语些什么。它们是在商量，什么时候飞向暖和的地方去。第二天，燕子全不见了。它们飞到哪儿去了？它们怎么知道秋天临近了？现在天气还暖和。太阳暖洋洋的。我爱秋天霞光灿烂的傍晚。晚霞通红的火焰久久、久久地燃烧着。而白杨树上的叶子也好似变红了。这是晚霞的反照。沉睡的池水像晚霞。只是池塘上一到傍晚就闹哄哄的：禽鸟在飞往南方的途中在这儿过夜。到了清晨，池塘上笼罩着浓雾。草上有露珠。露珠不知怎么灰蒙蒙的，不像夏天那个样子。秋天来了。

生活中什么是最主要的

（瓦里娅，四年级）

生活中什么是最主要的？矿工说：最主要的是煤。如果没有煤，机器就会停止，就没有金属，人们就会受冻……

冶金工人说：最主要的是金属。没有金属就没有机器、煤、粮食和衣服。

农民说：最主要的是粮食。没有粮食，矿工、冶金工人、飞行员、边防军人都不能工作。

那么他们到底谁说得对呢？生活中什么是最主要的？最主要的是劳动。没有劳动，那就既没有煤和金属，也没有粮食。

“火焰驹”

（萨尼娅，四年级）

这件事是妈妈讲的。当村子里成立第一批集体农庄时，农庄庄员买了一匹马。它的名字叫“火焰驹”。谁都驯不服它。最勇敢和最富有经验的人都怕靠近“火焰驹”。它用蹄子刨土，用牙咬人，打响鼻儿。

小伙子尤尔科到底骑上了这匹烈马。马腾空而起，嘶鸣起来，跃上大路，把尤尔科摔到地上。它跑出了几里地，在村边停住了。大路中间，有两个小小的孩子在玩耍。他们跑近这匹马，抱住它的两条前腿。妈妈吓得心直跳。她想：这下马可要把孩子踩死或弄残废了。可是这匹马安静地站着，挪动了一下腿，又站住了。它瞟着孩子们，好像怕碰伤了他们似的。而孩子们一直在那儿玩耍。然后，“火焰驹”小心地离开了孩子，跑着穿过了村庄。人们抓住了它，把它关进了马厩。

刺　猬

（费佳，四年级）

我们的台阶下住着好几只刺猬。一到傍晚，它们全家走出洞来，向池塘出发。前面是老刺猬，跟着它的是五只小刺猬，最后是母刺猬。它们在那儿干什么呢？我看了一下才发现：它们在喝水和洗脸。然后它们又用小脚刨土，从土里找出一些小根茎来吃。这是老刺猬和母刺猬。在这个时候，小刺猬则跑啊跳啊地嬉戏。它们找的是僻静的角落，那是谁也不去的地方。

一天，不知从哪儿来了一条狗。它跑近了老刺猬。老刺猬团起身子来，待着不动了。接着，所有的刺猬也都团住了身子。狗衔住老刺猬来到池塘边，把刺猬放进水里。刺猬趁机游向岸边。狗瞧着它，开始捉弄刺猬。我把狗赶走了。

第二年春天，台阶下只剩下一只老刺猬。其他的刺猬都上哪儿去啦？大概搬到别处去了。而老刺猬不愿搬家。我在台阶旁放了一小盘牛奶。刺猬把牛奶喝了。它不再怕我了。我把它引到屋里，打开电灯，刺猬目不转睛地朝着灯光看。我在地板上铺了一张旧报纸。刺猬开始玩那张旧报纸。到睡觉的时候，它回到台阶下自己的洞里去了。

阿尔乔姆·米哈伊洛维奇——布琼尼骑兵

（丹卡，四年级）

阿尔乔姆·米哈伊洛维奇来参加我们少先队的集会了。他在蔬菜生产队工作。我们想，他虽然是一位老爷爷，可还是一个布琼尼骑兵，国内战争的英雄哩。他讲述了怎么去侦察，怎么袭击白卫军。有一天，他受了伤，被邓尼金的队伍俘虏了。他们把他押出去枪毙，但他没被打死，只是又一次受了重伤。夜晚，他爬了出来，请求一个农民让他进屋。农民把他藏在房顶小屋里，给他治好了伤。他又同白卫军作战去了。阿尔乔姆·米哈伊洛维奇爷爷就是这么一个人。我也想做这么一个人。

胜　利　日

（沃洛佳，三年级）

胜利日来到了。就在这一天，战争结束了。我们苏联军队战胜了法西斯。炮弹和炸弹不再爆炸。现在每年这一天，人们庆祝自己的胜利，纪念牺牲的烈士。弗拉基米尔·伊里奇·列宁缔造了我们的共产党，并对所有的人说："你们——乌克兰人、俄罗斯人、白俄罗斯人、格鲁吉亚人、摩尔达维亚人……要友好相处，那谁也不能战胜你们。"

我们也集体编写作文。在一个阴暗的秋日，孩子们待在"幻想角"里围在烧得暖洋洋的炉子旁边。我讲述着远方的热带岛屿。孩子们不知怎么回忆起炎热的夏天、河流和在瓜园中过暑假的情景来了。我们以这些回忆为素材，编了一篇作文，后来孩子们把它写进了《我们祖国的语言》纪念册。

我们的瓜园生活

在滚烫的土地上长着很多大西瓜，蓝的、绿的、灰蓝色的。清晨，西瓜上布满露珠，挺凉挺凉的。草上也有露水，连我们的窝棚上也满是露水。一天清早，丹卡起床后，把一个大西瓜拿进了窝棚，切开西瓜。谁一起床，他就请谁吃冰凉的西瓜。丹卡说：“谁最后一个起来，给他吃‘瓜心儿’。”大家都起来了，只有萨什科还在睡觉。我们坐在那儿等……，他到底什么时候才能睡醒？等烦了，于是我们就把“瓜心儿”吃了。我们又拿来一个西瓜，把这个西瓜的“瓜心儿”给了萨什科。

碰上了一个寂静的、雾气腾腾的早晨。雾来自小山谷，笼罩了整个瓜园。太阳从乌云中出来了，映照着西瓜。就好像这不是西瓜，而是蓝的、绿的、灰蓝的玻璃球在白茫茫的河上漂着。

白天，瓜园上空有阵阵热风吹过，蔚蓝的天空中有云雀在歌唱。为什么它们不在瓜园里安家？为什么云雀只在小麦、大麦和谷子地里筑巢和孵幼雏？而云雀的巢大多是筑在荞麦地里的。

瓜园旁边，峡谷附近，我们发现了一个蚂蚁窝。老爷爷发现蚂蚁正在急急忙忙地朝什么地方赶去。他说：不远的地方肯定有一个大蚂蚁窝，蚂蚁自己就能告诉你们，这个大蚂蚁窝在哪里。老爷爷放了几小块西瓜在蚂蚁活动路线的旁边。甜美的西瓜旁立即围满了蚂蚁。我们看到，它们如何衔住一小粒甜瓤，朝同一个方向搬去。我们跟在它们后面来到了蚂蚁窝的所在之地。灌木下，一个灰色的小土堆周围热闹非凡。蚂蚁把小粒的吃食搬进洞里，然后重新回到瓜园去了。老爷爷告诉我们，蚂蚁对森林和人们有很大的益处。一窝蚂蚁能使好几公顷森林免受虫灾。我们开始保护蚂蚁，后来老爷爷又教我们堆筑新的蚁巢。

当我们回家的时候，老爷爷送给我们每人一个大西瓜。西瓜被久久地放在我们家的窗台上。它们使我们回忆起那阵阵的热风、那辽阔的草原、那云雀、那位老爷爷、离窝棚不远的那只蛐蛐的响亮叫声。现在它在哪儿，这只蛐蛐？

语言的美在诗歌中体现得最为鲜明。孩子们在赞赏诗歌或歌曲的时候，犹如听到了语言的音乐。在优秀的诗篇中，充满诗意的语言揭示出祖国语言最为细腻的感情色彩。正因为如此，孩子们喜欢背诗。当重复铭刻于心的语言时，孩子能得到真正的享受。

我极力使孩子们感觉和体验诗的语言的音乐性。在大自然的怀抱里，当孩子们陶醉于周围美景时，我就给他们念诗。①

他们感觉到，在塑造栩栩如生的形象的语句中会产生语言的韵律，它不仅赋予语言新的感情色彩，而且展示了周围新的美景。在世界一流诗文的优秀范例的影响下，孩子们创造音乐性语言的意愿被激发起来了。孩子们欣赏着春天的美景，试图把话说得带有韵味。孩子们的心充满了诗的灵感：男女学生都吟起诗来。瞧，拉丽萨注视着遥远的田野，两眼熠熠发光，她悄声低吟，倾听着语言的韵律。

“金黄的麦海里波浪翻滚。”

“炽热雾气中蓝色的土岗在颤抖。”谢廖沙接过她的思路。

大家高兴、激动，都想找到铿锵的语言。在孩子心里充满诗的灵感的时刻，语言生机盎然、朝气蓬勃，闪烁着彩虹的五光十色，散发出田野和草地的香气，进入孩子的精神生活。孩子们在语言中寻找并找到了表达自己感情、思想和感受的方法。激发出孩子心中的灵感，意味着又开辟了一个生机勃勃的思想源泉。这一源泉的力量在于语言传达的不仅仅是用人类语言显示的物体和现象，而且还有纯属个人的体验和感受。

教孩子进行诗歌创作不应当以培养少年诗人为目的，而应当以促使少年的心灵趋于高尚为目的。我利用种种机会在儿童的心灵中激发诗的灵感，并使语言在每一个孩子的心灵中都具有各自的诗的音响。

一个寂静的冬天的早晨，树木蒙上了一层白霜。蒙上了薄薄的、针尖似的冰霜的树枝，好像是用银子锻成的。我们来到学校的果园，极力不去碰那些树枝，免得破坏了这种绝无仅有的美景。我们停下步来，我朗诵普希金和

① 下略。作者给孩子们念的是谢甫琴科用乌克兰文写的四行诗。

海涅描写冬日美景的诗篇。在诗歌和美景的影响下，孩子们找到了可以描绘出布满冰霜的树木的形象的语言，并编起诗来。他们一起来做这件事，一段一段地编。我们好几次来到这遍地冰霜的果园，过去编的童话中那些鲜明的幻想形象重新在诗歌中复活。

来了一个神奇的铁匠，
带来了一只金的熔炉，
他把银子在熔炉里熔化，
倒在花园的树木上。
他整夜在锻造，
金锤敲得叮当……
我们的花园披上了银装。
银针碰又撞，
满园响叮当。
神奇的铁匠又去向何方？
他张开金色的翅膀
又飞向太阳住的地方。
他再去拿银子，
放进自己的袋子，
再飞回我们的园子。
他要再次熔化银子，
让果园再次唱起歌儿……
但是太阳在等待铁匠……
你飞向了何处，铁匠？
你为何久久停留在果园
把我的银子去熔炼？
莫非你忘了，打铁汉，
你应当锻造那金冠？

一道红光射进
我们寂静的银色果园，
太阳万分惊异，
对这美景赞叹不已……

童年时代，每个孩子都是诗人。当然，期望孩子凭某种神奇的灵机一动就产生诗的灵感，那就太天真了。我并不为天赋所动，并无每个孩子天生就是诗人的意思。激发起诗人心灵的是人对美好事物的情感。如果不培养这种情感，学生就会对大自然和语言的美无动于衷，就会成为一个觉得往水里投掷石子和向一只正在啼啭的夜莺投掷石子毫无区别的人。使孩子能感受诗的灵感的欢乐，在他的心灵中开拓诗歌创作的生机勃勃的源泉，是与教他读书、解题同等重要的事。这种源泉的水势在一些孩子身上较猛，在另一些孩子身上较弱。我发现在个别孩子身上，诗的灵感并不是短时间激越的飞腾，不是火花的闪烁，而是一贯的精神需求。

诗歌创作要求有很高的语言修养，而语言修养反映了一个人修养的本质。每个人都能进行诗歌创作。诗歌创作并不是特别聪慧的人的特权。诗歌创作能使一个人高尚起来。非常重要的一点是，务必使诗歌创作——创作中这一最为细腻的领域成为每个孩子心灵深处喜欢的事。

早在三年级的时候，拉丽萨、萨尼娅、谢廖沙、卡佳、瓦里娅、柯利亚、塔尼娅、莉达就开始悄悄把自己私下写的诗念给我听了。我知道还有别的孩子也在写诗，虽然他们不好意思谈自己的这种喜好，但能写诗就非常好。

孩子们写诗，我看不出这有什么异乎寻常之处；这种正常的精神激奋、普通的创作火花是充实的童年生活不可缺少的。而恰恰由于孩子们的精神生活是如此丰富，如此朝气蓬勃，我才感到十分高兴。

诗的灵感使柯利亚精神高尚起来这件事尤其使我感到高兴。我和他的友谊日益深厚。学校果园中有一个角落，我爱在那儿独处慎思。天气暖和时，我在这儿休息，拉小提琴。在一次偶然的情况下，柯利亚“发现”了我的这个角落。大概是他也想找一个僻静的地方。这孩子一见到我就发窘了，想走开，但我要他留下来。我拉着小提琴，我想通过音乐表达夏季傍晚的美激起的欣喜心情。柯利亚倾听着乐曲。接着，我竟如此入迷，以至于没有觉察这孩子怎么坐到了我的身边。我把小提琴递给他。柯利亚试图重复我演奏的乐曲，但是怎么也拉不好。他不拉了。我们默默地坐着，看着太阳下山，享受着傍晚的宁静。可能对周围美景的感受使我俩亲近了一步，柯利亚信赖地把自己描写大自然的诗拿给我看。这首诗是这样的：

绿色的叶片衬托着蓝色的花朵，
蜜蜂儿在花上飞舞。
顷刻间夜莺飞进了花园，
在丁香丛中歌唱。
清晨花园里电闪雷鸣，
雨水洗净了花朵。
灰暗的乌云飘浮在花园上空，
而丁香依然蔚蓝如晴空。

那天傍晚，我和柯利亚久久坐在果园里。这孩子开始经常来这里，而且每次都念一首短诗。下面是他的另一首短诗，这首诗牢牢地铭刻在我的记忆中，因此在他念给我听后一年，我居然还能把它笔录下来：

火红的太阳下了山。
紫红的天空放虹彩，
明天必是一个刮风天。
成群的乌鸦惶恐地飞上天，
朝西飞，朝那漆黑的树林飞。
高高的杨树上，叶子在沙沙细语。
万籁俱寂，只听见远处什么地方
大车轧轧行进在大路上。
紫红的天空暗下来，

热气蒙上了一层暗淡的灰。
明亮的星星在闪耀，
夜来了。

我打听到，柯利亚从不把自己的诗笔录下来：他记在脑子里。诗在他的记忆和心灵中保存着。我的学生中很少有人面对着一张白纸坐在那儿思索诗句。诗的产生不是为了把它们笔录下来。孩子们不能不写诗，就像不能不画画一样。

舒拉也是在心灵亲近的时刻把自己的秘密告诉给我的。冬季的一天，我们到森林里滑雪。火红的太阳快要落山了。松树的树干在晚霞中好似用铁锻造的一般。我们站在林边，欣赏着大自然的美景。正是在这瞬间，舒拉朗诵了描写啄木鸟的短诗：

松树的皮层下有一千根弦，
啄木鸟停在松树的树顶上。
它用喙啄着上面的弦，
勉强听得见弦发出声响。
靠太阳愈近，弦愈细，
而靠近地面，弦已不像弦。
靠近地面，钟声低鸣，
铜钟就在红色的树皮下。
啄木鸟在跳跃，发现了弦，
它用喙啄，弦发出声响……
森林在歌唱，可啄木鸟已在
寻找另一根弦了。

瓦里娅在童年时代编过几十首诗。这个小姑娘有着颖悟、敏感的气质。我曾看到，瓦里娅陶醉在夏天傍晚的美景中，她站在岸边，凝望着垂向水面的柳树和平静如镜映出蓝天的池面。后来，过了几天，这个小姑娘就给我朗诵了一首描绘这个夏天傍晚的短诗。

蓝色的天空、绿色的柳树、白色的小屋——
全都倒映在水中。
我站在蔚蓝的明镜前，
眼前一片辽阔无垠的世界。
那儿有火红的太阳、雪白的云朵，
那儿星星在闪烁，而远处大路的上空，
小鸟直冲霄汉——去向太阳道别。
这奇妙的世界响起它特有的音乐：
听，有人拨动粗大的琴弦，蓝天在歌唱，
柳树在歌唱，小屋也在歌唱。
我只有在傍晚的池畔才听得见这样的音乐，
这时太阳燃起大火——远远地在海的那边，
这时白鸽匆匆赶去宿夜，
而蝙蝠却在树洞里搓着双爪。
这时，一天来精疲力竭的风
在夜幕降临的峡谷里躺下来憩息。

每年秋天即将来临的时候，孩子总要同夏天告别。我们就到自己的橡树旁编诗，描写业已过去的夏天，描写大雁，描写暖洋洋的初秋日子。[①]

特别值得注意和赞许的是孩子想象中形成的那些鲜明形象。我们成立了一个小小的诗歌作品图书部。它对诗歌创作尚未成为精神需求的那部分学生、对需要培养对诗歌语言的敏感性的那部分学生尤其有用。我要再一次提醒，儿童的诗歌创作不能被看作是天才的征兆。诗歌创作是同绘画一样的规律性现象：其实所有的孩子都画画，每个学生都有画画的实践。然而只有在教师向孩子展示了周围的美景和语言美的情况下，诗歌创作才能成为孩子精神生

① 略去用乌克兰文写的一首诗。——译者

活中的惯常现象。正如没有音乐不可能培养对音乐的热爱一样，没有作品也就不可能培养对诗歌创作的热爱。

一个喜爱普希金和海涅、谢甫琴科和廖夏·乌克兰英卡的人，一个愿意优美地讲述周围美好事物的人，一个把推敲字眼的要求视同观察美好事物的要求的人，一个认为人类美的概念首先表现为尊重人和确立人与人之间最公正的——共产主义的关系的人，不可能成为粗暴无礼和恬不知耻的人。

我们的“美角”

春天，在第一学年结束之前，我们开始创立“美角”。对此，孩子们已盼望很久了。它在我们的想象中应是一个幽静的地方，是在大自然的自然美基础上又补充了人类双手创造的人工美的地方。我们做了长远设想，设想我们这个角落每年都增添新的植物品种。我们将在这里休息和劳动，迎接春天和辞别夏天。

在校园和灌木丛之间，孩子们找到了一块小小的空地，它与杂草丛生的沟谷斜坡毗连。下雨的时候，这儿总会积下充足的水分。我们清除了空地的杂草，开始把它变成一块绿色的草坪。

“我们的角落将成为绿色的王国，”我对孩子们说道，“沟谷的斜坡上将竖起一道蛇麻草的屏障，灌木丛中将有夜莺和黄鹂栖息。”

设想鼓舞了孩子们。我们付出了很多劳动才使空地变为绿草坪。要从草场移来一块块草皮，铺好后还要经常浇水。孩子们急不可待地盼着下雨，好让雨也来浇浇绿色的小草。我们在树林里找到了好几株蛇麻草的幼苗，把它们移植到了沟谷的斜坡上。我们运气真好，夏天不缺雨水，所有的植物都长得很好。我们在树林里挖了几十株蓝铃的根茎，栽种在草坪的一角。栽了三丛野蔷薇，我们要给它嫁接上玫瑰花，这儿应当变成花的王国。草坪四周栽种了榛子树。孩子们希望我们也能有野花。我们找来了野菊花和其他野生植物，从暖房里移植了好几丛菊花，让它们一直开到深秋。

瓦里娅种了向日葵。在草坪较远的那一端，孩子们播了一把荞麦种。尼娜和萨莎的父亲送给我们两棵矮种苹果树的树苗。维佳告诉我，他的外婆在栽培郁金香。我们移植了好几丛带着根茎的郁金香。夏季里的一天，孩子们在树林里看到了一棵巨大的开着花的椴树。树丛间，千万只蜜蜂在嗡嗡响，似乎整个树林都像竖琴似的发出响亮的音响。孩子们默默地站着，被大自然的美景所陶醉。他们起了在自己的“美角”旁种上几棵椴树的念头。秋天，我们到树林里挖了一些树苗，开辟了一条林荫道。“到椴树长起来的时候，”孩子们幻想着，“它们茂密的树冠就会连接起来，搭成一条绿荫如盖的走廊。”

每个班都开始创建自己的“美角”，力求建得与众不同。1955 年秋季，学校集体开始创建全校性的“美角”。在学校大楼旁边，我们开辟了一个玫瑰园，种上了几十株野蔷薇的枝苗，嫁接上不同品种的玫瑰。一年年过去，花园变得越来越美丽。春夏两季，这儿是花的海洋。大家都到这儿欣赏大自然和劳动——创造美。

玫瑰园，现在是整个学校的宠儿。凡在公益劳动中取得最出色成绩的班就被授权做花园的主人。这一权利往往给了低年级班和中年级班的同学，允许他们每天剪下几十枝花来。玫瑰花被送往各班，送给老师们、母亲们和村里优秀的劳动者。在收获节那一天，孩子们采摘一大束玫瑰花，献给社会主义劳动竞赛的优胜者。

为创造美而进行劳动，能使年幼的心灵高尚起来，能事先防止冷漠情绪。孩子们在大地上创造美的过程中，自己也就变得更美好、更纯洁和更可爱。

在生活理想的源头

我曾设想我的每一个学生长大成人后将是怎样一个人。使我惴惴不安的是：孩子，你将成为怎样的公民，成为怎样的人？你将给社会带来什么？什么是你的欢乐？你将赞赏什么、憎恨什么？你将以什么为自己的幸福，将在世上留下怎样的痕迹？

作为一个教师、一个教育者，我曾力求把人类许多世纪以来创造和取得的精神上的可贵品德——对祖国和自由的热爱、对人压迫人和人奴役人的现象的不妥协精神、为人们的幸福和自由这些崇高理想贡献自己的力量和献出生命的意愿，注入那些幼小的心灵中去。十分重要的是，关于祖国的豪言壮语和崇高理想在我们学生的意识中不要变成响亮的然而是空洞的辞藻，不要使它们由于一再重复而变得黯然失色、平淡无奇。不要让孩子们经常去空谈崇高的理想，而要让这些理想存在于幼小心灵的热情激荡之中，存在于激奋的情感和行动之中，存在于爱和恨、忠诚和不妥协的精神之中。

尤其不能教孩子们去说他们还没有理解的词语。否则，那些被人们视为神圣的东西会因此变成毫无意义的空谈。

辛勤的园丁总是加紧为刚刚在地面上挺立起来的幼树培植树根，因为树根的强弱决定着树在今后几十年的生命力。同样，教师也应该注意培养自己的学生对祖国的无限热爱，对劳动人民、对共产主义伟大理想的忠诚。这些品质要从孩子开始看、开始认识、开始评价周围世界的时候就着手培养。

十分重要的是，要让孩子们珍惜长辈们在为祖国的自由和独立，为劳动人民幸福而进行的艰苦卓绝的斗争中所创造、获得和争取到的一切。对孩子们来说，祖国这一概念是从一块面包和一片麦田、从林边的一块小空地和小池塘上面的蔚蓝天空、从母亲在孩子床前的歌声和故事开始的。在童年的黄金时代，当孩子们对言语、对形象、对他人的内心世界特别敏感的时候，要把年长一代引以自豪的一切送到孩子们的心坎上，把争得自由劳动的幸福所付出的代价讲给孩子们听。我曾力求做到不允许以满不在乎的态度去享受生活上的福利。孩子对周围世界和对自己的认识都不应该是片面的。在认识世界和自己的时候，孩子们应该逐渐认识到自己对长辈们所创造的物质和精神财富应承担的责任。

走访故乡往昔的“旅行”——我们这样称呼我们到田野、森林、河岸、邻村的游览和远足，我曾力求使孩子们看到，在人民精神生活中把过去和现在连接起来的那些东西。我对孩子们说：

“展现在你们面前的是一片肥沃的麦田，麦子正在成熟。就在这块土地上，靠近林边，在国内战争的年代里白卫军枪杀了一个红色游击队员。而在伟大卫国战争第一年的艰难的夏天，我们几名战士和一个连的法西斯分子进行过一场激烈的战斗。我们的英雄们在这里牺牲了。孩子们，看一看这广阔的田野。这些小土丘都是无名的坟墓；大地永远铭记他们的功勋。成千上万个土丘就是成千上万个无名坟墓，大地珍藏着英雄们宝贵的鲜血，人民永远缅怀他们的功绩。如果不是他们为祖国献出自己的生命，你们就不可能享有美丽的祖国大地，法西斯分子就会把你们变成奴隶。”

要让年幼的孩子对家乡故土的遭遇做一番深思，让他去感受、体验一下为家乡的未来而惶恐不安的心情。让那发生在遥远过去的事件作为眼前事件的渊源展现在他的面前。

童年，那个被我们认为充满无忧无虑的欢乐、嬉戏和童话的年龄，是生活理想的源头。人们的公民精神的基础正是在这个时候奠定的。我们的学生将成为怎样的公民，这要看在童年时代周围环境给孩子展现的是什么，是什么使他欣赏和神往，是什么使他愤懑并使他哭泣（不是因个人委屈而是因同情别人的遭遇而哭泣）。展现在孩子们面前的周围世界是充满矛盾的、纷繁复杂的，他们在这里看到的有美也有丑、有幸福也有苦难。孩子把周围世界里发生的一切，把人们过去和现在生活中的一切都划分为善和恶。为了在童年就打下人道主义和正义感的基础，应该教会孩子正确识别善与恶。

我说这些话的意思是：孩子们了解到的周围世界里的一切事物、一切现象，人们过去和现在的行为都应该在幼小的心灵里激起深刻的道德情感。能正确地分辨善和恶，这意味着孩子对他所认识的事物是十分关注的。善将引起他欢乐的激情、赞叹，引起他效法美德的愿望；恶则激起愤恨、憎恶和为真理、正义而斗争的精神力量的高涨。孩子的心不应是真理的冷库。我竭力要防止的最大恶习就是冷漠、缺乏热情。儿时内心冷若冰霜，来日必成为凡夫俗子。童年的时候，就应该在每个人的心里燃起公民激情的火花，点燃起对邪恶和对纵容邪恶的毫不妥协地反对精神的火花。

在孩子们的意识中，不难确立人压迫人是最大的恶这一真理。有时，孩子们会正确地回答教师关于什么是恶的问题。但是，如果孩子们未曾被人奴役人的鲜明景象震惊过，未曾体验过对造成这一恶果的人的仇恨，他就不会成为一个真正的公民，成为一个真正具有崇高理想的人。

人的冷漠是危险可憎的，而孩子们的冷漠则是可怕的。我极力使我的每一个学生在童年就深切地体验为别人的命运而忧虑的高尚情感，即使那些人可能离他很遥远，生活在地球另一端的某个地方，或生活在一百年以前。这种情感是抵制冷漠情绪的有效手段，是医治冰霜之心这个苟且偷安心理的危险种子的良药。当代最大的祸害是帝国主义、殖民主义残余和战争贩子。这些都不是什么抽象的概念，而是一种实在的势力，这种势力是与我们时代的最高的正义——共产主义相对立的。

培养对帝国主义的仇恨是教育者的一项崇高任务。完成这项任务，要照顾孩子的年龄逐步进行。

我给我的学生们读书，讲述一些生活中的真实事件，这些书籍和事件发出为人类的尊严而斗争的召唤、鲜明地阐发对人压迫人的现象不妥协的思想。孩子们多次听波兰作家 Г. 显克微支的激动人心的故事《小音乐家扬科》，第一次朗读就使孩子们非常激动。他们把杀害无力自卫的男孩子的地主叫作恶魔和吸血鬼。由于愤怒，孩子们握紧小拳头，眼里燃起仇恨的火焰。音乐家扬科永远进入了我的学生们的精神生活。以后我们又将这个故事读了许多遍，有的孩子甚至一字不差地记住了这个故事。为什么孩子们要一遍又一遍地听音乐家扬科的故事呢？我认为这是由于愤怒激起了精神力量的高涨。一旦孩子们感到自己面对的是邪恶的、不可调和的敌人，他就变得更加坚强，希望充分感受一下自己的全部道德力量，想再一次证明他为真理而斗争的决心。这种情感得到充分发展的心灵，对周围世界中的善和恶是很敏感的。

乌克兰杰出作家阿尔希普·捷斯连科关于贫苦农民的子女凄苦童年和少年的故事，给孩子们留下了极其深刻的印象。当我读完一个讲述很有天赋的农村姑娘，由于贫困以及有钱人和沙皇官吏们的凌辱而自尽的故事时，孩子们的眼里充满了愤恨。

在三年级和四年级，我们两次读了哈里特·比彻·斯托的小说《汤姆叔叔的小屋》。孩子们为奴隶们的命运而深感不安。他们难以想象，人怎能像动物一样被买卖。然后，孩子们在想象中周游世界，他们了解到，现在地球上的个别角落还保留着奴隶制度。孩子们由于想到自己无力给予那些在奴隶市场上被买卖的南非共和国的小朋友任何帮助，总是感到心里不平静。在孩子们的意识中，逐渐展现出当代的善与恶之间进行斗争的一幅鲜明的画面：在资本主义及其附属国内，千百万人不是在为自己劳动，而是在为地主和资本家卖命；那里的小朋友不知道什么是童年；那些为自己祖国的自由和独立而斗争的无数优秀儿女正在被枪杀、被绞死、被送去服苦役。

孩子们永远记住了希腊人民英雄尼科斯·贝劳扬尼斯的悲惨命运。在法西斯占领希腊期间，贝劳扬尼斯与侵略者进行了斗争。当他的祖国从希特勒法西斯手中解放以后，资产阶级法庭以叛国罪判处这位爱国者以死刑。尼科斯·贝劳扬尼斯手拿着红石竹花迎接了死亡。就在同一天，他那同样被判处死刑的妻子生下了一个儿子。为这个生活在狱中的男孩的命运而激动的孩子们问道，怎样帮助这个小贝劳扬尼斯呢？崇高的感情唤起了积极的行动。孩子们给小贝劳扬尼斯的母亲写了一封信，通过国际红十字会寄去，同时准备了一件礼物——绣在白绸子上的一朵红石竹花。以后，每年学生们都在小男孩生日那天，给英雄的妻子寄信，给孩子寄礼物——在白绸子上绣上玫瑰花、罂粟花、丁香花。这个乍看似乎无足轻重的举动，在孩子们心中留下了很深的痕迹，因为它是对罪恶行为的谴责，是与不公正行为的决战。

在引导孩子们进入社会生活这个世界时，我使他们确信，在人类历史最黑暗的时期，当恶势力压迫着千百万人的时候，总是有奋起反对非正义的人们。这些人的名字，他们的生活、功绩，对青年一代来说是光辉的榜样。我努力使我的学生们敬佩那些为自己祖国的自由和独立、为摆脱剥削、为确立人的尊严而斗争并献出生命的人类优秀儿女的坚定不移、勇敢顽强、英雄主义、忠于信念等品质。

我极力使人类过去创造和争取到的，并在社会主义社会得到发扬光大的道德价值，成为每个孩子的精神财富，打动他们的心，激励他们为真理在全世界的胜利而积极行动。安东尼奥·葛兰西说：真理永远是革命的。我竭力不用任何响亮的字眼揭示道德价值美的所在。只有当它的革命意义以激动人心的鲜明范例体现出来的时候，人类道德价值的美才能成为孩子们的精神财富。拉丁谚语说得好：言传身教。一生光明磊落，为人类的幸福建立功勋，这才是照亮孩子生活的光辉榜样。然而，即使是范例，也只有当它能生动体现人道的、进步的和革命的思想的时候，才会教导人如何生活。伟大的德国诗人歌德说道："凡是没有思想的人，最后剩下的将仅仅是一些感觉。"

在童年时代，我让孩子们了解一些人的光辉形象，这些人已成为世代人的指路明星。当然，不可能把一切都讲给孩子听。不能使大量形象和情景如潮水般地涌向孩子，不能无休止地使他心绪激动。就让他暂时只懂得一点点，但要一点点把道德价值的美展现在他面前。要让孩子们想一想是什么使他们激动，使他们感到震惊。形象地说，要让思想和情感的融合物在每个孩子的心里得以凝结。四年间，我给我的学生们讲了许多为人类崇高理想而奋斗的战士们的丰功伟绩，其中有斯巴达克、康帕内拉、伊凡·苏萨宁、斯捷潘·哈尔图林、索菲娅·佩罗夫斯卡娅、尼古拉·基巴尔契奇、塔拉斯·谢甫琴科、托马斯·闵采尔、赫里斯托·波波夫、亚努什·科尔恰克等；讲述了伟大的列宁的生平和斗争历程；讲述了共产党员英雄伊万·巴布什金、谢尔盖·拉佐、卡莫、雅可夫·斯维尔德洛夫、费利克斯·捷尔任斯基、尤利乌斯·伏契克、恩斯特·台尔曼，伟大卫国战争的英雄尼古拉·加斯捷洛和亚历山大·马特洛索夫，探求科学真理的英勇斗士乔尔丹诺·布鲁诺和伟大的人道主义学者米克卢霍－马克莱的故事。

那些人生动的人道的激情、行动和功绩所体现的思想的光辉，对孩子们的精神世界会产生很大的影响。无须向孩子解释如何理解某一行动的实质，当思想和形象融为一体时，孩子是能够很好地理解思想的。那些我曾给我的学生讲述过的英雄们，体现出的道德美的实质和极重要的特点是：准备为别人的幸福献出自己的全部力量和生命。恰恰是这一特点使孩子们赞叹，使他们去思考他人的命运。那些在为人民服务中找到了自己的幸福的人们，将成为孩子们的道德楷模。

如不能使孩子在阅读写高尚品德的书时彻夜爱不释手，使他因欣喜而心情激动的话，就很难有完满的教育。当一个人能做到如同在注视自己，在把自己同想象中的品德美的典范相对比，即同信念坚定、英勇顽强、不畏艰险的典范相对比的时候，他内心就会产生道德理想。

为了将孩子们引向道德理想的源头，教育者在挑选故事时，应该经过深思熟虑。故事最主要的是要有能体现高尚思想的事实与事件，展示青年一代的楷模人物的个人命运与人类命运的一致性是十分重要的。

在给孩子们讲述列宁的生平与斗争历程的时候，我详细地读了伊里奇是如何为劳动人民的命运而殚精竭虑的故事。伟大领袖所做的一切，都是为了人民的幸福。当孩子们听到列宁怎样在国内战争和一切遭到破坏的艰苦岁月里关心那些孤儿的时候，他们完全被一种欣慰的激情激动了。我竭力使列宁的人道主义作为巨大的道德财富深入孩子们的心灵，使孩子们能从道德的美和真理的高度看待自己和整个周围世界。

波兰民族英雄亚努什·科尔恰克的故事，在男女学生的心中都留下了深刻的印象。使同学们非常激动的是，这位英雄是同他心爱的孩子们一起牺牲的。亚努什·科尔恰克本来可以保住自己的生命，但是，当成千上万名无辜的孩子们惨遭法西斯刽子手杀害的时候，他认为这样做是耻辱的。亚努什·科尔恰克在孩子们看来，成了真正的人道主义的象征。

关于“民意党”的英雄——斯捷潘·哈尔图林、索菲娅·佩罗夫斯卡娅、尼古拉·基巴尔契奇等的故事，在孩子们心中激起了敬佩之至的热烈情感。当我读到英雄共产党员尤利乌斯·伏契克和卡莫的坚贞不屈、英勇顽强和信念坚定的品质时，孩子们体验到了作为一个人的自豪感。他们说：“就是要做这样的人，这才是真正的英雄。”

我给孩子们讲了许多少年英雄的故事，讲了在为苏维埃祖国的自由和独立的斗争中贡献出生命的瓦利亚·科季克、维佳·科洛布科夫、廖尼亚·戈利科夫、沃洛加·杜比宁、瓦夏·希什科夫斯基等的英勇事迹。同时，我极力将共产主义道德最重要的一些特点——思想的坚定性、勇敢精神，对社会主义、和平、自由和民主的敌人的不妥协精神，逐渐展现在孩子们面前。确立像维护自尊心一样维护自己的信念的能力，是教育的重要任务之一。只有从小就开始形成善与恶的观念（这些观念是在鲜明的形象中体现出来），才可能完成这一任务。但是，只有观念是不够的，还要有个人在情感上的评价。必须把道德现象明确地归类：什么对孩子是珍贵的，什么是他永远不能容忍的。对年幼的孩子进行道德教育，就是要用美德激励他，唤起他为别人带来快乐的意愿，尊重自己的人格，维护共产主义道德原则。

学龄初期的孩子们正处于道德理想的源头。我们教育者应该把高尚道德精神的美，展现在每个孩子面前，应该确立坚定的共产主义信念，使一至四年级的学生都体验到自己是富有朝气和创造力的、永恒存在的劳动人民的一部分。

心里要有共产党

学校教育最重要的任务之一，是培养热爱我国共产党、忠于它的理想、准备为共产主义事业奋斗的感情。孩子们经常听到“共产党员”这个词。我极力使这个词与它的概念在孩子们的意识中，与那些为把我国人民从剥削者手中解放出来，为建设社会主义、战胜法西斯主义、对社会进行共产主义改造而奋斗的战士的最光辉、最高尚的形象融为一体。我认为教育工作的目标是使孩子们作为自己祖辈和父辈们的共产主义理想的继承人，能因革命前辈而自豪；使孩子们成为国家真正的主人，成为建设和捍卫共产主义的战士。

我认为要完成这个教育任务，首先就要进行关于共产党员的讲话。这一讲话，我们称为“怀着火热的心的人们”。我讲过关于我国杰出的共产党员的事迹。共产党员是反对沙皇政府、争取社会主义革命的战士。他们光辉的一生和英勇的斗争，使孩子们确信共产党员的最大幸福是忠于人民，为人民的幸福而斗争。

从我们在“快乐学校”最初的日子里，到男女青年拿到毕业证书，走向独立劳动的生活或继续升学，这期间我们经常举行怀念列宁的报告会。起初讲的是关于弗拉基米尔·伊里奇青少年时代的一些典型的故事，随着时间的推移，关于列宁的讲座越来越多地与历史问题、共产党的意识形态问题以及我党为人民的美好未来而斗争的问题联系起来。孩子们坚信共产党员是人民的精英，是人民最优秀的儿女。

孩子们开始与共产党员会面了。共产党员们关于自己生活和斗争的故事，对孩子来说成了共产党历史的一部分。孩子们永远忘不了那些与老布尔什维克 B. M. 别斯科罗瓦伊内依、A. M. 拉泽维勒、H. K. 盖邱科见面的日子。我们这些同乡保卫过苏维埃政权的摇篮，为工农的胜利流过血，这些都给孩子们留下了极其深刻的印象。孩子们确信，共产党员是有坚定信念的人；他们同时又是平凡的劳动者，不顾年迈，要把自己的全部力量和智慧贡献给共产主义建设事业。孩子们知道 A. M. 拉泽维勒是一位优秀的蔬菜栽培家，B. M. 别斯科罗瓦伊内依有一双巧手，是一个非常有经验的机械师。他给孩子们讲述了建设村里集体农庄的经过，讲述了共产党员们学会开拖拉机以后，怎样把着方向盘在集体农庄的田地里开出第一条垄沟。

别斯科罗瓦伊内依和孩子们进行了几次谈话，谈到党为苏维埃人民的美好未来而进行的斗争。他讲了农庄党组织所关心的事情。孩子们了解到集体农庄的共产党员关心的是怎样提高收成，怎样使畜牧场为劳动人民生产更多的肉、牛奶和黄油。

特别有意义和激动人心的是那些讲伟大卫国战争的列宁报告会。孩子们会见了 C. A. 科夫帕克游击兵团的一员——苏联英雄 A. K. 岑姆巴勒，会见了参加过从法西斯手中解放罗马尼亚和匈牙利的战斗的苏联英雄 H. C. 奥诺波依，以及我们许多同村人——为从法西斯手中解放自己家乡而战的英雄。孩子们越来越坚定这样的信念：列宁的事业、列宁的真理生动地体现在共产党的事业和斗争中，体现在人民的劳动中。

活着就要天天关心人

生活证明：如果孩子们只是“享受”快乐，而不是经过劳动和精神上的努力取得快乐，他的心就可能变得冷漠、无情，对一切都无动于衷。

为人们做好事是陶冶孩子情操的巨大道德力量。苏维埃学校的教育任务之一，就是要使孩子们从内心深处感受到，他们周围还有许多需要给以帮助、关怀、爱抚、诚恳相待和同情的人。最主要的是，要使孩子们的良心不允许他们对这些人熟视无睹；要使孩子为人做好事不是出自表现自己，而是出自无私的动机。

孩子们的善良、为别人做好事的意愿，来自对那些内心痛苦和不幸的人的同情。人类最大的快乐从关心别人的精神世界、从善于体察他人的不幸中产生，没有这种感受，就不可能有道德美。还在“快乐学校”的时候，我的学生们就已经向人类道德美的最高峰迈出了第一步：他们取得了关于人道主义的初步知识，学习了体察日常相处的人们的痛苦、忧愁、悲哀和恐慌。只有当一个人在童年时期就天天关心别人时，这种能同别人共忧患的品德才能融入他成年时的精神面貌，变成他精神生活的不可分割的一部分。

我经常教导我的学生去同情他人，我极力使孩子们站在需要同情、帮助和热忱关怀的人们的角度，并且体验他们的感情。别人的痛苦应该成为孩子自己的痛苦，应能触动他去考虑如何帮助那个需要帮助的人。人们之间的相互关系，人们之间的精神交流，对人道主义的培养起着特殊的作用。爱人类比帮助邻居容易。要了解人，必须了解人的具体个性。如果孩子们不能从朋友悲伤、恳求、痛苦的眼里看到他内心深处的苦闷，他的心就不可能被人的痛苦所触动。一个未能对人类生活的各个方面——幸福和痛苦都了解的孩子，永远也不会成为关心别人和富有同情心的人。

我们班里发生过许多不幸的事，为此不必追溯得太远。当集体发出愉快的笑声，充满朝气蓬勃的气氛时，个别孩子的眼睛里却流露出忧愁。瓦里娅进校三年后，她父亲的健康状况急剧下降。小姑娘变得沉默寡言，经常陷入沉思。尼娜和舒拉的母亲在患重病，为了帮助父亲做家务，两个小姑娘只得经常留在家里。舒拉的奶奶病了，几次被送进医院，在医院里有时要住一个星期，有时要住一个月，对这个男孩子来说，这是一件很痛苦的事。奶奶生病期间，舒拉由他姨母照管。他姨母是一个很好的人，很关心舒拉，但是与奶奶分离却给他带来了痛苦。在秋天一个寒冷的日子里，舒拉决定去看望奶奶。他一句话也没有对姨母讲就到医院去了，路上遭到雨淋，结果感冒病倒了。几天以后，他被送进了奶奶住的医院里。

沃洛佳的家里也发生了不幸。他母亲是个抹灰工，每天乘公共汽车上班。在地上常结薄冰的早春季节里，有一天，公共汽车和卡车相撞，沃洛佳的母亲受了重伤。医生说，她将变成一个终身残疾的人。就在这个时候，曾为沃洛佳走上正确的生活道路而做过许多工作的祖父得重病去世了。

柯利亚的家里也遭遇了不幸，但这完全是另一种不幸。他的父亲因窝藏赃物而被捕，判刑两年，进了监狱。家中的道德气氛变纯洁了，但所发生的一切不能不使孩子感到极大的震惊。

每天见到孩子们的时候，我都要端详他们的小脸。如果孩子们心中有痛苦，那他只不过是人在教室而已。他就像一根绷紧的琴弦：不小心轻轻地碰一下，就会使他痛苦。每个孩子对痛苦的感受各不相同：有的，你安慰一下，他就感到心里好受一些；有的，温柔的话语会给他带来新的痛苦。在这种情况下，教育的艺术首先就要靠人类的智慧了：要学会怜惜伤痛的心，不要给受教育者增添新的痛苦，不要触碰他心灵的创伤。因痛苦而极度不安的学生当然不能像以前一样学习，痛苦会在他思想里留下伤痕。对教师来说，最主要的是，要先看到孩子的痛苦、悲哀和他所遭遇的不幸。看到之后，还要体验到这种心情。教师正确对待孩子的痛苦，拥有理解和感受儿童心理的能力，这是教育艺术的基础。

不能叫正处于痛苦中的学生来回答问题，不能要求他专心学习和刻苦努力。不能去问他发生了什么事情，因为要孩子们讲出这些事是很痛苦的。如果孩子信任教师，如果教师是孩子的朋友，那么孩子就会把能够讲的事情讲出来。如果他默不作声，那就不要去触碰他幼小心灵的痛处……。教育中最困难的是教会人去体察感情。孩子越大，教师越难以触动他的心弦（形象地说），这心弦的音响往往会形成一种崇高的感情。

为了使孩子们学会体察感情，学会看到他亲近的人的精神世界，教育者应善于珍惜孩子们的感情，首先要珍惜那种痛苦的感情。在成人和孩子之间的道德情感中，没有比成人为了消除孩子的痛苦而轻率地断言“孩子，你夸大了自己的不幸……”这种做法更荒唐了。

首先应该懂得孩子们的内心活动。这是不可能通过什么特殊方法学到的，只有依赖于教育家高尚的道德情感修养才有可能做到。不管孩子痛苦的根源是什么，其中总有某种共同的东西，那就是在忧郁、悲哀的眼睛里令人惊讶地流露出不是孩子应有的沉思、冷漠、苦闷和孤独。正经受不幸的孩子，不会注意到同伴的娱乐和消遣，没有什么能诱使他摆脱痛苦的思想。对孩子的最细心和善意的帮助，就是既分担他的痛苦，又不去触及他内心的伤痛。粗暴的干预会引起怨恨，而劝其不要灰心、不要绝望、要克制自己这一类的话，如果缺乏真正的感情，就会使孩子觉得是不切实际的废话……

教孩子们体察感情，这首先意味着把自己的道德情感修养传授给他们。没有对人的精神状态的深刻理解，就不可能具备道德情感修养。而这种理解只有当孩子在心里把自己置于经受痛苦和忧患的人的位置时才会产生。

当萨沙的祖母病倒时，他变得悲伤、沉默，而且总怀着戒备心：有人对他说点什么，他就哆嗦，好像触到了他的痛处。有一次，我看到他那双黑黑的大眼睛里充满了泪水。孩子们对我说："萨沙哭了。"你如果料想孩子对自己的同伴或成年人会满怀同情，只是因为他是一个孩子，那是十分幼稚的。同情人是要教的，要像教他初学迈步那样，十分用心地、精心而又谨慎地去教。同情心，是认识最细腻的领域之一，是用思考和心灵进行的认识。有经验的教师应该拥有培养同情心的强有力的手段——语言。

我趁萨沙不在班里，对孩子们说："遇到人有伤心事的时候，不能表示惊讶。萨沙十分忧伤，他只有一个亲人，那就是祖母。他不记得自己的母亲。祖母现在突然病了。也许，她将被送进医院，那萨沙留下来跟谁呢？你们设身处地地想一想，就会体验到什么叫伤心事。你们还记得咱们在路上遇见的那位老爷爷吗？记得吗，他的眼睛显得有多悲伤？你们当时感觉到了：老爷爷有伤心事。为什么你们看不见同学眼里的忧伤呢？你们不是发现萨沙已经好几天都沉默不语、心事重重了吗？他人在教室里，但整个心思全在祖母床前。如果他待在家里几天不来，不要急着去问他为什么没有到学校。一个人要讲出自己的不幸是很不容易的。平常，如果你们看到了有人有了痛苦和不幸，你们不要表现出好奇，而要去帮助，不要去刺痛人家的心。如果你们已经知道咱们集体中有人遭遇了不幸，你们要做到：不要因自己的任何一句话、任何一个行动增加他的痛苦。你们再想一想，可以怎样帮助萨沙和他的祖母。不过，这种帮助，不应该是为了显示自己，'瞧，我们多好，帮助自己的同学'。做好事给别人看，这非常不好。如果不是心在召唤你们要帮助朋友，那么不论你做出什么好事给别人看，都不会使你成为一个善良的人。"

萨沙回到了班里，我再也没有提到他，孩子们也领会到，为什么我马上转了话题。课间休息时，他们商量怎样帮助萨沙和他的祖母。孩子们给他送来了苹果和鱼，这一切都是出自最纯洁的心愿。萨沙的祖母被送进医院以后，他住在姨母家里，孩子们常去看望他。当得知萨沙遭了雨淋，生了病，和祖母一起躺在医院里的时候，孩子们都十分难过。休息那天，我们都到医院去了，孩子们带去了苹果和饼干。舒拉还拿了一大块巧克力，这是他父亲从外地给他带回来的。我们用了半天时间，让所有的小朋友都能进病房去探望一下萨沙。

这件事使我既高兴又不安。须知这是这个集体热情突发的结果。有的孩子想为别人做好事，首先是为了让人家看到自己这一崇高的举动。沃洛佳告诉我，他要把父亲不久前给他买的新冰鞋作为礼物给萨沙送到医院里去。

"父亲同意吗？"我问道。

"当然，同意。"

"好吧，那么没有必要带到医院里去。萨沙现在又不能滑冰。等萨沙好了以后，你给他送到家里去吧。"

沃洛佳没有把冰鞋送给同学。精神的热情突发源是很微弱的，这件事使我思考如何培养善良、热忱和同情心。这是一些非常细腻、复杂的情感。怎样才能使孩子做好事时，不指望受到赞许、得到奖励，而是出自善良感情的需要？善良的感情是什么？它是怎样发生的？当然，集体精神突发的热情对培养同情心起着巨大的作用。但是，这种同情别人的感情，应深入每个孩子的精神生活领域。

我力图使我所有的学生做好事——帮助同学或其他人——是出自内心的需要，并因此而感到极大的满足。教人做好事，就要这样去做，这想必是道德教育方面最困难的问题之一。那么，在实践中该怎么办呢？看来，最主要的是要发展孩子的内在力量，人有了这种力量，就不会不去做好事；也就是说，最主要的是要教孩子同情别人。但这要怎样做呢？怎样才能使孩子在看到别人的痛苦时，能设身处地地感受那人的苦楚。怎样才能使鲜明的思想唤起鲜明的情感，使孩子自身与生活中遇到不幸的人融为一体，使孩子从正在经受痛苦的人身上，看到自己并感觉到自己呢?

我们经常召开的，用来探讨关于孩子精神生活和他们相互间关系的最困难、最复杂的问题的会议，逐渐变成了心理学方面的讨论会。不仅低年级的教师参加讨论，中年级和高年级的教师也参加了。成为我们关心对象的是人——儿童、少年和青年。在心理学问题讨论会上，我们做关于具体的孩子的精神世界的报告和报道，做关于他的智力、道德、情感、体育和美育发展的源泉的报告和报道，做关于以前在学前时期和现在在校期间个人智慧、思维、意志、性格和信念形成的环境的报告和报道。低年级教师好似在用自己的报告给中年级和高年级教师对男女青少年施加教育影响做准备。集体教育的信念越来越坚定了：为了使我们教育的对象，处于整个集体教育的影响之下，每个教师都必须深刻地了解每一个学生的个性，甚至其中的细枝末节。

要深入个别孩子复杂的精神世界，我们感到两个小时甚至三个小时都不够。当我做完了关于柯利亚的个性的报告以后，M. T. 塞罗瓦特科、E. E. 科洛米钦科、ф. A. 斯科奇科等老师对我的分析做了非常重要的详细补充，即孩子在集体中所看到的一切在他的情感中是怎样反映的，换句话说，他是怎样感受人与人之间的关系的，怎样体验自己与他人的相互关系的。我们得出一条非常有意思的，经集体肯定是一个关于做好事的内在精神动机的新结论，即孩子怎样促使自己为别人做好事。

孩子们给予蒙受痛苦的同伴的精神力量越多，他们就越会同情人。在二月一个寒冷的日子里，那时孩子们正上三年级，米沙、柯利亚和拉丽萨跑来找我，他们好像很不安。

“万尼亚的哥哥廖尼亚牺牲了。”卡佳说，“他父亲收到电报了。他明天就要到哈萨克斯坦去。现在怎么办呢?”

孩子们的眼睛在祈求：请告诉我们，该怎样去帮助同学呢?

我当天就知道了这件悲惨事件的经过。18 岁的拖拉机手廖尼亚往饲养场送干草。路上，他遇上了暴风雪。本来年轻人可以停下拖拉机，到离路边不远的村里去避一避，但是他没有这样做，他指望大风雪过后，能及时地把干草送到饲养场。可是风雪越来越大，严寒突然降临，最后廖尼亚冻死在拖拉机的驾驶室里了。万尼亚好几天没有到学校来。孩子们都感到十分悲伤，听不见他们叽叽喳喳的声音了，全都在问：怎样去帮助同学？有人提议到万尼亚家去。我劝他们不要去："这时候万尼亚、他的母亲、他的父亲、他的兄弟姐妹都十分难过。我们到他家里，他妈妈看见我们以后，会想起廖尼亚上学时的情景，会更加伤心。我们过些时候，等母亲的内心创伤稍好一些以后再去。当万尼亚到学校以后，不要去问他哥哥是怎样牺牲的。去想、去讲这件事是十分痛苦的。大家对万尼亚要关心、体贴，不要使他再遭到任何心灵的创伤。"

万尼亚的父亲从哈萨克斯坦回来以后告诉我，新垦区国营农场居民区的一条街道要以他长子的名字命名。我把万尼亚父亲的话讲给了孩子们听。那些天，我们班正准备参加少先队。孩子们在考虑，以谁的名字来命名我们的中队和三个小队。于是，他们自己讲出了我的预期：让万尼亚所在的小队就用他哥哥的名字——牺牲在战斗岗位上的廖尼亚来命名吧。万尼亚把这个消息告诉了母亲。我又向孩子们建议：我们挑一本画册，每人在上面都画一点关于学校的情况。当然，孩子们都渴望着画一点与廖尼亚以及与他的学生时代有关的东西。高年级的学生把廖尼亚在三年级读书时种的苹果树指给我们看。在物理教室里，我们找到了廖尼亚和他的同学一起做的起重机模型。廖尼亚喜欢鸟，学生们常常回忆他和他的少先队一起为鸽子做笼子的事。孩子们把这一切都画在了画册里。我画了廖尼亚的肖像。我们把这本画册献给了廖尼亚的母亲。这对她来说是非常宝贵的。使她高兴的是，学校的集体没有忘记她的儿子。我们也为将要以廖尼亚的名字命名的小队，做了同样的一本画册。

十分重要的是，不要把善良的感情和所做的好事变成一种宣扬的"手段"。尽量少谈论做过的好事，不要为做好事进行任何夸奖，这应该成为我们教育工作遵循的原则。最有害的是，孩子在思想上把人道的行为看成是自己的功劳，认为这是一种了不起的行为。这经常是学校的过错。一个学生拾到别人丢的十个戈比，交到班里，整个班集体一下子都知道了这件事。记得在一所邻近的学校里发生了一件有趣的事情。一个女孩子拾到五个戈比，交到了班里，女教师大肆夸奖了她一番。第二天课间休息时，三个女孩和一个男孩跑来找女教师，原来他们几个都拾到了同学们丢的钱，有的捡到一个戈比、有的捡到两个。孩子们都盼着得到夸奖；女教师感到有问题，发起脾气来……。孩子们就是这样学会了端出“桩桩好事”，如果不为此表扬他们，他们就不满意。

好心应该像思维一样，成为人们的正常现象。它应该成为一种习惯。我们的教育集体力图使好心的、诚挚的、热忱的行为给孩子们带来极大的满足。童年时代对别人精神上的深切关怀，是在教师语言的影响和集体情绪的感染下产生的。十分重要的是，要唤起所有孩子热诚关切他人的激情，使他们愿为别人做好事。这种激情只有成为个人的行动的时候，才能使他的心变得高尚起来。

我的学生们没有忘记自己的老朋友——安德烈爷爷。冬季，老爷爷住在离养蜂场的蜂房不远的一间小屋里。孩子们常常上他那儿去，给他带去苹果、图画。老爷爷为孩子们每句亲切的话语感到十分高兴。孩子们体会到，孤独是痛苦的，所以他们尽力为老人做好事。

那是三月一个暖和的日子，孩子们忙着要去看望安德烈爷爷：今天他们要帮他放蜂。这一天对孩子们来说简直成了节日：看着这些金翅膀的、报春的使者飞来飞去，孩子们高兴极了。在到蜂房越冬处的路上，我们到一位老大娘家喝水。她请我们吃了自己家做的饼干，并希望我们常来看她。

奥尔加·费道罗夫娜在战争的年代里遭受了极大的不幸，她的两个儿子、丈夫和兄弟都在前线牺牲了，而女儿死于法西斯德国的煤矿上非人的劳动生活。我给孩子们讲述了这位妇女的悲惨命运，孩子们心里激起了要与奥尔加奶奶友好相处的愿望，常去看望她。奥尔加·费道罗夫娜把自己儿子和丈夫的勋章和奖章拿给我们看。孩子们心中又产生了给奥尔加奶奶带来欢乐的愿望。种果树的季节一到，我们就在她家的院子里种上了五棵苹果树、五棵梨树、五棵樱桃树和五株葡萄秧，纪念她的两个儿子、女儿、丈夫和兄弟。为老奶奶自己，我们也种了几棵树。奥尔加·费道罗夫娜感激的心情是难以用语言形容的。在炎热的夏天，我们经常去给果树浇水。夏天，孩子们在她家一待就是一整天。

奥尔加奶奶成了孩子们的朋友。每一个节日，孩子们都是与她一起度过的。我们注意不错过樱桃、苹果、梨和葡萄成熟的时机，总是到奶奶的果园去，摘下第一批成熟的果实送到她身边。孩子们在七年级学习的时候，奶奶得了重病。学年结束后的那个星期，她去世了。这对孩子们来说，是一件痛苦的事情。事后不久，我们得知奥尔加·费道罗夫娜的遗言，要求在她死后把农舍和果园交给孩子们。这个遗嘱使集体农庄的领导感到很为难：学生们成了农舍和果园的主人，这算怎么回事呢？农庄的庄员们帮助搞清了这个不属于任何法律规范的问题。他们说：让孩子们在这块小小的庄园里做自己的好事吧。我们请安德烈爷爷搬到农舍里来，他高兴地搬来了，因为这里离养蜂场不远。瓦利娅和季娜四年级时与几个“十月儿童”交上了朋友，她们俩还帮助他们加入少先队。小孩子们整天都在我们自己的果园里度过。

在争取祖国的自由和独立的战斗中，母亲失去了儿子，其痛苦是深沉的。让我们的学生们去感受、体验并分担这一痛苦吧！让成千上万的母亲——她们的儿子已经被埋葬在从伏尔加河到易北河、从北冰洋到地中海的无名墓地中了——成为学生们的朋友吧。如果一个孩子没有感受和体验到自己祖国的重大不幸——失去 2200 万人的不幸，遭到骇人听闻的苦难、灾祸和破坏（我国人民是不会忘记这一切的，也不会宽恕法西斯分子的），就不能说他的心是高尚的。

孩子对母亲的痛苦体验和了解得越深，他的同情心就越大，他作为一个公民的信念就越坚定，孩子心中对祖国未来的责任感就越强。因此，在组织邀请那些在伟大的卫国战争中牺牲了儿子的母亲来参加少先队集会（一般请到学校里来）这类重要活动时，要做得特别得当。对孩子们来说，这种活动不应像通常的教育活动那样一晃而过。与那些在个人的痛苦中体现着全民痛苦的人见面，应该在幼小的心灵里留下深刻的痕迹。

教育公民，不仅是教育理论上，也是实践中的一个复杂问题。这里最重要的是，要使知识深入心灵，使它反映在个人的精神世界之中。对祖国的认识，对苏联人民神圣的和美好之物的认识，不是那些记住之后在日常生活中去运用的一般知识。这是应该涉及学生个人生活的真理。只有从人的伟大认识祖国的伟大，这些真理对孩子才是神圣的。

列昂诺夫认为：“人民的缅怀是一部巨著，那里面记载着一切。”不读这本书，不深刻理解和体会每句话、每个字的意义，进行公民教育是不可想象的。依我看，我们通常所说的学校和社会生活相联系，首先就是要把我们最神圣的东西——对祖国的热爱和对它的敌人，即对给人民带来极大痛苦和灾难的奴役者的仇恨，从人民的心中传到孩子们的思想和心里。与“人民的缅怀”这部巨著的每次接触，都是树人的一次最复杂、最重要的行动。

充满崇高情感的劳动

劳动要成为一种巨大的教育力量，必须使其成为学生精神生活的需要。劳动能给他们带来团结友爱的快乐；能促进钻研精神和求知欲的发展；能在克服困难之后，产生激动人心的欢乐；能在周围世界里不断发现新的美好事物；能唤起初步的公民义务感——人类生活必不可缺的物质财富的创造者的情感。

劳动的乐趣是一种巨大的教育力量，每一个孩子都应当在童年时代深深体验这种高尚的情感。

那是学校生活的第一个秋天，高年级同学在园地里给我们划出了几十平方米土地。我们把地翻了一遍——农村的孩子对这种劳动是很熟悉的。我对孩子们说：“我们在这儿种上冬小麦，把麦粒收上来，磨成粉。这将是我们第一次收获的粮食。”孩子们很清楚粮食意味着什么，因此像他们的父母一样拼命地干活；同时，我们所搞的这项活动中又包含有某种浪漫主义因素，即游戏因素。

收获第一批粮食的向往鼓舞着我们，帮助我们去克服困难。困难还不少：孩子们用小筐搬运肥料，把它与土掺在一起。给一行行的小麦挖沟渠，一粒粒地挑选种子。播种那天变成了真正的节日。劳动鼓舞着每一个孩子。地种好了，可是谁也不愿意回家。大家想做一番遐想，于是我们坐在了一棵大树下。我讲起了金色麦粒的故事。我在思考故事，也在考虑如何使劳动在我的学生们的童年时代不仅能带来一种稚气的快乐，同时也能初次体验公民的快乐。使孩子们通过劳动，就像通过一条宽阔的道路，走进社会生活，认识别人也认识自己，第一次体验到作为公民的自豪感。我从未忘记，劳动不应该是一件轻松的事情。通常被称为成熟的那个非常重要的过程，就是用孩子们在体力和精神上的努力程度来衡量的。劳动使孩子不断成长。应该确定难度，定得既使劳动带有孩子气，同时又使孩子逐渐感到自己已经不是一个孩子了。多年的经验证明，只有当孩子的劳动包含有成年人生产效果的极重要因素，即收获物质成果，并把成果纳入集体成员的关系之中时，才能达到这种教育目的。

在麦子出苗之前，孩子们都很焦虑：我们的麦田会很快变绿吗？而当麦苗出来以后，不管男孩子还是女孩子每天早晨都要跑去看一看：绿色的小麦苗长得快不快？到了冬天，我们给麦子盖上了一层雪，让麦苗能暖和些。春天，看到这些麦苗绿茵如毯，看着小麦怎样长出茎叶，怎样抽穗，孩子们都非常高兴。他们把每一株麦穗的命运都紧紧挂在心上。

收割变成了比播种更加愉快的劳动。孩子们穿着节日的盛装来到学校：每个学生都小心翼翼地把麦子割下来，捆成捆。脱粒当天是又一个劳动的节日。我们把麦子收集起来，装进口袋，做到颗粒归仓。安德烈爷爷把麦子磨了，给我们送来了雪白的面粉。我们请季娜的母亲给我们烤面包。孩子们给她帮忙：男生打水，女生抱柴火。很快，四个又大又白的圆面包摆在了面前，这就是我们的劳动、我们的辛劳所得。一种自豪的情感激动着孩子们的心。

盼望已久的一天——新麦登场的大喜日子来到了。孩子们邀请安德烈爷爷和全体家长来欢度这个节日。桌子上铺上了绣花白桌布，女孩子们摆好了香喷喷的面包块，安德烈爷爷摆上了盛着蜂蜜的盘子。家长们吃着面包，夸奖孩子们，感谢他们的劳动。

这一天永远留在了孩子们的记忆里。在这大喜的日子里，我们没有讲关于劳动和人格的豪言壮语。节日使孩子们感到激动的最主要的还是他们的自豪感：我们种出了粮食，我们给父母带来了欢乐。一个人因自己的劳动而自豪，这是道德纯洁高尚的重要源泉。

▲ 粮食节上的烤面包

我们收获新麦的节日引起了其他班集体的注意。每个班的学生都想种出自己的粮食。孩子们使班主任不得安宁：为什么别人有自己的粮食节而我们没有？

这件事引发了全体教学人员的思考。大家都看到像翻地、施肥这样平常的劳动，也能像去森林中游玩或阅读一本有趣的书一样，成为孩子们乐意去做的事。老师们谈到，那些没有什么能引起他们兴趣的“懒汉”，在这种劳动中也会变得判若两人，他们也愿意干活了。“这是怎么回事呢？”我们想。最后，大家达成共识，问题主要在于情感，在于必须用崇高的目的去鼓舞他。热爱劳动，这首先属于孩子情感生活的范畴。只有当劳动能给孩子带来愉悦的时候，他才会产生做事的意愿。劳动给孩子带来的愉快越多，他就越珍惜自己的荣誉，越清楚地在工作中认清自己做出的努力、自己的名誉。劳动的快乐是一种巨大的教育力量。有了它，孩子们会把自己看成是集体的一员。这并不是说劳动变成了一种娱乐。它要求人们做出努力，要求有坚韧不拔的精神。但我们不能忘记，和我们打交道的是孩子，是一些事物刚刚展现在他们面前的孩子。

孩子们决定每年都庆祝新粮收获节。入学第二年的秋天，他们又新开了一块地，种出冬小麦之后，又邀请家长们来做客，还请来了自己的小客人——学龄前的小朋友。甚至在我的学生们已成长为青年的时候，他们仍然怀着激动的心情，在学校的小块土地上收割小麦、脱粒、烤面包。这一切都带有浪漫主义的色彩，游戏的意味。劳动之乐是任何其他快乐都无法比拟的。这种快乐如果没有美的感受是不可思议的。不过这里的美，并不只在于孩子有所收获，而首先在于他在创造。劳动之乐是生活的美，认识到这种美，孩子就会有自尊感和克服困难后的自豪感。

只有那些善于努力工作和知道什么是汗水、什么是疲劳的人，才能领略到这种快乐。童年不应该总是沉浸在节日之中，如果没有孩子力所能及的紧张的劳动，他是不会懂得劳动的幸福的。劳动教育的最高要求，就是要在孩子们心中树立起劳动人民对待劳动的那种态度。劳动不仅是人们生活所必不可少的——没有它，人的生存是不可想象的，而且是多方面显示个人精神生活和精神财富的一个领域。人们纷繁多样的相互关系也在劳动中展现。如果孩子体验不到劳动的美，要培养他热爱劳动，是不可能的。人们把劳动看作是个人自我表现和自我肯定的最重要的方式。常言道：人不劳动，即成行尸走肉。使每个学生的自尊感和自豪感建筑在劳动成果的基础上，这是一项重要的教育任务。

入学后的第一个春天，孩子们培植了一个“献给母亲的果园”，种了三十一棵苹果树和同样数目的葡萄秧。“孩子们！”我对我的学生们说，“这将是给我们的母亲们培植的果园。母亲是我们最亲爱、最亲近的人。三年以后苹果树和葡萄藤将结出第一批果实。第一个苹果和第一串葡萄就是我们献给母亲的礼物。我们将给她们带来快乐。你们不要忘记，你们的母亲非常辛苦，我们要用快乐报答她们付出的辛劳。”

要给长辈、给父母带来快乐的愿望鼓舞着我们在“献给母亲的果园”里劳动。个别孩子还不懂得爱母亲——这一人类崇高情感的深刻意义。我竭力在每个孩子身上唤起这种感情。加利娅为继母栽了树，萨什科为祖母、维佳为姨母栽了树。没有一个人对劳动漠不关心。春天和夏天，孩子们给树浇水、灭虫。苹果树和葡萄藤长出了绿叶；第三年，第一次开花了，初次结出了果实。每个人都想让自己树上的果实快些成熟。

托利亚、季娜和柯利亚的苹果树上结出了水灵灵的苹果，葡萄藤上结出了一串串琥珀般的葡萄，他们非常快活。这对我来说是最大的幸福。孩子们摘下成熟的水果，给母亲们送去。这是孩子们生活中难忘的日子。记得，当柯利亚从树上摘下苹果准备给母亲送去的时候，他眼里闪现出何等喜悦的光芒。

学校生活的第二年，孩子们的劳动充满了崇高的精神。每个孩子都在父母的宅院里为母亲、父亲、祖父和祖母栽种了果树。“瞧，这是妈妈、爸爸、祖父和祖母的苹果树。”孩子们自豪地说。萨什科为怀念父母也栽了苹果树；加利娅和柯斯佳也都栽了果树来缅怀母亲，他们也没有忘记自己的继母，也给她们各栽了一棵苹果树。

孩子们对任何工作都没有像照料这些果树那样精心和感人，个个都焦急地盼望着苹果树开花。从栽种苹果树到苹果树第一次结出果实，把它们摘下来，给母亲送去，这不仅仅是孩子们完成的劳动过程，而且是道德发展的阶梯。孩子们在攀登这些阶梯中体验着他们所做的工作的美。

人的生活中，母亲是最神圣和最美好的。十分重要的是，要让孩子体验到能给母亲带来快乐的那种劳动的道德美。我们的集体逐渐形成并且确立了这样一个好传统：到秋天，当大地和劳动慷慨地赐礼物给人们时，我们就来庆祝秋季的母亲节。这一天，每个学生都把自己向往了一夏天乃至几年的劳动果实——苹果、鲜花、麦穗等献给母亲。这些东西都是他们在小小的地块（每个孩子在父母的宅院里都有自己心爱的一小块劳动的地方）上种出来的。“爱护自己的母亲吧！”这是我们让孩子们准备秋季的母亲节时，不断在他们的思想中确立的观念。孩子们在给母亲带来快乐的劳动中倾注的精神力量越大，他们心中的人道主义就越多。

我们这里还兴起了一个春季母亲节。我们在森林里找到一块僻静的林中空地，孩子们把它叫作“草苗园”，因为夏天这里草苗很多。孩子们与这块神奇的地方打交道时体验到了最大的快乐。他们想与母亲们共享这一快乐，于是便产生了这样一种想法：把点缀大地的第一朵花献给母亲。这样就产生了春季母亲节。这一天，孩子们不仅给母亲们送去小铃铛似的娇嫩铃花，还送去温室里的鲜花。在欢度母亲节的时候，应该避免喧嚣叫嚷和各种“有组织的活动”。我们极力使为母亲而组织的庆祝活动成为家庭亲人之间的团聚、亲友之间的团聚。这里主要的不是响亮的词句，而是深厚的感情。

相传出自18世纪民间哲学家格里戈里·斯科沃罗达之口的一句乌克兰格言道：“热爱人类易，孝敬母亲难。”这句格言中蕴含着民间教育学的巨大智慧。如果心中没有确立起对亲近的和敬爱的人的依恋感情，要培养人道主义思想是不可能的。口头表答对人们的爱，这还不是真正的爱。培养亲切、诚恳、富有同情心的真正的学校是家庭。对待母亲、父亲、祖父母和兄弟姐妹的态度，是对一个人人道主义的考验。

孩子们的劳动应该是创造美的，这是美育和德育统一的要求。入学后的第一个秋天，我们把野蔷薇的种子收集起来，把它们种到了校园一个僻静的角落——划给我们的小畦里。我们把白色、红色、紫红色和黄色玫瑰嫁接到野蔷薇上。我们创办了自己的“玫瑰园”。开出第一茬花时，孩子们的喜悦心情是难以用语言来表达的。男生和女生都不敢碰花丛，怕损坏它们。当我告诉他们如果摘剪花朵得法，玫瑰花就会盛开一夏天，孩子们感到非常高兴。每个人都想给母亲送去一朵花。使他们格外高兴的是，他们能够在秋天的母亲节把一束小小的玫瑰花和苹果一起送给妈妈。

在校学习的第一个春天，我们就种了许多花。必须经常去照料它们，特别费力的是浇水。这时高年级的同学修建了一座带有抽水机的不高的水塔。水一直被引到花坛里，减轻了孩子们的劳动。浇水便成了人人都愿意干的一项工作，甚至连年龄最小的丹卡，现在花半小时就能给所有的花浇一次水。

栽培花卉已成为每个孩子的爱好。恐怕没有另外的劳动比照管玫瑰更能使人高尚，更能把美、创造与人道主义结合在一起。经过努力，我做到了使每个孩子都产生了在自己家里建一个花圃的愿望。还在三年级和四年级的时候，我的学生们就已能欣赏宅旁园地里培植出的玫瑰花了。

生活使我确信，如果孩子培育玫瑰花是为了欣赏它的美，如果这种劳动的唯一报酬是美的享受，并且是为了别人的幸福和欢乐而创造这种美，那么，他们就不会为非作歹、不会厚颜无耻、不会冷漠无情。这是道德教育中极为复杂的问题之一。美本身并不包含任何能使人精神高尚的魔力。美只有在创造美的那种劳动因崇高的道德动机而人道化的时候，特别是充满对人的尊重的时候，才能起培养道德纯洁性和人性的作用。为人们创造美的那种劳动人道化的程度越深，人就越能自重，就越不能容忍对道德规范的背离。

美在道德教育中的作用，成了我们全体教师讨论的课题。我们在把美作为影响学生精神世界特别是情感的方法加以重视的同时，也曾担心对这种影响的作用估计过高。在怎样的条件下，美才会起到教育作用？在心理学讨论会上，我们给自己提出了这个问题。这个问题的答案是从全面分析教育过程的规律中得出的。通过交流经验，分析教师对初期、中期、晚期学龄儿童的影响方式和方法，我们越来越认识到，没有也不可能有既能够保证教育的成功，又能弥补其他教育作用范围的缺陷和弱点的某种独特和万能的方法。

美学教育或许安排得很好，但是如果共产主义教育的其他因素和组成部分有严重弊病，美育的影响就会减弱，甚至可能化为乌有。对孩子精神世界的每一种影响，只有当另一些同样重要的影响同时起作用时，才会具有教育力量。在一定条件下，一个人有可能精心养花、赞赏花的美，而同时在为人方面表现得厚颜无耻、冷漠、无情——一切取决于我们这些教育者在施加我们寄予特定希望的那种影响之外，还对人的精神世界施加了哪些影响。

这些真理逐渐成为我们全体教师的信念。对各种具体生活遭遇的讨论，把我们引到教育作用的和谐这一问题上来。依我的见解，这是教育根本的、重要的规律之一。我并不认为，我们学校的教育工作实践已经解决了这个问题，但为了这个问题的解决和探索做了许多事。这个问题作为最重要的教育规律之一，其实质在于：每一种作用于人的教育手段的效果，都要视另一些影响手段的深思熟虑程度、目标明确程度和有效程度而定。美，作为教育手段，它所起作用的大小，要看是否恰到好处地发挥劳动这一教育手段的作用，要看实施理智、感情教育时深思熟虑的程度如何。只有当长者榜样的力量起作用的时候，只有当另一些教育手段充满了道德的纯洁性和高尚精神的时候，教师的话才能发挥教育作用。

教育的各种影响因素之间存在着数十种、数百种、数千种依赖关系和制约关系。教育的效果，归根结底要看这些依赖关系和制约关系考虑得如何，更确切说，要看这些关系在实践中实现得如何。在我看来，那些对教育科学的令人生厌的指责——说它落后于生活，正是忽视了这样一种事实，即如果没有其他千百种影响，任何一种对人的影响都将失去它的作用。如果不使其他千百种规律得以实现，任何一种规律都将变成空话。教育科学没有去研究数十种和数百种影响人的那些相互依赖与相互制约的关系，在这方面它是落后的。教育科学只有当它去研究和解释那些最细微、最复杂的教育现象的相互依赖和相互制约关系的时候，才会成为精确的科学、真正的科学。

……出现了花节。花节有几个。春季的花节，是铃花、郁金香和丁香花的节日。这一天，我们去森林和入学后第一个秋天所开辟的丁香花园地，每个学生都采集一小束花，同时力求有不同颜色相间。我们来到林间的草地上，欣赏这些花束。我们把这些花束带给母亲和我们的朋友们——安德烈爷爷和奥尔加奶奶。我们邀请了学龄前的孩子来过节，也给他们采集了花束。

第二个节是玫瑰节。我们在学校的“玫瑰园”和那些宅院里采集玫瑰花束。到了第二学年，几乎所有孩子们的家里都有了玫瑰花丛。我们把最美的花束带给了安德烈爷爷和奥尔加奶奶。

第三个节是野花节。这个节给孩子们带来的欢乐最多。我们总是早晨到田野里去，这个时候的花特别好看。采集一束束美丽的野花，这是真正的创造。我们把这些花束带到学校，休息时，大家都向往着在我们这里也有野花开放。我们记住最美的花生长的地方，秋天就去收集种子、挖掘根茎，于是矢车菊、药母菊也在宅院里开放起来。

秋季的花节，或者叫菊花节，是和夏天惆怅告别的日子。为了尽可能晚些过这个节日，我们需要付出很多劳动。我们保护菊花，使它免受寒风和严寒的袭击，在夜里用纸罩把它盖起来。过完秋季花节之后，我们就把花草移入温室。

在学校生活的第三年，孩子们首次庆祝了雪花节。森林里遍地还是积雪，但大批植物已经从冬眠中苏醒。原野上出现了第一批雪青色的和白色的风铃草。在这个日子里，孩子们把这小小的花束送给母亲们。

我曾尽力使孩子们能把劳动当作精神欢乐的源泉；让人不但是为了获得面包和衣物、为了建造住宅而劳动，而且为了使他的住宅旁边经常有鲜花开放而劳动。这些花朵不仅给他自己也给别人带来了快乐，让人从童年就为欢乐而劳动。

在上学一年以后，我们的孩子们在父母的宅院里就都有了小小的“美角”。几乎所有孩子的“美角”里，都有玫瑰花在开放。除此而外，每一个孩子都各有自己心爱的花。瓦里娅、莉达、帕维尔、谢廖沙、卡佳、拉丽萨、柯斯佳爱上了菊花。萨尼娅、季娜、柳芭、柳达、萨什科培植的是石竹花和郁金香。万尼亚、维佳和佩特里克则栽下了一些丁香树丛。我教给孩子们应该怎样照管花草，怎样培植幼苗和选择植物生长的最好的地点。

对花卉的爱好成了柯利亚和他的母亲之间冲突的原因。小男孩喜欢在暖房里工作。我给了他三株菊花，并且告诉他怎样栽种它们。这时，我们又给孩子们分了好品种的番茄苗。柯利亚把十来株番茄苗连同菊花一起带回家里。母亲栽了番茄苗，而柯利亚栽了菊花。两个星期之后，母亲看到菊花秧（它们已经很好地扎下了根），便把它们拔出来扔掉了。小男孩在栅栏旁找到了被扔掉的花秧，大哭了起来，并跑去找母亲。这位妈妈笑着说：“这算得了什么？这是一些花。我们要它们干吗？没有花，我们照样活着，而且还将生活下去。”柯利亚默默地拿起这些花秧，再把它们栽到草棚后的角落里。

过了一些时候，小男孩给母亲拿来了几朵浅蓝色的花，并说：“妈妈，看，这些花有多美。”小男孩的这些话里包含着复杂的感情。他可能是想说：“妈妈，我想让我们家里的生活能够像这些花一样的美好。”

孩子们以极大的热情在“小鸟医院”里进行活动。

每当风暴和雷雨过后，我们到森林去经常能找到从鸟巢中掉下来的小鸟。在“小鸟医院”里，孩子们久久不能安静下来。而到冬天，遇上凛冽的严寒时，孩子们在“小鸟医院”的窗外放上盛满南瓜子的饲料槽。很多的小山雀飞到有饲料槽的地方。当饲料不足的时候，小鸟发出叽叽喳喳乞求的叫声。孩子们在桌上撒些谷粒，小山雀飞进屋里啄食。鸟儿逐渐跟孩子们混熟了，躲在屋里的时间越来越长，甚至在寒冬的夜晚也不飞出去。小鸟愉快地欢叫，落在孩子们的肩上、手上、头上。在晴朗的日子里，鸟儿飞来吃食后就立即飞走。孩子们不愿同这些长着羽毛的朋友们分离。鸟儿似乎察觉到了这一点，孩子们在它们叽叽喳喳的叫声中好像听出了一种歉意。它们好像在说，对不起，我们不能久留。

柯利亚、尤拉、萨什科、柯斯佳、帕维尔在“小鸟医院”里一待就是好几个小时。我建议孩子们在自己家里设置小饲料槽。在窗户的通风口外出现了撒着南瓜子的板架，而帕维尔则做了一个小房子。

初看起来，所有这一切好像都是无关紧要的，同教育没有什么关系。然而，实际上对活的、有生命的东西的爱护也就是对关切、热忱、同情心的培养。

前面已经讲过的那个从三年级开始的云雀节，变成了劳动和艺术创造的独特的节日。女孩子们烤制用面团做的小云雀。每个女孩都力图在她那质朴的作品中表现出鸟儿展翅高飞的形态。这是一种独特的艺术作品。小女孩们相互展示自己的云雀，从这些云雀中她们不仅能看出动态，而且也能听出歌声来。“你的云雀不出声，可是我的在唱歌哩。”在这些日子里，常常可以听到她们这么说。

当孩子们长大成人的时候，他们将到田间作业队和畜牧场工作，将成为耕作人员、挤奶员、农艺师和园艺师。要使孩子们在童年的早期就感受到田地里、饲养场里的那些普通劳动的美，非常重要的是要使这些平凡的农业劳动给孩子们带来快乐。但如果没有游戏，没有从劳动中和集体相互关系的美，即团结友爱的互助精神中激发出来的高涨的集体情绪，那是不可能做到的。我的学生们对大家的事总是非常关心并考虑它们的结果。班级一直是一个劳动集体。

初春时节，我们到塔尼亚的父亲工作的畜牧场去。我们被安排在厩棚一个温暖的角落里，又有四只小羊羔被放到这里来（塔尼亚的父亲选了几只最弱小的羊羔）。我对孩子们讲：“小朋友，我们来照料这些身体暖和和毛茸茸的小生命，每天我们都要到它们这儿来，用温水泡好的干草液和奶喂它们，直到小羊羔健壮起来。”

我们经常听到这样的说法：有那么一些“懒汉”，什么都不能引起他们的兴趣，他们成了铁石心肠，什么都打动不了他们。这不对。举例说，您用到畜牧场去照料小羊羔这种劳动去激励小孩子（而不是少年们，到十一二岁时这样做已经晚了），并和孩子们一起工作一两个月，您就会看到，即使在最冷漠的心中，冰块也会消融。孩子被劳动的美振奋起来的集体精神是爱好劳动的巨大源泉。我们的班里没有一个冷漠无情的人，没有一个懒汉，而这是因为孩子们受到了平凡劳动的激励。

我们找到最好的干草，把它碾碎，煮成“喂羊羔的汤”。我们用牛奶喂这些羊羔。当小羊羔开始能吃青草时，孩子们从温室给它们拿来了大麦和燕麦苗。而当草儿一发青，小羊羔这里就出现一捆一捆鲜嫩的饲料。塔尼亚的父亲在厩棚旁边做了一个围栏，我们整天把小羊羔放在那里。这是我们的牧羊场。

在学校生活的第三年，出现了新的、更为重要的操心事——男孩和女孩们想要照管小牛犊，于是畜牧场又给我们指定了一个角落，这个角落在奶牛场。男孩子们整个冬天都在温室里育青——培育大麦和燕麦。夏天为牛犊晾干草，许多男孩和女孩几乎每天都到畜牧场去。

当春天到来，羊和羊羔被带到野外牧场去的时候，孩子们发起愁来。他们想，哪怕在野地里，在大自然中过上一天。我们星期天到野外去了，放了羊和羊羔，收集了放牧人员割下的干草。第一批青草是小羊羔的最有益的饲料。夏天，学业结束后，孩子们几乎每天都到野外牧场去。生活表明，如果一个人在童年没有受到日常劳动的美的激励，他是永远也不会喜欢普通的农业劳动的。

孩子们在学校试验园地里的劳动也点燃了劳动热情之火。还在一年级时，我们就分到了 0.1 公顷的地，孩子们便和高年级同学一起盖了一座小房子——砖墙、瓦顶、木制地板、小炉灶、自来水、电灯——一切都和真正的房子一样，但都不大。“小绿屋”（孩子们这样称呼这一建筑物）成了又一个舒适的角落。孩子们在那里读关于大自然的书，听关于大自然的故事。过后，当孩子们已经在三年级学习时，我们在这间小屋里做种子试验。

修建小屋子，既是玩又是劳动。小屋子盖好以后，孩子们对自己用双手创造的东西非常爱惜。他们很清楚，小屋子是他们劳动的成果。任何讲解都不能代替这生活的经验。

为使学生们珍惜社会劳动，他们必须获得初步的社会创造性的经验，哪怕一开始这些经验是无关紧要的。只有当人们珍视社会财富的时候，物质财富的本质才能为人们所认识。应该在童年就具备这种品质。教师们经常谈论有些少年浪费公共财物的事，为什么他们（少年们）会这样麻木不仁？如果您想使一个人在少年和青年早期就成为一个懂得节俭、严守纪律的人，使他关心公共利益不是为了做样子，而是出自对公物的关切，那就让某一公有物成为他童年时代最珍贵的、与他个人的欢乐和幸福不可分的东西。

靠近“小绿屋”有一块地，我们在这块地上种小麦、大麦、黍子、荞麦、玉米和向日葵；在屋子里选种、存放收获的粮食，准备肥料。孩子们的劳动被认识的豪情所鼓舞。他们边想边工作，边工作边思考。大自然的奥妙和规律展示在他们面前。我尽力使我的学生在儿童时代就能根据亲身经验认识到，知识会帮助人利用大自然的力量，知识只有在劳动中才能得到。我讲过一颗麦粒的故事，讲过劳动怎样掌握这颗麦粒的命运。孩子们面前出现了土地生机的奇妙世界。我们给那块地施了有机肥，土壤变得肥沃了。孩子们每人种了一百粒麦子，并以极大的兴趣观察它们的生长。“喂饱”土壤，好让麦穗长出沉甸甸的大麦粒来，这一向往鼓舞着孩子们。每人都想尽量用营养丰富的稀肥给自己的庄稼施肥。这是真正的创造，它鼓舞着孩子们，激发他们去完成一些最简单的劳动程序。孩子们小心翼翼地割下麦穗，每人取出一个个麦粒称一称，谁的收获量大，谁就感到无比自豪和愉快，其他孩子也想着要更好地干活。

我高兴地确信舒拉、米沙、帕维尔、萨尔科、尤拉、拉丽萨、季娜、万尼亚、尼娜、瓦里娅、吉娜、柯利亚已经爱上了庄稼，感受到了土地的生命力。他们在三四年级种出的麦粒比一般地里长出来的要大一倍。

在“小绿屋”旁和暖房的肥沃泥土里，我们种植了黄瓜、西红柿等。冬天，孩子们就准备好了用腐殖质和黑土混合的肥料，春天把肥料送到地里，到秋天就获得了土豆和西红柿的丰收。

另一些孩子则在“绿色试验室”里劳动，这个“绿色试验室”是为学龄中期儿童建造的。在这里，我的学生在年长一些的同学的带领下进行园艺和植物栽培方面的有趣实验。在这里，我告诉孩子们，怎样把培养好的各种果树枝嫁接到野生树苗上。到了二年级，所有孩子都学会了这种精细的工作，他们感到了知识支配自然的能力、理论和实践的统一。为了看到嫁接的结果，孩子们都焦急地等待春天的到来。当嫁接的树枝长出嫩叶的时候，孩子们感到无比快乐。我们决定建立一个集体苗圃，每年培养树苗。苗圃也成了进行心爱劳动的一块地，特别是万尼亚、柳霞、柯利亚、沃洛佳、柳芭、吉娜、费佳、卡佳、瓦里娅、拉丽萨、谢廖沙、季娜、加利娅这些孩子喜欢在这儿干活。到夏天，在三年级结业以后，我们在野生灌木丛中找了一株野生李子树做砧木，我们每个人都在上面嫁接了培育果树的芽，有人接了李子，有人接了杏子，有人接了桃子。所有的接枝都成活了。孩子们惊异地观察着各种不同品种果树的幼芽怎样在同一树冠上生长。两年后结出了果实。

已经提到过，自然界是思维的最丰富的源泉，是创造性的、探索性的智能最丰富的源泉。孩子会通过认识自然规律而成为人，因为他会逐渐认清自己是自然界发展的漫长阶梯上的最高一阶。但是，自然不可能自发地创造奇迹——自发地发展儿童的自然能力、培养他的理智、丰富他的思维。不经过积极的努力、不经过劳动就不能发现和认识自然的奥秘。只有当人为了利用大自然的力量而有意识地迈出第一步的时候，大自然才会给人以报酬。报酬起初是微薄的，尔后随着人在认识中及同时进行的创造中付出的努力的增多而越来越丰厚。儿童劳动得越多，大自然奥秘在儿童的意识面前暴露得也就越多，他们碰到新东西、不懂的东西也就越多。而不懂的东西越多，思想就越活跃；困惑不解，这是最牢靠的思维“引火线”。从麦种播到松软的泥土里到收获庄稼，孩子们产生了两百多个“怎么样”和“为什么”的问题。很难找到作用于自然界的另一个领域能像土地上的劳动（如种树、种粮食和技术作物等）那样启发思维和促使思考。

我尽力使孩子们的劳动多样化，以利于发现他们的天资和爱好。在教学实习工厂的旁边，我们为幼年孩子装备了一个工作间，里面摆了工作台，安装了台钳，成功地实现了向往已久的夙愿——高年级同学为小同学制作了两台小旋床和一台小钻床。在柜子里和板架上有小刨子、锯子，在钳工工具箱里有一套金属加工的工具，还有金属板和铁丝，这都是设计和制作模型所需要的。工作间里的劳动引起了男女生的兴趣。大家渐渐组成了一个少年工匠小组。谢廖沙、斯拉瓦、尤拉、托利亚、加利娅、米沙、维佳、柳达、塔尼亚、萨尼娅、万尼亚、帕维尔等对设计、制作模型和用细工具锯东西表现出极大的兴趣。

大家总是饭后到工作间聚会，我们同时制作好几件有趣的模型——风力发电站模型、脱粒机模型、扬谷机模型以及像真房子一样的小房子、书桌和放置钳工小工具的箱子等。孩子们制作木质的和金属的零件，进行集体劳动。模型越小越细微就越难以把它做得和真的，也就是如孩子们所说的和“大人的”一样，而他们干得也越起劲。

我提出吸引孩子们参加这种劳动的主要目的是激发他们的素质和喜好，使他们感受创造的快乐以及培养他们将来所必须具备的技能和技巧。我尽力以实际操作吸引孩子们，具体给他们看怎样加工木料和金属，怎样使用工具。施教者的技艺是点燃爱好之火和唤起灵感的火花。我们在工作间的活动是从我当着孩子们的面用木料给娃娃做玩具床开始的。小床做得越来越像真床时，孩子们的眼睛也越炯炯有神，小家伙们都希望能参加进来一块干。其中有很多人当时就帮起忙来，拿起小床的部件又刮又磨。待我们着手制作风力发电站模型时，我已经不只有了可靠的助手，而且有了真正的劳动伙伴。尤拉、维佳和米沙很快就学会了使用各种工具。所有孩子都想参加劳动，因此，我们就开始同时制作好几件模型了。

这里要插一小段话。儿童的能力和才干来自他们的指尖，形象地说是来自手指的那些细小溪流在补充创造性思维的源泉。孩子两手动作的把握性和创造性越大，手和劳动工具配合得越精细，这种配合所需要的动作越复杂，孩子智力的创造精神就越鲜明，这种配合所要求的那些动作也就更准确、更细致、更复杂；手与大自然和社会劳动的相互作用越深入孩子的精神生活，孩子的活动就越富有观察力、钻研精神、洞察力、专注精神和研究能力。

换句话说，孩子的手越巧，就越聪明。但技巧不是靠什么灵感得来的。它取决于孩子的脑力和体力。智能随着技巧的完善程度而增强，而技巧又得益于智能的增强。我总是竭力把认识周围世界的活动变成孩子们的双手同周围环境之间积极相互作用的活动。用眼睛去观察，而且用双手去探索，不只用问题而且用劳动来表现和发展自己的好学精神。

从“快乐学校”开学之初那些日子起，我的学生就收集植物标本，搜集种子和各种树木的标本。他们不仅在观察，同时也借助使用简单工具（如小锤子、刀子、剪刀、凿子）的双手同各种材料的交互作用来熟悉物质的属性。一至二年级，孩子们学习怎样用小刀做活。孩子们用各种木头（柳木、白桦木、杨木、橡木、松木、梨木、樱桃木）削薄片，把它们打光，贴在纸上或是钉在纸上，比较它们的硬度和其他特征。他们用白蜡树树干上的木瘤（这是很容易加工的东西）做成字母、野兽和鸟类的形状。所有男女生都刻了“木头字母表”——孩子们是这样称白蜡树瘤字母的。离我们村不远的地方有一个岩洞。我们经常到那里去收集各种岩石标本。孩子们兴致勃勃地用小锤子凿云母片，收集不同颜色的石块，用黏土制成玩具砖块，在太阳下晒干，然后盖小房子。夏天，当收获季节到来时，我们从黑麦和小麦秸上切下均匀的麦秆，用它们编成草帽辫，再缝成草帽。

所有这些不只是进行技术创造的准备。我在发展孩子们技能的同时，也在发展其智能。当我们制作风力发电站模型时，孩子们建议用木制螺旋桨叶片代替金属薄板。谢廖沙说：“不是有又结实又轻的木料吗？用这种木料做叶片稍有点风就能转……”

小学四年期间，孩子们做了三十多件能动的模型，构造的复杂程度同那种能带动一个小发电机的风力发电站的模型不相上下。孩子们的个人爱好也一年比一年更明显了。舒拉、维佳、米沙、谢廖沙、尤拉爱上了金属和机器。他们能一连几个小时在虎钳台案旁干活，忘记了时间，有时叫他们回家都要费很大的劲。看着男孩子们在虎钳台案和小旋床上做活（他们在旋床上旋、磨一些木质的和软金属的零件），我回忆起孩子们在“快乐学校”和一年级时学习刻木质字母的情景。如果把这种孩提时代的爱好看成是他们未来的专业或职业的某种预兆的话，那就太幼稚了。生活经验证明，技艺要经历复杂的变换。很少有人能成为他在童年时代想要成为的人。

体力劳动与智力培养紧密相连。手的技艺是头脑的好钻研、聪颖、创造精神的物质体现。使每个孩子在童年就能用自己的双手实现自己的愿望，是非常重要的。

四年级时，孩子们就为自己做工具——小刨子、粗刨。但男孩子们也没忘记最简单的工具，他们用小刀雕刻野兽和家畜木偶，为木偶戏和皮影戏雕刻童话人物老妖婆和常生不老的柯谢依。谢廖沙和米沙为教室和“故事室”做了两个鱼缸。

还有一件有趣的工作给孩子们带来了巨大的快乐，我们建立了一个由小内燃机为动力的小发电站。发电站发的是低压电流，对儿童没有危险。

三年级和四年级时，孩子们每周有两小时的时间从事喜爱的劳动。有的孩子到“小绿屋”，有的到工作间，有的到暖房，有的去试验田或花园劳动，爱好畜牧场劳动的就去照看小羊羔和小牛犊。每个学生在这个时间都按个人的爱好去活动。我则今天和孩子们到这个心爱的劳动场所去，明天就到另一个场所去。每一伙孩子当中都有几个表现出对某种活动有嗜好的人。他们成了这些小劳动集体的组织者，以自己的榜样吸引其他同学。在工作间的那部分人中带头的是尤拉。小植物栽培家中为首的是万尼亚，小园艺家中为首的是瓦里娅，畜牧家中为首的则是尤拉。使我非常高兴的是，这些孩子比他们同年龄的同学会的和知道的要明显多一些。其他孩子都想赶上他们，劳动活动带有创造能力的竞赛性质。

劳动，作为体力和智力的有趣游戏、作为确立自尊心的活动，进入我的学生的精神生活。非常重要的是：应该使每个人在童年时代就在自己喜爱的劳动中获得显著的成绩，具体地看到自己创造力的体现，掌握所喜爱的劳动的技艺，当然，这是在孩子们能达到的程度上去掌握。孩子在学龄期就应学会很好地做某一种事的技艺。从做某种心爱的事取得的成功中所感受到的自豪感，是自我意识的最初源泉，是在儿童心灵里点燃创造灵感之火的第一个火花；而没有灵感、没有快乐的激情和力量充实之感，就不会有人，不会有在生活中将占据应有地位的坚定的信心。我力求做到学校里每一个孩子都能在劳动中显示出自己的个性来。

当我回忆每个学生的童年时，我就会看到为自己的劳动成就而闪烁着自豪神情的快乐的眼睛。看，那是抱着小无线电收音机的谢廖沙，那是他在四年级时做的。三个月的埋头苦干换来了巨大的快乐。站在繁花满枝的桃树旁边的是费佳，是他把桃树的幼芽嫁接在野生李子树上的，而且盼到了开花结果的时刻。瓦利娅留在我的记忆中的是她从畜牧场的小屋里抱出一只小羊羔时的那个欢喜情景。小姑娘照看好了那只又瘦又弱的小羊羔。季娜对着灿烂的太阳和蔚蓝的天空微笑，她在欣赏那紫红色的玫瑰花：她把三棵玫瑰幼芽嫁接在野蔷薇上，现在长出了异常美丽的一丛玫瑰花。当提到萨什科的名字时，出现在我眼前的便是一个黑眼睛的小男孩，抱着一小捆麦子；称过他在三平方米土地上种出的麦粒之后，我们确信，这么大的颗粒一公顷能产八十公担粮食……。离学校水井不远长着一棵枝叶繁茂的苹果树。每年，当苹果树开花，我欣赏那粉红色花朵独特色调的时候，我就仿佛觉得马上就有一个扎着浅色发辫的小姑娘跑到苹果树这里来微笑着说："这是我的苹果树。"当这棵树第一次开花的时候，卡佳曾这样说。记忆中的柯斯佳是忧郁的，他紧紧搂住小牛犊，而牛犊却毫无反应——牛犊病了。

浮现在我回忆中的孩子们就是这样的，我认为他们都喜爱劳动。但我绝不认为，对劳动的这种喜爱会在某种程度上决定每个孩子今后的生活道路。如果一个学生喜爱生物，如果果园或田间的劳动能给他带来快乐，这并不意味着他一定会成为一个园艺家或农学家。素质、才能和爱好犹如一丛盛开的玫瑰花：一些花凋谢了，另一些含苞待放。每个孩子总是有好几种爱好，否则就无法想象儿童会有丰富的精神生活。不过，每个学生总会在某一方面表现得最明显。孩子在某项劳动中取得显著成果之前，他不会作为一个有个性的人留在我的记忆中。而一旦劳动开始引起极大的个人乐趣时，一个人的个性就会显现出来。

臻于完善的那种劳动，可以使人确立自己的个性，它是蕴含无限威力的教育源泉。当一个人感到自己是创造者的时候，他就要竭力想变得比现在更好。人在童年、在即将成为少年之前，就意识到自己的创造力和才能，这意义是非常重大的。这个自我意识，就是个性形成的基础。

这里还要就前面已经谈到的有关各方面教育影响协调一致的问题做一点说明。劳动作为教育人的有目的的活动，是与其他诸方面的教育作用紧密相连和相互制约的，如果这些相互联系与制约的关系不能实现，劳动就会变成令人生厌的义务，不论对智慧还是对心灵都不会有所裨益。我们的心理学讨论会——会上讨论的内容在个性培养问题方面逐年得到充实——对劳动与其他方面教育影响的协调问题给予了很大的重视。关于手在智育培养中的作用的报告，引起了教师们特别大的兴趣。劳动与其他教育方面的影响的相互作用与相互制约的问题，我们的集体至今也还在继续研究。

少年列宁主义者，你们是祖国未来的主人

在我的学生上一年级的时候，我就有了第一个助手——十二岁的少先队员、四年级女生奥利娅。她请求少先队大队委员会，把培养“十月儿童”入少先队的任务交给她。奥利娅热爱小朋友——这是主要的。（我们学校不指定“十月儿童”小组和少先队中队的辅导员，谁有这个愿望、谁爱孩子，谁就去做孩子们的工作。）奥利娅帮助我做许多事情：同孩子们游戏，带他们到森林和田野去远足，讲关于英雄少先队的故事，讲关于苏维埃人在伟大卫国战争年代的英雄事迹。

奥利娅开了头的工作已经延续了十五年以上，并在少年列宁主义者的思想教育方面起着很大的作用。经我建议，她举办了孩子们同伟大卫国战争英雄人物的最初几次见面会。英雄们的讲话是那样引人入胜，小姑娘把它们都记录了下来，这些记录逐渐积累，构成了下一本手抄杂志《伟大卫国战争年代里的乡亲们》。在奥利娅做孩子们工作的那几年，以及后来由少先队员们所做的记录共记了一百多篇故事。这本“杂志”里还收入了英雄们的照片。现在手抄杂志里已有六百多篇故事。这是培养热爱祖国情感的一份生动的无价之宝。

经常和孩子们交往并不是奥利娅的义务，而是她的精神需要。我认为这种需要是卓越的、美好的天赋，是人道主义的天赋。谁具备了这种天赋就一定能成为一个优秀的教育家，并能在自己的劳动中享受到巨大的幸福。您用心观察一下学校集体里的孩子们，您将看到有些男孩子和女孩子，如果不能为自己的小朋友做些事情，他们就无法生活。男孩子们的这种要求常常在调皮、淘气、顽皮的把戏中表现出来，男孩子总想成为带头人，由他来带领同伴，但他不知道自己的劲儿该往哪里使。我建议教师们，不要压制这种沸腾的精力。小男孩，那些顽皮的、淘气的孩子，这是您潜在的助手。设法让孩子们亲近自己，把他们的精力引向需要的轨道。

我竭力使培养孩子们准备加入少年列宁主义组织的过程和少先队的整个生活都能培育孩子们热爱我们神圣疆土的深厚感情，这土地洒满了我们为自由和独立而战斗的战士们的鲜血。对故土的热爱萌芽于儿童对自己亲眼所见、所欣赏并倾注了一份情意的那些事物的美的赞赏。我和奥利娅一起使孩子们注意故乡大自然的美和苏维埃人双手创造的美。

我们去野外，坐在山岗上，眺望广阔的田野、麦浪，欣赏鲜花盛开的果园和一排排挺拔的杨树，以及蔚蓝的天空和歌唱的云雀。对故土之美的赞赏，是热爱祖国的一个极其重要的情感泉源。这土地是我们祖辈居住过的地方，也是我们注定要生活、养育后代并老去的所在。世界上有许多国家的自然景色胜过我们的田野和草原，但故土之美应成为我们的孩子最亲切的一种美，应使孩子们不只是看到树木怎样被春天的白花所覆盖，蜜蜂怎样在金色啤酒花上飞舞，小麦怎样灌浆和西红柿怎样变红……，通过这一切他们应感受到精神上的欢乐和充实。让他们在色彩绚丽和喜气洋洋的形象中回忆童年吧。果园开满了白花，在荞麦田里蜜蜂的竖琴奏出独特的音乐，雁群在深秋的天际飞翔，蓝色山岗在远雾中颤动，紫红色的晚霞映着池塘边的垂柳和路边整齐的杨树——让所有这一切作为童年生活的美和最宝贵的记忆，在心中留下不可磨灭的印象。

但是要让这些优美的景色同这样的思想一起深入儿童的心灵，即如果不是在严冬的早晨十九岁的青年亚历山大·马特洛索夫扑向敌人的机枪口，用自己的胸膛挡住敌人的子弹，为战友开路；如果没有尼古拉·加斯捷洛驾着他那熊熊燃烧的飞机冲向敌人的坦克；如果没有千万名英雄把自己的鲜血从伏尔加河岸洒到易北河边，那么无论是盛开的鲜花还是欢唱的蜜蜂，无论是母亲情意绵绵的山歌还是黎明时刻母亲关切地给你盖好被子时的美梦——所有这一切都是不可想象的。每当孩子们感受到生活快乐时，我们灌输到他们意识中去的正是这种思想。我给自己的学生讲述，苏维埃战士们为了我们祖国的自由和独立就在这里、在我们的故乡、在这片田野上、在这些大树下是怎样进行战斗的。

生活的快乐，这不仅是个人自我意识的最鲜明的表现，而且是对周围世界的评价，是孩子对他所看到的周围事物的积极表态。社会主义社会生活的逻辑就是这样，周围世界的美，理应成为我们的学生的快乐童年，即快乐生活的源泉之一。因此，教育者应努力使每一朵花、每一根草都使孩子高兴。然而，是否因为周围世界十分美孩子们就会珍爱它？要知道，生活的快乐，只是孩子从老一辈那里得到的一系列满足的总和。只有当小孩子看到和感受到曾祖辈和祖辈为祖国的自由和独立洒下的汗水和血泪的时候，周围世界对他来说才会是宝贵的。立陶宛诗人玛留斯·马尔琴凯维丘斯在他的长诗《鲜血和灰烬》中，很好地表达了快乐生活和公民精神的融合。

母亲们！在孩子的心灵里，
播下热爱祖国的种子吧，
让这崇高的爱国热情，
使孩子们变得更勇敢，更坚贞！
让孩子们深深地懂得吧，
在那群星闪烁的夜晚，
祖国的天空虽然不比异国的更高更美，
却和他乡有别。
同孩子情感交融的人，
才使孩子感到亲切。

当生活的快乐和对捍卫了美的人们的感激之情融合在一起的时候，故乡就会变得无限可爱。这个融合反映了青年一代的德育和美育的统一。生活快乐不应该不知忧患。有的教师认为，讲述为社会主义社会自由公民的幸福而遭受苦难、悲伤和付出牺牲的种种事迹会使孩子们的快乐蒙上阴影，这是十分错误的。

阳光灿烂的初秋，苹果压弯了枝头，一串串的葡萄正在成熟，黄色的麦秸堆在集体农庄的打谷场上，银色的蛛丝在碧空上飘荡。我和奥利娅带着孩子们向村边走去。这里有一座高岗，从这里可以远眺旷野风光，近处是布满了绿色西瓜的瓜地，瓜地过去便是果园，果园后边是挺拔的杨树，杨树后面是草原、绿色冬小麦的庄稼地，地平线上是蓝色烟雾中的远山。男孩子和女孩子们都感受到了这难忘的时刻。他们从面前的美景中感觉到了自己幸福的童年生活的一个侧面：傍晚，妈妈和爸爸就是从这片田野回来的，温柔的眼神中带来太阳的闪光。我们坐在高岗上，我讲述善与恶的童话，孩子们为善者的胜利而高兴。

过了一星期，我们又来到高岗上，大自然的美妙画面上又有新的景色展现在孩子们面前：大自然染上了初秋色彩，苹果树和杨树呈现出金色，碧绿的田野变得更加鲜艳，天空更加深邃。我们就这样每周在同一时刻到这个地方来，欣赏大自然的美，感受美妙的民间童话中善与恶的斗争，倾听秋天田野里的音乐，呼吸新鲜的空气，想象春天怎样到这里迎接云雀。这片草原的一角便进入孩子们的精神生活，成为他们珍爱的东西。这片草原就是永远镂刻在孩子们心上的祖国最初的鲜明形象。

没有对周围世界的美的感受和体验就唤不起对祖国的感情。在讲述先辈以多大的代价换来他们童年的快乐之前，应当使孩子们看到大自然的美。要让遥远童年中的有关这小小角落的回忆，在孩子们心中保留终生。要让伟大祖国的形象和这个小小角落联系在一起。

在一个寂静的秋日，我指给孩子们看山岗上一个已经几乎看不出的土坑。

“你们看，这是个坑地。时间已经把它填平了，坑里长满了杂草……。

那是和今天一样的一个阳光灿烂的秋日，我们的部队沿着这条路向第聂伯河对岸撤退。一位年轻的机枪手来到了这个山岗上。他把机枪摆在这里，为的是截击敌人，不让他们接近第聂伯河。大路上出现了敌人的摩托车队。机枪手消灭了他们。法西斯匪徒开始用迫击炮和大炮向山岗轰击。你们看：山岗南面好像被掘过一样。这块土地上布满了致命的弹片。爆炸停息下来后，摩托车手们又出现在大路上，就在这时，山岗上的机枪又响了，敌人在苏维埃战士的枪弹下丧了命。法西斯向山岗开来了一辆坦克，坦克就是向这几棵树开来的，并且向山岗开了火。枪声沉寂了，大路上又有摩托车开过来，机枪又开火了。战士的手臂、头部和胸部受了重伤，但仍然坚持战斗。流下的鲜血模糊了他的眼睛，他知道，这是最后一次看祖国的蓝天了。直到一颗炮弹在机枪旁边爆炸，青年战士的心脏才停止跳动。晚上，集体农庄的庄员来到这里，他们挖了一个坑，掩埋了战士血迹斑斑的尸体。苏联军队从敌人手里解放这个村子前，战士的遗体一直埋葬在这里。战士的战友们来到了山岗上，挖出了战士的遗体，运到村里，以隆重的仪式将他埋葬在阵亡将士公墓里。我们不知道英雄的名字，战士的母亲也不知道她的儿子埋葬在哪里。”

孩子们感到了沉痛。生活的美和这片故土的美，对孩子们来说变得更加可贵了。孩子们已经在用英雄的眼光看世界了。青年英雄献出生命是为了让他们生活得幸福、安宁，为了星光在天空闪烁、草和苹果树发出幽香，为了草原上有蛐蛐的温柔鸣叫，为了在新年前夜妈妈把冬老人送的礼物放在枕头下面……。孩子们默默不语，凝视着烈士鲜血浇灌的土地。他们想抚爱每一块泥土、每一棵蒿草和香薄荷的草根。

想必，我的学生中有很多人在这天晚上久久不能入睡，眼前是一片家乡的草原，它时而阳光灿烂，时而战火弥漫。他们的心情十分沉痛：英雄永远看不到这个美，而我们今天看到了、明天还将看到，并且明年还将看到。想到这些，他们的眼里又充满了泪水，而在睡梦中又感到妈妈温暖的、柔和的手。

第二天早晨，瓦利娅在上课之前就来到学校。她读了一首昨晚写的诗。

草原的大路旁
有一座高高的山岗。
多少年来风儿在山岗上呼呼地吹，
太阳发出明媚的光芒，
秋天的浓雾在轻轻飘荡。
凶狠的敌人侵犯我们的家乡，
青年英雄挺立在高高的山岗上。
他勇敢地挡住敌人的去路，
却被炮弹炸开了胸膛。
在这里，在这古老的山岗上，
年轻的战士英勇阵亡。
他那鲜血淋淋的心在大地上颤动，
蔚蓝色的天空顿时变得黯然无光；
乌云遮住了灿烂的太阳……
你为国捐躯，我们才能活在世上。
在你洒满鲜血的地方，
我们为你栽下了一棵小小的橡树，
我们永远把你牢记在心上。

过了一星期，我们又来到山岗上。孩子们想知道这位英雄是谁，他在哪里出生，曾在哪里学习，他的母亲是否还活着。现在孩子们已能用为祖国而献身的英雄的眼光来认识他们听到的和看到的一切。孩子们为了表达自己的感情，想做些什么。当树叶凋落时，我们把小橡树送上了山岗。当孩子们的心被善良的感情激动的时候，不需要任何语言。孩子们为自己做的事情而深深地感动：我们不是简单地栽种一棵树，绿化山岗，我们是为英雄建立活的纪念碑。

孩子们知道，橡树在山岗上是很难生长的，但任何困难都吓不倒大家。冬天，我们为保护小树不受寒风的侵袭，用雪将它覆盖。春天，当山岗上小草刚刚出土时，孩子们每天都跑上去看小树是不是发芽了。这不只是在表示对树的关怀，这也是在缅怀英雄。小橡树开始发绿了，孩子们从每片小叶子里都能感受到过去那个苦难的日子。曾参加过埋葬战士的老人们帮助我们确定了功勋日。我们每年都把这个日子当作光荣的日子、追忆和哀悼的日子来纪念他。这一天，孩子们很早就到校，每个人都带着鲜花；他们用鲜花编成花圈，把它安放在据说是英雄倒下的地方。

山岗上这块小小的土地对孩子们来说已成为前辈们捍卫祖国自由和独立的英雄主义的象征。“你们是土地的主人，这块土地是前辈用鲜血浇灌的，你们应当关心我们祖国的富强。”我用这样的思想来激励孩子们。

在一个风和日丽的日子里，我和奥利娅带领孩子们去到“烈士公园”。这个纪念公园是由学校的学生集体开辟的。1941 年深秋，法西斯占领时期，这个地方发生过一桩充满英雄主义和自我牺牲精神的悲壮事件。法西斯匪徒砍光集体农庄的果树，在这里建立了一个战俘营。用铁丝网围在露天里的是六千名负伤、饥饿、被剥去了衣着的苏军官兵，他们必将惨死。战俘被断了水，他们在寒冷的秋夜里从冻结的土地上收集冰霜，吃草充饥。每天都有几十名战俘死亡。禽兽一般的法西斯分子却在等待，等他们全都死去，然后炸毁战俘营旁边的炸弹库，并把罪责转嫁给苏联军队，说这是苏军飞机投下的炸弹，炸死了自己人。

苏维埃的爱国主义者在战俘营内建立了准备集体越狱的秘密组织。于是在一个寒冷的黑夜里，当几千人在阴冷的风雨中打寒战时，部分战士和军官爬向了铁丝网的二十个地点。他们是去赴死：他们扑在了铁丝网上，很多难友踏着他们的躯体跑出营地，来到了草原上。那天夜里有四千多人在集体农庄庄员的家里找到了避难的地方，无论是德国纳粹分子还是伪警都未能查出他们来。为了四千多名遭残害的难友能重新拿起武器，回到为祖国自由而战斗的行列里去，四百名英雄献出了自己的生命。

当我们村从法西斯分子手中解放出来之后，学生们决定让这块神圣的地方变成生机勃勃的一角，成为一座活生生的英雄纪念碑。他们清理了荒地，填平了壕沟，栽种了四百棵橡树，当作四百座活的纪念碑，纪念那些为拯救同志而献身的烈士。橡树林长起来了，有关英雄功绩的真实故事代代传颂。栽种橡树几年以后，又一代新生加入少先队时，在原来的橡树旁边又种了自己的橡树。在那凝结着英雄们鲜血的铁丝网上，在他们用鲜血浇灌的土地上，让那长青的树木繁茂生长吧。每个少先队员都种了自己的小树。学生入队时，每人在“烈士公园”栽种一棵橡树，这已成了传统。

我和孩子们来到这里。奥利娅讲了英雄们的事迹，并给孩子们看了自己栽的那棵树。孩子们焦急地等待着自己入队时刻的到来。

春天到了，离列宁诞辰纪念日还有几个星期，我们总是在这一天举行少先队大队的隆重集会，接受少年列宁主义者入队。我们又来到“烈士公园”，每个孩子都带来了橡树苗、小铁锹和装满肥料的篮子。孩子们种了树苗，又浇了水。4 月 22 日在这里，在这个英雄们献身的神圣地方，年长的少先队员们给小朋友授了红领巾。在这里，少年列宁主义者们庄严地宣誓，要忠于自己的社会主义祖国。

每年我们都要去几次“烈士公园”。初春时节，孩子们去清除枯枝和枯叶，在冻死了的树的位置上补栽新树苗。深秋，在英雄们献身的那个日子，我们来这里举行少先队的中队会。在原来围铁丝网的地方挺立着一排排整齐的橡树。在肃穆的气氛中，孩子们从那里走过，每个人都把鲜花放在树下。在那里，在土地被鲜血染红的地方，江西腊和菊花发出耀眼的光彩。

在最幸福的日子——暑假、远足之前，我们也去“烈士公园”。这个神圣的地方永远保持庄严肃穆的气氛。这里不可以跑动、嬉耍、叫喊，但可以欣赏大自然的美、可以休息、可以看书。在伟大卫国战争年代里牺牲的烈士们的子女经常到这里来。儿女在这里向父亲俯首致意。父亲的墓可能在某个遥远的地方，在北冰洋岸边或在喀尔巴阡山脉。关于英雄的故事代代传颂着，英雄们用自己的生命为苏维埃人民保住了阳光、鲜花和自由的劳动。

小橡树在山岗上长得越来越高。成年人看到小树骄傲地把繁茂的枝叶伸向蓝天，心情十分激动，祖国对他而言会变得更加亲切、更加宝贵。

几十年之后，历史上前所未有的战役的参加者将离开人世，代代新人将怀着惊异和感激的心情缅怀那些从法西斯奴役的威胁下拯救了人类的人们。

我们永远不能忘记战争的无尽苦难和灾祸：熊熊烈火、炸弹爆炸中人们的呻吟和哀号，被驱赶到法西斯德国服苦役的人们的哭泣、开往前线的父亲们难舍的拥抱、接到丈夫或父亲英勇牺牲通知书的妇女的号啕大哭……，青年一代应当给烈士们建立永久性纪念碑。在这里，就在我们学习的这个学校里，法西斯分子占领时曾设了一个转运监狱，负责遣送苏联男女青年去服苦役。孩子们，你们永远不能忘记这一切。你们将要长大成人，你们也将有自己的孩子，要像传递接力棒一样，把对敌人的深仇大恨传给他们。

战前我们村子的居民有 5100 人。我们有 837 名同村人在卫国战争中英勇牺牲，其中男子 785 人，妇女 52 人。除去 837 名同村人未能从前线返回之外，我们村里还有 69 人死在了法西斯的集中营里——他们死于饥饿和非人的残酷折磨。法西斯分子折磨和杀害他们，然后在火葬场上烧掉他们的尸体，并出售他们的骨灰。孩子们，让你们兄弟姐妹的骨灰、父亲和祖父们的骨灰敲击你们的胸膛吧。让它敲击你们的孩子们和孙子们的胸膛吧！永远不要忘记，有 276 名少年、青年男女从我们村子里被赶到德国受法西斯奴役，其中 194 人被杀害、被整死在死亡营里，其余有些人死于饥饿和无法忍受的繁重劳动，有些人在火葬场活活被烧死。被押送到博胡姆市（德国城市）去的巴维尔的兄弟因为抵抗，被法西斯刽子手用烧红的铁烧他的眼睛，然后用钉子钉在木桩上。丹娘的姐姐由于宣传共产主义，被纳粹分子活埋了。柯斯佳的叔叔被抛进铁笼子里，他赤身裸体地被关了几个昼夜，受尽折磨而死。尤拉的堂兄弟由于想逃出虎口而活活被狼狗撕碎。法西斯军官从瓦利娅堂姐的怀中夺过吃奶的婴儿，当着孩子妈妈的面把婴儿的头砸碎。柳霞的姑母、一个 26 岁的妇女和两个小孩子——一个 4 岁的女儿和一个 3 岁的儿子——一起被遣送到奥斯威辛（波兰城市）集中营。在集中营里，妈妈和两个孩子被分开了。她对法西斯军官说："他们病着，请允许他们留在我身边。"法西斯分子狂叫道："如果他们病了，我们会给他们治病……"当着发狂的妈妈的面，他们把裸体的孩子们摔在石头上，用钉着铁掌的皮靴把孩子们的躯体踩得粉碎……

我对孩子们讲："我们不但自己永远不能忘记这一切，而且要像传递接力棒一样，将人类良心的记忆传给后代。”同时，我们决定建立我们村的英雄公墓，也就是那些为了苏维埃祖国的自由和独立而牺牲了的英雄们的肖像陈列馆。在第三学年末和第四学年初，孩子们访问了村里每个家庭。

母亲们把在战斗中牺牲了的英雄和死亡营蒙难者的照片交给我们。我们把按照小照片画成的肖像陈列在“光荣与哀悼室”中。这将是公墓的基础，公墓的全部陈设将由一批批新学生逐步完成——我们给自己提出这样的目标。这是我们的义务，为了地球上永远不再发生战争，为了各民族兄弟般的情谊，为了使孩子们为和平和幸福而生，而不为战争和死亡而生，我们应该完成这项任务。这是我们对全世界各国人民应尽的义务：为了不使法西斯主义的灾难重演，我们丝毫不应该忘记和宽恕这一切。

有一次远足行军，我们在第聂伯河峻峭的河岸上露宿。孩子们多次到山谷的泉边去取水，每次不得不兜一个圈子，绕过小路上的一块大石头。

“大石头为什么摆在这里？”孩子们感到诧异，“人们为什么绕着走而不把它推到树丛中去？”他们出于好意，把大石块推开，使小路畅通了。而第二天早晨一位老渔夫来到我们这里。他问，石头在哪里。孩子们期待着受到他的表扬。而老爷爷却摇摇头说：“这块石头在这里已经多年了，它就该摆在这儿……”接着他向我们讲述了三个苏联侦察兵的事迹。他们在伟大的第聂伯河保卫战中渡过河来，带着冲锋枪隐蔽在大石头后边，和敌人进行了整整一昼夜力量悬殊的战斗。法西斯强盗在战斗中使用了大炮和迫击炮，炮声轰鸣达数小时之久，这石头依然是坚不可摧的堡垒。夜里，我们的战士渡过河，救出了侦察员。三名战士躺在石头后面，被子弹和弹片炸伤，浑身是血，但没有死。侦察员被送进第聂伯河附近的军医院，但谁也不知道他们的名字，现在只有这块花岗岩保留在这里作为英雄们的功绩的纪念碑。孩子们跑到石块旁，久久在石块前肃立。孩子们把石头从灌木丛中推回来，摆在了原来的地方。他们这时候才注意到，大石块布满了子弹和弹片留下的痕迹。我们在地上找到许多石块碎片，每个孩子拿一小块留作纪念。

从此以后，少年旅行者们行军总要从这块有纪念意义的石块旁经过。如同山岗上的橡树和“烈士公园”一样，这块灰色花岗石对孩子们来说，便成了功勋美的标志，在少年的心中激发着高尚的爱国主义情感。

一个人在童年怎样对待自己父辈和祖辈的英雄业绩，决定着他的道德面貌、他对待社会利益的态度和对待一切为祖国谋福利的劳动的态度。我力求使孩子们想到，就在我们今天劳动着的这个山岗上英雄曾洒下了自己的鲜血时，能为之心情激动。这种感情在树立一种信念，这就是：为了祖国的利益在自己故乡的土地上劳动，这是莫大的幸福，为争取这个幸福，人们进行了殊死的战斗。孩子们的心灵深处产生了良心的声音：你走在灿烂的阳光下，你看到晴朗的天空，这是因为在白杨树和白桦树下、在橡树和苹果树下埋葬着为你保住了光明和生命的人们。

这个声音提醒少年列宁主义者们，他们是祖国土地未来的主人。对前辈们所创造的物质和精神财富的主人翁感，是公民成熟性的根本。我和奥利娅曾考虑过，怎样鼓舞孩子们以出自对那些为我们保住了灿烂阳光和蔚蓝天空的人们的责任感而进行劳动。

有一次，孩子们来到了自己的庄稼地。为了让那土壤贫瘠、什么都没长过的地块上能长出麦穗来，要给这小小的地块里送好几公担的腐殖质肥料。这活又繁重又单调。在工作开始前，奥利娅给孩子们讲了，在伟大的伏尔加战役那些严酷的日子里，乌克兰共青团员米海伊尔·帕尼卡霍的英雄事迹。

十九岁的青年站在位于法西斯坦克前进路线上的掩体里。敌人的坦克驰向掩体。战士决定把一瓶混合燃烧液抛向坦克。在这一瞬间，子弹打碎了手中的瓶子。液体燃烧了起来，火焰沿着衣服烧到战士脸上。英雄好似一具活的火把，拖着浓烟烈火，毅然跳出掩体，扑向坦克。米海伊尔手中握着最后一个燃烧瓶。转眼间他已经跃上敌人的坦克，用瓶子敲击坦克的炮塔，坦克冒出烈火团团转了起来。就在坦克爆炸前的一刹那，米海伊尔挺身而起，举起燃着火焰的手臂高声疾呼。战友们应着战斗的呼唤，冲出掩体，消灭了敌人，夺回了街道。

故事使孩子们非常感动。这个时刻，英雄和孩子们站在一起，活在一起，这位永垂不朽的战士好像在说："我就是为了保卫我们神圣领土的这样一小块土地，献出了自己的生命，难道能对这块土地上是长野草还是种小麦无动于衷吗？”在这一瞬间，孩子们心里响起良心的声音——不能无动于衷。

我绝不是说，每当孩子们劳动之前，都要给他们讲述英雄事迹。不能老是这样去提示孩子：如果你偷了懒，没有像应该做的那样完成某件事，你就是没有很好地尽到对祖国的责任。责任感是神圣的感情，孩子应精心珍藏在心里。同时，重要的是要用英雄事迹教育他怎样生活，在孩子意识中唤起作为一个公民的最初的信念。我建议奥利娅只是讲一讲米海伊尔·帕尼卡霍的英勇事迹，而不要联系眼前的劳动，不去强求孩子能像一个公民一样来看待故乡的这一小块土地。

孩子们加入少年列宁主义者的组织

1955 年的春天，三年级结业前夕，孩子们加入以列宁命名的少先队的组织。共青团委员会委派奥利娅担任少先队辅导员。她当时在八年级学习。

以卓娅·科斯莫杰米扬斯卡娅命名的少年先锋队大队的隆重集会，按照传统是在 4 月 22 日列宁诞辰纪念日举行的。这一天之前的很长一段时间里，奥利娅和她的同学一起，就开始了孩子们入队的准备工作。八年级学生给孩子们讲了列宁的党、共青团和少先队组织的光荣历史。

奥利娅对孩子们说：“谁的事迹对你们的鼓舞最大，就以谁的名字命名你们的中队。”孩子们一致决定：我们中队将以斯大林格勒保卫战中的英雄米海伊尔·帕尼卡霍命名。我们中队的口号是：像列宁一样战斗和胜利。我们中队的标志是橡树叶和橡实，这意味着我们要为祖国的富饶而斗争。

来参加少先队集会的，不光是学生，还有家长，以及伟大十月社会主义革命的参加者、游击运动和国内战争中的老战士、1919 年村子里建立的青年共产主义者组织的最早的共青团员。

集会在一大片绿草地上举行。八年级的少先队中队和三年级同学——未来少年列宁主义者，面对面排成两列。八年级中队委员会的主席宣布，今天他们的中队停止活动，把接力棒传给三年级的少年列宁主义者们。

授红领巾的庄严时刻来到了。按学校的传统，将停止活动的少先队中队把红领巾授予加入少先队的“十月儿童”。于是男生和女生摘下自己的红领巾，把它们给少年朋友戴上。每一个学生都把红领巾授给与他友好的孩子。八年级和三年级的同学有的是兄弟和姐妹，大孩子把红领巾作为最珍贵的传家宝传给弟弟妹妹。接受了红领巾以后，孩子们宣读了少年列宁主义者庄严誓言。他们宣誓做米海伊尔·帕尼卡霍那样坚强英勇的爱国主义者，实行“像列宁一样战斗和胜利”的口号。为了纪念参加少先队组织，每个孩子得到一份礼物：一本关于杰出人物生平和斗争事迹的书。

这个集会会永远铭记在我的学生的心中。在入少先队的庄严仪式中，最主要的是一代少年列宁主义者把红领巾传给下一代。红领巾，这个革命斗争的标志，不是买来的，商店也不出售，而是授予的，要小心保存。孩子们不经常戴红领巾，只有在节日、庆典中或少先队集会的日子才戴，这是我们少先队大队的传统。

要像列宁那样斗争和胜利

列宁教导我们：为共产主义而进行的斗争，体现在每一件平凡的工作中，体现在日常的平凡劳动中。[①]我和奥利娅考虑，怎样才能使周围发生的一切，都能引起孩子们由衷的兴趣；怎样才能使他们关心属于人民的物质财富。奥利娅在少先队中建立了一个少年自然保护小组。孩子们担负起了看管学校附近护田林带的责任。他们沿林带巡逻时发现，有人剥去了几棵树主干下部的皮，显然，这是要让这些树干枯，那样就有理由砍伐了：这些树都枯死了，还让它们戳在这儿干吗？孩子们非常气愤：这是怎么搞的？我们在种树，培植树，可有人在毁坏它们！一定要查清楚是谁干的。

从那天起，自然保护小组的队员开始了监视巡逻。晚上，队员们到护田

① 列宁在俄国共青团第三次全国代表大会上讲道：“因此，现在是 15 岁，再过 10—20 年就会生活在共产主义社会里的这一代人，应当这样安排自己的全部学习任务：在每个乡村和城市里，青年每天都能实际完成共同劳动中的某种任务，哪怕是最微小、最平常的任务。”

林带去巡查，等待那个不速之客。过了几天，肇事者被当场抓获，两个集体农庄庄员带着锯来锯树。孩子们把毁坏树木的人报告了集体农庄管理委员会。结果决定犯事者要为毁坏的每棵树补栽十棵树。孩子们很高兴，正义取得了胜利。这是道德教育的必要的条件。只有在少年列宁主义者能看到正义获胜的情况下，为共产主义理想而进行的斗争才会成为高尚情操的源泉。胜利会激发和产生新的力量去克服新困难。

这项有趣的活动吸引了大自然的少年保护者，它的基础所在就是为优美和勤劳而斗争。在一次小队巡逻中，他们看到个别庄员的宅院里长满杂草。孩子们给这些庄员送来了苹果树的树苗，建议他们除掉杂草种上果树。有三家懒懒散散的人家懒得这样做，少先队员们写了《大自然少年保护者的警告书》，内容是对懒散者发出的呼吁："我们，大自然的少年保护者，看到您的院子已成了培养杂草的苗圃（温床），十分难过。院里的飞帘丛中，可能不久会有野狼来栖息了，您怎么能在这个'森林'中生活？我们请您，除掉杂草，栽上苹果树和葡萄秧，种上鲜花。这里，在您的住房旁边，我们埋下了五棵树苗和三株葡萄秧，明天就应把树栽上，栽种以后，还要好好浇水。如果您懒得这样做，那就我们来，我们挖好坑，除掉草，栽上树。这里就变成一个果园，但不是您的，而是我们的——少先队的了。"

警告书是用特殊方式递送的：从通风窗投入，或摆在桌子上。为了不让人看见，树苗是在晚上去埋的。这一切都是游戏，给孩子们留下了深刻的印象。孩子们焦急地等待着第二天，看懒散的人将如何行动。下课后孩子们走在街上，已经认不出原来那些荒芜的院落了，杂草丛生的那些地方都已栽上了树苗……。少先队少年自然保护小组的消息很快就传遍了全校。我们中队成了少先队大队的少年自然保护小组的组织者。集体农庄委员会请年纪较大的少先队员负责保护桑树栽培区：因为个别庄员常常毫无顾忌地攀折桑枝。少先队员们进行了几次巡查，折枝现象被制止了。

夏天，中队承担了为新品种试验田备好二十千克精选麦种的任务。孩子们选了最好的麦穗，为了在冬季保存，从校舍里找了一个干燥的地方。春天脱了粒，把种子交给了农艺师。孩子们为这项任务操了很多心也担了不少心，因此当小麦开始播种的时候，孩子们（他们在四年级已学过了）来到地里，为的是亲眼看看他们的种子是怎样播下去的。麦苗出土了，小家伙们又被吸引到麦田里来。到了收割期，少先队员决定帮助高年级同学去收庄稼。我高兴地看到，由于孩子们为别人效了力，他们便对周围发生的事情变得更敏感了。我们从田里回来，小家伙们非常兴奋——我们的种子出苗很好。我们走过农庄的果园，看见小苹果树上生了小毛虫。孩子们的心又为之不安了。在这种时刻，少先队员们想的不是自己对社会的义务，不是的，是他们无法从正在受到死亡威胁的生物旁边无动于衷地走过。孩子们进了果园，消灭了小毛虫，拯救了苹果树，并查看了周围的树，看看有没有虫害。

对故乡土地的主人翁感是最重要的爱国主义感情，我们要在少年心灵中培育这种感情。一个人在童年、少年和青年早期，如果能对公共田地里的每一个麦穗、对公共果园里的每一棵树、对农庄打谷场上的每一把谷粒的命运，都像对那些能给自己带来很大快乐的个人的东西（如妈妈或爸爸送的玩具、带插图的心爱的图书、冰鞋和滑雪板等）一样珍惜的话，他会成为一个真正的爱国主义者。只有当孩子在为别人有所创造的劳动中也付出了自己一点心血的时候，当他用自己的双手创造出能给自己带来极大快乐的某种物质财富的时候，当这种快乐要经历忧虑、担心和挫折才能取得的时候，快乐才能变成他自己的东西。我一直都很关心孩子们产生痛苦和烦恼的根源。孩子们最关心什么：是只关心与他个人幸福有关的事，还是也关心与他人利害相关的事？对这个问题的答案，一向都是我衡量孩子道德品质的尺度。使我很满意的是：柯利亚和瓦利娅看到暴雨弄弯了教学试验田里的小麦时，感到很伤心。当教育者还没有看到孩子会因这种不幸而难过的时候，当孩子还没有经受过烦恼和痛苦的时候，教育者就不能高枕无忧。因为他的学生走向生活时，可能是一个冷漠无情的旁观者。

个人主义者和利己主义者正是从那些在童年就不关心别人，只知享受快乐的人中发展而来的。我忧虑地看到，这种危险正威胁着我的学生沃洛佳和斯拉瓦。家里为了使两个孩子尽情“享受”快乐而竭尽全力。只有父母没有给他们买什么新的、好的东西这种事，才会使他们烦恼。一定要以另一种性质的忧虑和苦恼——即为别人的物质和精神利益而担忧——来抵制这种个人主义性质的忧虑和烦恼。

在夏天酷暑时节，我看到我们还在“快乐学校”时栽种的那棵小菩提树干枯了。“我们的朋友缺水了。”我对沃洛佳和斯拉瓦说。我带领孩子们到花园，答应给他们看一样有趣的东西，并把注意力引向因天热而晒得干枯的小树，“小菩提树正在等待我们的帮助，如果我们愿意的话，我们是能够帮助它的。”我对孩子们说，“这种树，特别是幼树，喜欢潮湿空气、湿润、阴凉。孩子们，我们就来帮助一下我们的朋友吧！我们从自来水管道引一条细管子来（这并不远），把它对着小菩提树来造雨，树就会经常感到凉爽。”开始孩子们对我的话表现得很冷淡，但当我给他们讲了人工造雨之后，他们眼里便闪射出好奇的目光来。这个活对于他们来讲如同有趣的游戏，难道有不愿意玩游戏的孩子吗？于是他们便玩了起来。我们把水管引到树旁，装上了喷头，于是菩提树上面出现了隐约可见的水雾。晌午小家伙们“拧开”雨，而到傍晚他们就“关”上。孩子们逐渐对树的命运产生了关注之情：在人工雨下，它感觉怎么样？当孩子们发现小菩提树树枝重新伸展了起来，枝上出现新的嫩叶时，他们高兴极了。就这样，孩子们的生活中产生了与个人幸福无关的情趣。

但这仅仅是开始。如同珠宝匠琢磨金刚石时，为了磨成一块钻石，要仔细端详这贵重石块的每一个面，考虑从何处下手那样，教育者也要思考，怎样去接近孩子心灵里最隐蔽的那些角落。我和沃洛佳到树林里去了好几次，为的是寻找和采集野蔷薇的最大个果实，然后把它们播种上，并给幼苗浇水。待到该进行嫁接的时候，我们找来了白玫瑰的幼芽，把它接在野蔷薇上。这并不是单纯的劳动，而是对孩子心灵的审慎接触。我逐渐做到了使这个孩子的喜忧之源不只是个人利害，还是周围世界。

对斯拉瓦也给予了较多的关注。小男孩和奥利娅一起在畜牧场照看病羊羔。对这个小生命的关照，起初好像一场孩子式的游戏，这种关怀之情随后逐渐发展为对劳动的喜爱，孩子也逐渐变成一个勤奋的少年畜牧员。我永远不能忘记，在一个寒冬的日子，他含着眼泪来找我。男孩子埋怨说：他心爱的小牛喜欢吃燕麦幼苗，而温室里培育的全是大麦，叫他怎么去喂小牛呢？

从此我们也种燕麦了……

关心与个人需要没有直接联系的事，是克服儿童个人主义的良药。如果孩子产生了关心社会利益的个人兴趣，那么只知关心自己的那种恶习，任何时候也不可能在他心中生根。只有生活中的快乐和苦恼只是围绕一个“我”字打转的那种孩子的心灵里，才会充满这种利己主义情感。

“勇敢无畏者”小队

我的学生在体力和精神的发展上进入了那样一个时期：孩子们的精力不可遏制地要往外冲，表现出来是做一些乍看起来无法解释的古怪行为。我眼看着发生了某种飞跃——羞怯的变成了大胆冒险的，怯懦的变成了勇敢和果断的。

有一次，我们到田间去看庄员和高年级同学怎样垛麦秸垛。男女生都很有兴趣地看到拖拉机手怎样把一根钢缆固定在自己的机器上，怎样把整捆麦秸拽上高高的草垛。钢缆拉紧，把整捆麦秸举到十五米高。看过麦秸垛之后，我们又去看联合收割机。这时我从远处看见一个男孩子用手把着缆绳越升越高。我一查看，舒拉不在。肯定，这是他吊在十五米高空中。孩子们看见舒拉向麦秸垛跑去，高兴地欢叫着，看来，每个人都想享受一下升到令人头晕目眩的高度时的快乐。我好不容易等到舒拉像坐雪橇一样从大垛上滑下来。我当时真是不知所措了——不知道是该为这次非同寻常的登高活动的平安告终而高兴，还是尽快把孩子们从这里带走。

费了很大的劲才使孩子们安静下来，才阻止了他们也去做这种尝试。但是我看出来，他们对我的谨慎很不满意。感情提醒了我，应该把登高活动搞安全，而不是去制止。于是，我们在缆绳下铺上了麦秸，先是男孩子，然后是女孩子，一个接一个做了攀缆绳登高的活动。

那些年我们还没有能经常供电的电源，为了给电池充电，高年级学生建造了一座风力发电站。风动机安装在十二米高的高塔上。塔顶上是一个木制平台，中间有一个小天窗，供电工通过它去接触发电机。有一天，刮着大风，孩子们去放风筝。每个人都想把风筝放得尽可能高些。万尼亚说:“我的风筝要飞得比其他人的都高。”这孩子爬上电站塔,俯身贴着平台的木围栏,放起线来。当我发现窗孔是掀开的,孔盖被挪到一边从上面滑落在地上的时候,我惊呆了。小家伙在绕着敞着的孔口跑动,脚下的情况什么也没看见,他两眼只知盯在风筝上。只是由于侥幸,才没有发生任何不幸。

高空对孩子总是有难以抗拒的诱惑力。登高的满足感总会给孩子们带来巨大的乐趣。可是孩子们的这种冲动,却给我们教师增添了不少忧虑。孩子们引起我很大不安,所有行为几乎都与高空的魔力有关。

离学校不远有一座古老的教堂。二十米高的钟楼上面,是坡型圆顶。春天,在一个阳光明媚的日子,我向钟楼顶望去,看见楼顶上的十字架旁有三个孩子的身影,定睛一看,那是谢廖沙、柯利亚和舒拉。我的心几乎都要停止跳动了。孩子们发现了我就要躲藏,从圆顶这一边跑向另一边。这时招呼他们是不明智的,定会有害无益。我跑到学校,让老师们不加声张地把所有的孩子们都带出去。有的到树林里去玩,有的去野外散步,年龄大的先回家;总之,使谁也注意不到那三个孩子,也不致引起他们的骚动。而我自己则钻进了工作室,从那里能很清楚地看到钟楼,我两手抱头,坐在窗前。也许,这是我在麦秸垛那里兴起的那场游戏,引起了孩子们享受登高之乐的愿望吧!随后我又看到,孩子们怎样把着已锈蚀了的破旧管子从圆顶往下爬,这些管子有些地方已是勉强支撑着……

夏天,一场暴雨过后,横跨池塘的桥下形成了一处瀑布。集体农庄的一位老大娘跑到学校里来告诉我:“您去看看吧!您的学生们在干什么?”我到了池塘边,拦洪坝上一个人也没看见,可是从桥下传来孩子们的欢叫声。原来是托利亚和维佳在桥栏杆上拴了两条长绳,做成秋千,在水势汹涌的瀑布上面打着秋千,正在开怀欢叫……

佩特里克、维佳、柯利亚不知从哪里把一个掉了半边底的不大的木桶拖到了池塘高高的岸上来。每次都由一个人爬到桶里,(按严格顺序轮流而上,互不相让)另外两人则轻轻推一下木桶,让它顺着斜坡滚下去。木桶滚向池塘,在离水边几米的地方便停下来。至今我也无法理解,这种娱乐是怎么会幸免出事的。在这种情况下，结果能平安无事，恐怕只有孩子们才有可能办到。

在森林里散步时，我们观察了伐木工人为集体农庄采伐建筑材料的劳动。孩子们目不转睛地看那些锯断的树怎么倒下去。回家时，孩子们没有注意到舒拉和丹卡掉队了。我们在林中空地上休息时，一位老伐木工向我们走来，并把两个男孩领来。老人说，舒拉和丹卡想爬到树上去，为的是等树向下倒的时候，能坐在树杈上飞下来。

所有这些事都是在三、四年级期间，在十六个月左右的时间内发生的。我感到，去制止孩子们的这些行为，去为避免发生不幸而操心，不是出路。孩子精力的蓬勃发展要求的不是一般的积极活动。孩子们总想在危险面前证明自己的无畏。对大胆行动的渴望，在说明英勇无畏的气概已在冲击我的学生的生活之门。应当把孩子们的精力引向正确轨道。

想必读者已察觉到，那些乍看起来像是鲁莽的行为，主要是男孩子们干的。没有一个男孩子不曾引起我的深思。甚至，连我一直认为是优柔寡断、胆小怕事的丹卡，在 1955 年的深秋也使我大吃了一惊。他踩着非常薄的冰面走过了池塘。为了减少冰面破裂的危险，小家伙把书包放在自己前面的冰上推着走。冰咔嚓咔嚓作响，向下陷，最深的地方已经漫上水来了，但奇怪的是并没塌陷，小家伙平安无事地走到了学校。跟在他后面的两个三年级学生，也试着从冰上走过去，但是冰在他们脚下塌陷了，幸运的是紧靠岸边塌下去的。

要防止发生不幸？当然，这是很重要的。但问题并不只在这里，也还要迎着危险上，要去战胜它。

于是我们建立了一个“勇敢无畏者”小队。所有的男孩子都包括在内了。我想出了一些需要有意志力和勇敢无畏精神的游戏和娱乐。我们在池塘岸上找到了一处高高的悬崖，探查水底情况，弄清这里没有危险。在一个炎热的七月天里，小家伙们到这里来游泳。我给孩子们做了示范，做给他们看怎样从悬崖往下跳和怎样在空中控制身体。舒拉、谢廖沙、柯利亚、维佳和费佳立刻跟着我就跳。第二天，尤拉、柯斯佳和佩特里克也第一次有了从崖上跳水的勇气。第三天，托利亚、米沙、萨什科、万尼亚也都跳了。下不了决心的只剩下帕维尔、沃洛佳、丹卡和斯拉瓦四个人了。

同学们逗弄他们。在下面游泳的女生也在激励这几个男生。季娜也爬上我们这个悬崖顶上来了，她也想跳。结果跳了，而且姿势很美。拉丽萨和瓦利娅也学着她的榜样。四个男生不好意思了。终于帕维尔、丹卡和斯拉瓦三人也克服了他们的胆怯。

只有沃洛佳一个人怎么也下不了决心。我看得出，他在为自己的胆怯难过，但他怎么也越不过那一条界线，那条界线一旦越过，他就会由于做出勇敢行动而产生自豪感。因此不得不为沃洛佳找一个低一些的断崖。他和女生一起在那里跳，但还是没敢从高崖上跳下来。为了鼓励他去完成勇敢行为，我不得不在日后很长一段时间内在他身上做工作。当春天孩子们四处悬挂椋鸟笼时，我终于劝动了沃洛佳爬到一棵较高的树上去。这是他战胜恐惧的第一次胜利。孩子们偷偷告诉我，沃洛佳一个人去过悬崖。在那里脱了衣服之后坐了很久，几度起跑，但还是没敢跳。

跟着头三个最勇敢的小姑娘从高崖上跳下来的是瓦利娅。谁也没有料到她会去跳。瓦利娅的行为使沃洛佳感到很狼狈，他两眼一闭就跳下了水。在瓦利娅之后鼓起勇气跳的还有尼娜、加利娅、柳霞、吉娜、卡佳和萨莎等。跟着所有的女生都跳开了。我发现，女孩子的意志力比男孩子强得多，她们能以更大的毅力克服恐惧和犹豫不决，而且在做出果敢行为之后，表露出的欢乐也不像男孩子那样强烈。

三年级结业以后，当我们在野外休息的时候，孩子们想出个做极地探险游戏的主意。按照游戏假设的条件，在一个杂草丛生的偏僻小岛上，即四周环水的“浮冰”上，有几名探险人员因船遇难而被困在上面，我们这里是“大陆”。必须给“受难者”运送给养——面包、土豆。在“浮冰”和“大陆”之间隔着一个不大的湖。按照游戏规定的条件，运送给养必须在严寒的夜里进行。

于是“勇敢无畏者”小队里有人自愿前往。孩子们有点害怕：据说，在岛上有人曾看见过狼窝。但舒拉和谢廖沙敢在夜里去运送。他们把装着面包、土豆、火柴和油脂的包裹绑在厚厚的松木板上。我们把两个打好气的橡皮内胎放在水里，在游戏中这就是快艇。太阳落山了，雾笼罩着湖和岛，天空出现了星星。两个男孩脱了衣服，把衣服也绑在木板上，悄悄地游走了。一会儿就看不见了，有几分钟还能听到微弱的划水声，然后就连水声也听不见了。“勇敢无畏者”小队的人都坐在岸边，还有小狗特拉夫卡和我们在一起。过了一小时，夜变得漆黑，看不见岛，也看不见湖。忽然在黑暗中出现了微弱的火花，这是少年极地探险者到达“受难者”那里后发出的信号，意思是可以让下批的两只“快艇”启航了。

我们又把面包、土豆、脂油绑到木板上，把两只汽车内胎放下水。维佳和尤拉脱掉衣服。一个女孩子说，传说古时候这个湖里有很大的梭鱼，可能，现在这里也还有……。故事显然是故意来吓唬维佳和尤拉的。当然，孩子们下到漆黑的水中去是挺可怕的，但现在他们不管怎样也不会不去泅渡。就在尤拉和维佳把脚伸到温暖的水里的一刹那，听到了前边浪花飞溅的声音。这个，当然，是鱼儿在跳跃，但男孩子们还没有忘记关于梭鱼的故事。又过了一小时，岛上燃起了第二团火，接着两团火都熄灭了，这是两批少年探险队员业已会合的标志。我们躺下来睡觉，但谁也睡不着。

岛上生起了篝火，那几个男孩子将在那里过夜，大概通宵都不会合眼。他们将紧紧地挤在一起，怀着急切的心情瞻望东方，看天是不是快亮了。到明早，当太阳最初的金光刚刚在树梢露头时，小家伙们就要往回游了。那些还没有尝到克服恐惧的乐趣的孩子们将会羡慕他们。而他们这些战胜了恐惧的人，则像男子汉应有的那样矜持地回答说：“一点也不可怕。”

我们把所有的男生都排好顺序依次做这种神秘的夜晚泅渡，沃洛佳也包括在内。当游戏兴致达到高潮的时候，连女生也提出请求说：为什么男孩子能去，我们就不能？我预料会有这请求的。季娜由柯利亚陪伴渡湖，瓦利娅由托利亚陪伴。男生在岛上找来干草，为女生安排好睡觉的地方。

夜晚，寂静独处，所有这些都吸引着孩子们，他们把这一切都看作是克服困难的浪漫主义情趣。孩子们又想出一个有趣的游戏——扮演地质勘探队玩。在森林深处离林边空地约 5000 米的密林中，女孩子们搭起了窝棚，白天就在那里做了安营扎寨的工作——这里是地质勘探队的大本营。地质队员们的背囊中装着矿石标本。天黑时，孩子们就从学校出发，一小时后到达林边空地。在黑暗中要准确辨别方向，除此而外，还要蹚水走过湍急的林中小河，翻越一座山岭。不许女生给他们发任何信号。穿越森林的路要走两小时。男孩子们要在午夜之后才到达营地，他们会很疲倦，但是会快乐而又兴奋。

在八月的一次大暴雨中，集体农庄的畜群丢失了 14 头牛犊。牲口不知跑到被水淹了的牧场的什么地方。大人们寻找了很久，但没有找到牛犊。“咱们去找吧。”舒拉和维佳提议。“勇敢无畏者”小队里的 9 名队员（6 名男生、3 名女生）和我一同出发去寻找。我们带了备用的食物、帐篷、指南针和 2 个渡湖用的汽车内胎。孩子们情绪高昂。我们一块一块地巡视了被水淹的牧场；在某些地方我们不得不两三人一组分头去找。过了 4 天，我们找到了 11 头，牛犊正在林间空地上吃草。其余几头大概淹死在下暴雨时汇成的激流中了。寻找牛犊的这些日子永远留在了孩子们的记忆里。加利娅、柳霞和萨尼娅的印象尤其深刻——这 3 个女孩子怕黑、怕青蛙、怕赤练蛇，可是这里还遇到过猫头鹰和狐狸。

四年级结业的那个暑期，我们玩登山游戏。我们从断崖上往峡谷里挂了一条绳梯，事先把它固定好。下面就是我们的高山营地，我们是登山队。我们的任务是，把着绳梯攀登几乎成垂直状态的峭壁，爬上断崖，然后再下到谷里。多数男生这时已经不畏惧登高了，但最初还是有些怕。第一个到达顶点又返回原处的是维佳，接着攀登的是舒拉和谢廖沙。尤拉登了一半就下来了。我们只好另找了一处不太陡的断崖，在那里我们玩了好几天。女生和男生还进行了比赛。结果季娜、拉丽萨和柯斯佳表现得最勇敢大胆。他们还激发沃洛佳和斯拉瓦去登，可是这两个孩子到 3 米高时就开始头晕。最后，所有的男生和女生都征服了断崖。

表现出勇敢无畏的孩子都会感受到由衷的快乐。英勇果敢，这是每一个人不仅在非常情况下而且在日常生活和劳动中都必须具备的精神的和意志的品质。

小学结业之日越临近，孩子们很快就要成为少年的念头就越使我心绪不安。关于自己的一些想法已经惊扰他们了，男孩子和女孩子已在思考：“我是怎样一个人？我的优点是什么？缺点是什么？同学们怎么看我？”

少年期临近了，这是该有自我教育的年龄了。思量未来，到那时孩子的意志力和坚毅精神将成为最重要的教育力量，我从现在，从孩子们的童年时代起，就在努力唤起他们自我教育的要求。每个孩子都有一个作息制度。孩子们早晨六点钟起床，做早操、冲冷水澡、吃早饭，然后做功课。在去学校之前每个人都要念一小时以上的书。我力求使遵守制度成为自我教育的课题。沃洛佳和斯拉瓦很难坚持早起。父母舍不得叫醒孩子，他们也没办法让孩子们早睡。我不仅和两个孩子，也和他们的父母谈了话。结果，自我教育的美好远景吸引了斯拉瓦。他学会了约束自己。但暂时还没能使沃洛佳做到这一点。家庭给他养成了懒散的习惯。

▲ 苏霍姆林斯基生前最后一张照片

我们和夏天告别

四年级结业以后，我所有的学生——16 名男生和 15 名女生——都升入了五年级。其中 12 名学生各科成绩全是优秀，校务委员会给他们颁发了奖状。13 人获得良好和优秀的分数。6 个孩子的成绩有“3”分、“4”分和“5”分。

我认为自己教育工作最主要的成绩在于，孩子们上过培养人道主义精神的学校，他们学会了体察人，会把他人的快乐与痛苦放在心上；学会生活在人们中间，学会热爱自己的祖国和仇恨祖国的敌人。他们懂得了劳动的变革作用，很好地掌握了祖国语言，学会了五种技能——观察、思考、读、写和用语言表达思想。已证明，在七岁之前，实际上也就是在上一年级之前就可以教会孩子读和写。如果能做到这一点，孩子们的精神力量就能解放出来去进行思考和创造。

我认为同样重要的一点是，孩子们从道德和精神上都做好了进入麻烦的年龄期——少年期的准备。在低年级，我就想到了这个时刻，那时，孩子们正在接近划分童年与少年的那个无形的界线。有人已经越过了这个界线。少年时代的麻烦事实际上在四年级就已经开始了。

初秋一个恬静的黄昏，我带着孩子们来到了我们的“美角”和夏天告别。

夕阳的余晖在高高的树梢上闪烁。四年前我们亲手栽种的苹果树上挂满了即将成熟的累累果实。野蜂在一串串葡萄之间飞舞，田野里传来阵阵拖拉机的隆隆声。女孩子们抱来一捆麦子，她们把绣球花的果实和麦穗编在一起。大家唱着歌，赞美这静静的夏日黄昏。歌声沉寂了，孩子们抬头仰望黄昏时分的天空。大自然的美妙乐曲以及有关我们今天来与之告别的夏日种种回忆，都在孩子们心中引起强烈的反响。周围的景色：黄昏的天空、红色的晚霞、琥珀般的苹果、一串串的葡萄、绿色屏障般的啤酒花、白色的秋菊，还有那蜜蜂儿的嗡嗡叫声，整个世界在我们面前犹如一架奇妙的竖琴。孩子们轻轻拨动根根琴弦，它奏出神秘的音乐——语言的音乐。这是既有快乐又有感伤的乐曲。我也是既感到快乐也有几分伤感。孩子们啊！转眼你们已经都是少年了，你们将来的前程如何呢？今后我还会天天和你们在一起，带领你们度过青春年华直到你们长大成人。五年来，我拉着你们的手一步一步向前走，我把整个的心都给了你们。诚然，这颗心也有过疲倦的时刻。而每当它精疲力竭时，孩子们啊，我就尽快到你们身旁来。你们的欢声笑语就给我的心田注入新的力量，你们的张张笑脸使我的精神重新焕发，你们那渴求知识的目光激发我去思考……。我遐想未来，仿佛看到你们都已长大成人。我亲爱的孩子们：我看到你们一个个都成长为英勇无畏的苏维埃爱国者，都怀有一颗赤诚的心，都有一个聪慧的头脑，都有一双灵巧的手。